시의 언덕에서 길을 찾다

시의 언덕에서 길을 찾다

초판발행일 | 2025년 12월 24일

지은이 | 구재기
펴낸곳 | 도서출판 황금알
펴낸이 | 金永馥

주간 | 김영탁
편집실장 | 조경숙
인쇄제작 | 칼라박스
주소 | 03088 서울시 종로구 이화장2길 29-3, 104호(동숭동)
전화 | 02) 2275-9171
팩스 | 02) 2275-9172
이메일 | tibet21@hanmail.net
홈페이지 | http://goldegg21.com
출판등록 | 2003년 03월 26일 (제300-2003-230호)

값은 뒤표지에 있습니다.

ISBN 979-11-6815-135-2-93810

*이 책은 (재)서천문화관광재단「2025 서천 이 시대의 문학인」 선정 도서로 제작되었습니다.

시의 언덕에서 길을 찾다

구재기 평론집

Finding the Path on the Hill of Poetry

황금알

책머리에

시는 스스로 가지고 있지 않으면 아무 데에서도 찾지 못한다. 징검돌 사이로 막힘없는 흐름을 가지기 때문이다. 맑은 흐름을 징검돌로 하여금 건너게 함으로써 새로운 세계, 즉 이제까지 전혀 만나지도 못한, 만나지도 않은 새로운 '시의 언덕'을 발견해내는 일을 찾아 나서기로 한다. 시를 쓰고 있는 한 시인으로서 다른 시인들의 시를 찾아 나선다는 것은 분명 맑은 흐름 사이를 징검돌로 건너 가치 있는 삶을 엿보기 위해 마침내 '시의 언덕'에 이르는 일이 될 것이다.

시는 언제나 징검돌을 건너 맑음으로 흐른다. 흐르는 동안 귀밑으로 돌돌돌 소리하기도 하며, 상큼한 느낌을 휘돌려주기도 하며, 새로운 흐름의 앞길을 씻겨주기도 한다. 흐름의 가락으로 노래를 부르며, 햇살의 감미로운 반짝임으로 불러줄 '시의 언덕'을 향하여 징검돌 하나하나 하나씩 내딛기로 한다.

2025년 마지막 달력 한 장을 징검돌로 건너며

산애재(蒜艾齋)에서

구재기(丘在期)

차 례

제2부 선험(先驗)에서 의미 찾기

제3부 삶의 진성(眞性)과 그 발견(發見)

제4부 변용(變容)과 극복(克服) 의지

제1부

시(詩)의 맑은 물

결 고운 사랑이 말하는 것

— 나태주의 첫 동시집 『외할머니』의 시세계

1.

'시는 마음(정)의 뿌리에서 돋아나는 고운 싹'이라고 말 한 중국 당나라 때의 시인 백락천은 우리의 일상생활에서 흔히 쓰이는 말(언어)들을 매우 적절하게 집어넣어서 한 편의 시를 지을 때마다 이웃 할머니들에게 들려주고, 이웃 할머니들이 잘 알아듣지 못하는 어려운 부분은 다시 고쳐 썼다고 합니다. 이것은 시는 누구나 읽어서 읽는 이의 마음에 따라 시가 제각기 다른 모습으로 살아올라 시 자체가 가진 아름다움 이상으로 새로운 아름다움을 나타나게 하기 때문이라고 생각합니다. 그러므로 시는 누구에게나 쉽게 감동을 줄 수 있도록 쓰여져야 할 것입니다.

그러면 누구에게나 감동을 줄 수 있는 시란 무엇일까요? 우리는 언제 어디에서 누가 부르기 시작한 지도 모르는 전래동요를 자주 부르게 됩니다. 그 전래동요 속에 무슨 뜻이 담겨 있고, 무슨 이유로 불리게 되었는지 모르면서 부르게 되는데도 우리는 마냥 흥겹기만 하고 저절로 어깨춤이 으쓱해지기도 합니다. 그것은 전래동요 속에 숨어있는 우리만의 가락이기 때문이기도 하지만 우리 조상 대대로부터 마음과 마음으로 이어지는 깊은 정이 알게 모르게 부르는 사람의 가슴에서 꿈틀거리게 하는 뜨거운 사랑 때문입니다.

이러한 뜨거운 사랑이 담겨 있는 시는 누구에게나 쉽게 감동을 일으키게 합니다. 우리의 둘레에서 흔히 만나는 모든 사물이나 일들, 그리고 우리의 생활 속에서 흔히 나누는 말(언어)을 가까이하는 데에서 우리는 따스한 사랑을 느끼게 됩니다. 그것을 그대로 시로써 나타냈을 때 우리의 마음은 움직이게 되고 그 움직임에 따라 우리는 즐거움을 맛볼 수 있습니다.

이러한 의미에서 나태주 시인의 시는 우리에게 뜨거운 마음의 움직임을 자아낸다고 할 수 있습니다. 그의 시에서 우리는 우리가 평소에 만나는 사물과 일들이 깊은 사랑의 눈으로 살펴진 데에서 얻은 말(언어)을 사실 그대로 옮겨진 것을 알 수 있으며, 그래서 우리에게 더욱 가깝게 느끼게 되는 것이요, 우리에게 쉽게 맞닥뜨릴 수 있는 마음의 움직임을 얻게 됨을 알 수 있습니다. 그것은 나태주 시인의 시가 우리의 조상 대대로 마음과 마음으로 이어진 뜨거운 정을 가지고 있음이며, 우리의 가슴속에 파고드는 가락까지도 함께 함으로써 즐겨 읊을 수 있게 하기 때문입니다.

또 그의 시는 결코 시를 억지로 만들어 낸 시가 아닙니다. 다시 말하면 하나의 로봇을 만들듯 수많은 회로에 따라 나사를 조이는 식의 시가 아닙니다. 저절로 쓰여진 시, 즉 그 자신조차 알게 모르게 어떠한 사물이나 일에 마주한 다음 말(언어)을 빌어 산속의 옹달샘에서 솟아오르는 맑은 물처럼 시의 맑은 물이 저절로 흘러나오는 것으로써의 시라는 것입니다. 그래서 우리가 어깨를 으쓱하며 즐겨 읊을 수 있습니다.

그러면 이제부터는 나태주 시인의 시를 직접 맛보면서 같이 생각하고 같이 즐거움을 찾아보기로 합니다.

2.

제1부 「누가 버렸을까」에 나타난 시들은 모두 18편입니다.

여기에서 우리는 먼저 '누가 버렸을까'라는 말부터 생각해 볼 필요가 있습니다. 버린 것은 버린 자들의 관심밖에 밀려나 있는 것입니다. 만약에 버린 자들이 버린 것에 조금이라도 관심을 가지고 있다면, 그것은 이미 버린 것이 아닙니다. 관심이 없으므로, 필요가 없기 때문에 버린 것입니다. 흔히 소외라고 일컫는 것은 바로 버려진 것에 있는 것입니다. 그러니까 버려진 것에서는 따뜻한 사랑의 손길이 필요합니다. 우리 자신을 누가 버리고 전혀 생각조차 해주지 않는다면 우리는 얼마나 슬프고 쓸쓸하게 될까요?

쏟아지는 가을 햇빛을
견디다 못해
익어버린 시골집 돌담장에
감알 두어점.

어깨 움츠려드는 풀섶에
달빛, 그리고
풀벌레 울음
두어점.

누가 버렸을까

시든 풀줄기 끝에 입을 옥물고
고개 든 채 말라가는
아기 꽃망울
두어점.

빠른 물쌀 개울물에
건너는 사람 없는
징검다리
혹은 두어점.

—「누가 버렸을까」 전문

한여름의 무성함이 거짓말처럼 모두 사라진 가을 녘은 쓸쓸하기 마련입니다. 그래서 그만큼 버려진 것들이 많게 됩니다. 깊은 가을 속에 햇살이 쏟아지는데 외롭게 시골 돌담장에 몸을 지탱하고 있는 '감알 두어점'이나 달빛 차가운 속에서 들려오는 '풀벌레 울음 두어점'이나 우리의 관심 밖으로 밀려나기 십상입니다. 그뿐만 아니라 쓸쓸한 가을 속에서 배배 꼬이며 말라가는 풀포기에서 마지막 힘을 내어 피워보려는 '아기 꽃망울 두어점'은 어느 누구도 거들떠보려고도 하지 않습니다. 다만 시인의 눈은 이런 것들을 보게 됩니다. 그저 보기만 하는 것이 아니라 뜨거운 사랑을 쏟기까지 합니다. 얼마나 눈물겨운 일입니까?

그러나 시인의 눈에 비친 것은 그것뿐이 아닙니다. 버려진 것과 그것을 바라보는 거리, 그 사이에 놓인 '징검다리 두어점'까지도 볼 수 있습니다. 마땅히 우리가 지켜주어야 하고, 마땅히 우리가 생각해 주어야 할 모든 버려진 것들이 사라져가는 이 쓸쓸한 가을 어느 날에 마주한 이 모든 것들은 시인의 눈에 '징검다리' 같은, 마땅히 건너야 할 길을 느끼게 하며, 마침내는 그 길이 보여짐으로써 이 시를 읊는 사람으로 하여금 따스한 사랑을 느끼게 하는 감동을 불러일으킵니다.

봄부터 이듬해 봄까지의 사물을 대상으로 하여 그려 낸 제1부의 시편들에서도 우리는 이러한 버려진 것들에 대한 시인의 간절한 사랑을 느낄 수 있습니다.

옷 벗은 개나리꽃
춥겠다

찬 봄비에 젖으니
감기 들겠다.

오슬오슬 비 맞고
추운 개나리꽃.
담요를 가져다
싸안아 줬으면……

—「개나리 · 3」 전문

목련꽃은 훨훨 날아보지도 못하고
하나씩 깃을 땅에 떨어뜨리며
죽어갔습니다.
아, 봄비가 밉다.

—「봄비 · 1」 중에서

때묻은 시골 꼬마들 서넛 나와 서서
지나가는 차를 향해 손을 흔들고 있습니다.
그러나 차 안에 있는 누구도 손을 흔들지 않습니다.
차 안에 타고 있는 어른들에겐
길가의 아름다운 코스모스꽃들이
보이지 않듯이
손을 흔들고 있는 귀여운 꼬마들도
보이지 않는가 봅니다.
아름답고 착한 아이들의 세상과는 달리
어른들의 세상은
착하고 아름다운 세상만은 아닌가 봅니다.

—「가을길」 중에서

위의 예에서 살펴본 바와 같이 어느 것 하나 활기차고 즐겁고 신나는 것은 없습니다. 그러나 우리가 흔히 잊고 살아가는 데에서 한번쯤은 반드시 생각해 보아야 할 외로운 것들입니다. 그것을 놓치지 아니하고 생각한다는 것을 우리는 깊은 사랑의 의미라고 볼 수 있습니다. 그것을 바로 시로 쓸 수 있다는 것은 깊은 사랑으로부터 솟아오르는 그 어떤 것이라는 겁니다. 아름다운 마음의 세계가 갖는 사랑의 깊은 뜻이야말로 시를 바르게 알 수 있는 지름길이며, 시인의 마음이 곧 그것이요, 시 자체가 바로 그것으로부터 태어난 하나의 즐거움입니다.

3.

제2부 「아기를 위하여」에는 20편의 시가 함께 하고 있습니다. 여기에서 우리는 평화스럽고 자랑스러운 대상으로부터 빚어낸 또 다른 사랑의 의미를 만날 수 있습니다. 사랑을 더욱 사랑스럽게, 즐거움을 더욱 즐거웁게 나타내는 뜻이야말로 또 다른 마음의 뜨거움인 것입니다.

> 아기가 자라면
> 엄마는 늙고
>
> 엄마는 늙어도
> 아기는 자라야 하고
>
> 엄마의 소원은
> 아기가 잘 자라는 것뿐……
>
> —「엄마의 소원」 전문

어느 구차한 설명이 완전히 사라진 채로 엄마의 깊은 사랑이 잘 나타나 있습니다. 아기가 자라는 사이에 늙어가는 엄마는 분명 슬픈 일이지마는 엄마는 그 슬픔을 모르고 늙어갑니다. 「엄마의 소원」이야말로 아기가 오직 '잘 자라는 것뿐'이기 때문입니다. 엄마의 희생이 자라는 아기의 모습에서 고귀하리만큼 잘 나타난 것을 쉽게 알 수 있습니다. 엄마로서의 깊은 사랑이 이보다 더 뜨거울 수 있을까요? 시의 세계가 가장 고귀한 사랑으로부터 태어난 것이라면 이러한 「엄마의 소원」은 이미 그 자체가 한 편의 시가 되는 것은 너무나 분명한 일입니다. 따라서 엄마의 모든 마음은 곧 아기의 자람에서 더욱 즐거운 싹으로써 자라나고, 아기의 자람에서는 엄마의 늙음조차 기쁨으로 피어오른다는 것을 이 시로부터 읽어낼 수 있습니다.

이렇게 우리는 한 편의 시 속에서 마음속에 떠오르는 느낌이 뜨겁게 살아올 때, 우리는 우리의 생각이 더욱 아름다워지고 참으로 깨끗한 사랑의 의미를 깨닫게 되는 것입니다. 이와 같은 사랑의 의미는 「제비」에서도 알아차릴 수 있습니다.

지지배배
지지배배

윤이는 오빠
민애는 동생

윤이네 집에 집을 짓자
민애네 집에 집을 짓자

—「제비」 전문

한 마리의 제비가 날아와 처마끝에 집을 짓는 것을 보고 아마 시인의 마음속에는 또 다른 한 채의 작은 집이 지어집니다. 어린 남매의 집이 이미 마련되고 있는 것입니다. 앞에서 살펴본 「엄마의 소원」과 같은 부모님의 따스한 사랑은 더욱 뜨겁게 살아올라 한 마리의 제비가 집을 짓는 것에서부터 시작됩니다. 그것은 곧 시의 마음이요 사랑의 마음이 분명한 것입니다. 따라서 우리는 이 「제비」라는 시에서 부모의 가슴속에 간직된 고귀한 사랑의 그 바탕이 '제비'라는 대상을 통하여 더욱 진하게 살아난 것을 볼 수 있습니다.

이와 같은 사랑은 제2부 「아기를 위하여」 곳곳에 잘 나타나 있습니다.

'아기를 재우려고 엄마가 아기를 끼고 누우면/ 아기의 숨소리가 너무 고와서/ 아기의 숨결이 너무 향기로와서/ 엄마는 그만 아가보다 먼저 잠이 들고' 말았다는 「아기를 재우려다」나 '아기를 재워놓고/ 기저귀 빨래하려고/ 들샘에 나가서는/ 빨래를 하면서도/ 아기 혼자 깨어 우는 소리/ 귀에 쟁쟁 못이 박혀서/ 갖추갖추 빨래감 행궈 가지고/ 지구를 한 바퀴 돌아오듯/ 바쁘게 돌아옵니다'하고 맘조리는 「지구 한 바퀴」의 엄마의 모습에서도 아기 사랑의 모습은 진하게 피어오릅니다. 이러한 까닭으로 시인은 지극히 당연한 사실 앞에서도 자못 놀라움을 느끼기도 하는지 모릅니다.

아기 하나
세상에 나옴으로
세 사람이 세상에 함께
태어난다는 말이 있습니다.

한 사람은 아기,
한 사람은 엄마,

또 한 사람은 아빠.

참으로 놀랍고
놀라운 발견입니다.

참으로 감사하고
감사한 탄생입니다.

어찌 엄마가 아기 없이 혼자서
엄마가 될 수 있겠습니까?
어찌 아빠가 아기 없이 혼자서
아빠가 될 수 있겠습니까?
어찌 아기가 엄마 아빠 없이 혼자서
아기가 될 수 있겠습니까?

—「아기를 위하여 · 5」 전문

한 아기의 탄생에서 엄마가 되고 아빠가 되는 것에 대한 '놀라운 발견'이나 '감사하고 감사한' 것은 두말할 것도 없이 사랑이 더욱 깊어지는 시인 자신의 마음인 것입니다. 그것이 바로 이와 같은 시를 낳게 한 것임은 당연한 것이기도 합니다.

4.

제3부 「풀꽃이 들려준 이야기」 속의 20편의 시에서 맛볼 수 있는 것은 위에서 살펴본 사랑의 마음이 머릿속에서 그려지는 새로운 세계로

펼쳐지면서 아름다운 꿈속으로 우리를 이끌어가고 있습니다. 그것은 시에서 말하는 상상의 결과에서 나온 사랑의 세계인 것입니다. 시인만이 가질 수 있는 그 사랑의 세계는 과연 어떻게 우리 앞에 펼쳐지는 것일까요?

비 오는 날에
흰 부라우스 차림

가늘어 부끄러운
목을 가리려다가

그만 성큼한 눈썹 아래
샘물이 고여

흙내 나는 담장 안에
어쩌면 나를 보고 웃고 있는가,

돌아서면 쓸쓸해 보이던 누나,
하얀 모가지를 목련 한 송이

—「목련」 전문

비 오는 날 빗물에 젖고 있는 목련을 보고 그린 시임을 쉽게 알 수 있습니다. 여기에서 목련은 곧 누나를 말하고 있는 것입니다. '흰 부라우스 차림'의 누나는 곧 목련입니다. 자못 부끄러운 듯 눈썹 밑에 눈물을 흘리는 누나의 모습을 머릿속에 그리면서도 시인 자신은 따스한 눈웃음을 지으며 웃는 듯한 '목련 한 송이'를 그립니다. 물론 우리가 여기에서 먼저 알아두어야 할 것은 시인 자신만이 가지는 누이와의 마음이 상상을 통하여 한 송이의 하이얀 목련으로 나타난 것이라는 것을 잊어서는 아니 됩니다. 그리고 애당초 목련보다는 누나의 맑은 웃음과 쓸쓸해 보이던 누나의 모습이 숨어있다는 것입니다. 이것은 곧 상상의 세계에서 만날 수 있는 것일 뿐만 아니라, 결국 목련과 누나가 어느덧 하나로 우리 앞에 펼쳐집니다. 곧 시에서 말하는 동일성, 즉 같은 것으로 머릿속에 그려진 그림입니다.

이와 같은 동일성은 아름다운 꿈속으로 우리를 이끌어 가고 있습니다. 또 시인의 상상력에서만이 가능할 뿐만 아니라 마침내 시인의 가슴속에 가라앉은 대상에 대한 사랑이 시로써 세상에 태어난 것이라고도 할 수 있습니다. 그러므로 시인의 이러한 사랑은 도저히 이루어질 수 없는 것도 상상으로 이루어지도록 합니다.

달 뜨는 밤마다
왕자님은 떠나셨습니다.

아지 못할 먼먼 나라로
한사코 말을 타고 떠나셨습니다.

선뜻 따라나서지도 못하는 공주님만
입에 울음을 물고

오오, 안스러운 안스러운
노오란 달맞이 공주님.

꿈결 같은 달빛만
골짝 가득 강물되어
또 몇만 리 흘렀습니다.

—「달맞이꽃」 전문

우리가 꿈꾸는 왕자님은 어디론가 멀리 떠나버리고 말았습니다. 차마 '선뜻 따라나서지 못하는 공주님만' 우리의 눈앞에 비춰일 뿐입니다. 그 공주님은「달맞이꽃」을 말하는 것입니다. 그러나 그 공주님은 떠나버린 왕자님이 그립다고 울고불고하는 그런 공주님은 아닙니다.

그보다는 보기에도 안쓰럽도록 온갖 서러움을 '입에 울음을 물고' 묵묵히 참고 견디어 낼 줄 아는 슬기로운 공주님, 아름다운 공주님인 것입니다. 어린이 TV 프로에서 초능력을 가진 만화 영화의 주인공이 그 초능력으로 온갖 고생을 무찌르고 왕자님을 찾아가는 그런 식의 이야기가 숨어있는 것은 결코 아닙니다. 오히려 그와는 반대로 조용히 왕자님을 그리며 왕자님의 자취인 '꿈결 같은 달빛만'이 비치는 '골짝 가득 강물이 되어' 흐르는 눈물을 안고 '또 몇만 리' 흘러내리는 그리움을 안고 있을 뿐입니다. 그러므로 TV의 만화 영화를 보고 난 뒤 쉽사리 그 주인공을 잊어버리듯「달맞이꽃」 공주님을 잊어버리는 것이 아니라 끝없는 생각과 생각이 이어져 우리의 가슴을 뭉클하게 하는 그 감동이 살아있음을 알 수 있습니다. 그래서 그것은 우리에게 어떤 꿈을 자아내게 하고, 또 다른 상상의 세계를 펼치게 합니다. 이러한 모든 것은 결국 시인의 사랑을 통한 사물을 바라보는 눈이 상상의 세계에까지 닿아 이어진 결과이며 또한 시인의 마음이기도 합니다.

이와 같은 상상 속의 사랑의 힘은 '손자들이/ 오나오나 해서/ 흰옷 입고 흰버선 신고// 조마조마/ 고목나무 아래/ 오두막집에서// 손자들이 오면 주려고/ 물렁감도 따다 놓으시고/ 상수리묵도 쑤어 두시고' 애타게 기다리시는「외할머니」를 생각할 수 있도록 하며, '참새들이 마당 구석에 내려와/ 진흙탕물처럼 고인 두터운 햇살에/ 목욕하고 있었다'는 것까지도「실눈을 뜨고 보는 겨울」에서 만날 수 있습니다. 그러므로 결국 시인의 상상 속에 가라앉은 사랑의 눈이 밝혀질 때 새로운 세계는 끝없이 열리고 우리의 두터운 마음을 열리게 하는 힘이 시속에 나타난다고 할 수 있습니다.

5.

지금까지 우리는 나태주 시인의 첫 동시집『외할머니』를 통하여 결고운 사랑이 말하는 것이 무엇인가를 살펴보았습니다. 어느 것 하나 일부러 시를 만들려 하지 않고 우리의 생활 속에서 흔히 만날 수 있는 말(언어)을 그대로 사용한 채로 저절로 우러나온 사랑의 의미가 무엇인지 많은 시에서 발견할 수 있었습니다. 그것은 곧 우리의 관심밖에 버려진 것에 귀를 열고 눈을 뜨는 일이요, 관심 안에 자리한 것에 더욱 마음을 더하는 일이며, 머리로는 끝없는 상상의 문을 열도록 해주는 것이 곧 '사랑'이라는 것입니다.

따라서 나태주 시인의 시로부터 느낄 수 있는 것은 어느 한 가지 허술한 데가 없이 우리의 가슴에 맞닿아 사랑을 느끼게 해주고, 우리의 가깝고 먼 곳에 굳이 나누지 않는 눈과 귀를 열어줌으로써 불러일으키게 해주는 아름다운 세계를 만날 수 있다는 것입니다. 그것은 바로 시 자체이며, 결 고운 사랑이 말하는 것이기도 합니다.

제2부

선험(先驗)에서 의미 찾기

홀로 있기, 혹은 존재하기

— 이은자 시집 『인간의 사막』의 시세계

1.

우리의 일상생활에서 느끼고 생각하는 정서 생활의 결과물과 시의 표현으로 형상화되는 소재 사이에는 별다른 차이가 없다. 어떤 의미에서 정서 생활의 결과물과 시는 같다고도 할 수 있다. 대상에 대한 정서적인 작용의 결과로 언어의 형식을 빌어 한 편의 시작품의 탄생이 시작되는 것이기 때문이다. 그럼에도 불구하고 굳이 차이를 말한다면 정서 생활의 결과물은 문자가 아닌 다른 어떤 감정으로 표현된 것이며, 다만 시는 문자 이외의 것을 표현 수단으로 활용하는 것을 거부한다는 데에 있다. 그러므로 시의 언어는 시와 필연적인 관계를 가지면서 하나의 정서적인 결과물로 완성되게 하는 역할을 담당하게 되는 것이다. 시의 언어가 시와의 관계에 있어서 필연적이지 못하다면, 무심코 내뱉게 됨으로써(표현하게 됨으로써) 아무런 의미를 가지지 못하는 단순한 표현 이상의 것을 얻지 못하게 된다.

그러기 위해서 먼저 시의 언어는 언제나 자연스러워야 한다. 자연스럽다는 것은 곧 시의 언어가 시의 대상과의 필연적인 관계를 가진다는 것이다. 그러나 시와 필연적인 관계를 가져야 한다는 시의 언어가 단지 그 관계에만 매달려 자연스러움을 가질 수 없다면, 시와 일상생활의 결과물로서의 표현 구실을 다하지 못하는 결과를 낳을 수 있다. 두 번째로 시의 언어는 언제나 직접적이어야 한다는 것이다. 여기에서 직접적이라는 것은 언어가 가지는 지시적 내지는 사전적인 의미가 아니라 어떠한 의미와의 관계를 맺을 때 확실한 의미를 나타낼 수 있어야 한다는 의미이다. 따라서 시는 하나의 '홀로 있기'로서의 의미보다는 '존재하기'로부터의 의미를 가져야 할 것이다. 시는 단순한 감정으로부터 벗어나는 것만이 아니라, 감정으로부터 탈출함으로써 새로운 의미를 창조해 나가는 것이요, 자신의 삶의 가치 추구를 표현하는 것이 아니라, 자신의 삶의 가치 추구에서 벗어나 그 이상의 의미를 창출해내는 것이며, 이에 언어는 그 의미들과 필연적임은 물론 자연스러움으로 관계를 가져야 한다.

이러한 관점에서 이은자의 시가 엮어내는 일상의 느낌과 생각이 '홀로 있기'와 '존재하기'[1] 사이에서 어떠한 새로운 의미를 품고 있는지를 알아보기 위하여 「서시」를 포함한 총 79편의 시작품을 살펴보기로 한다.

2.

'홀로 있기'와 '존재하기'의 가림은 먼저 시의 대상에 대한 믿음으로

1) '있기'란 단순히 어떤 사물이나 관념이 일정한 공간과 시간에 차지함을 말하며, '존재하기'란 어떤 사물이나 관념이 일정한 공간과 시간에 차지함은 물론 새로운 의미나 가치를 지님의 뜻함으로 사용한다.

부터 찾아볼 수 있다. B. 파스칼의 말을 빌리면 '믿는 데에는 세 가지 방법이 있으니, 곧 이성과 습관과 영감'이거니와, 이 세 가지가 완전한 하나를 이루게 될 때 비로소 참다운 믿음이 생기는 것이라고 할 수 있다. 이성은 대상에 대하여 올바른 판단을 가져다주며, 습관은 대상에 대하여 오래도록 마음이 깃들게 함으로써 알지 못하는 것까지도 쉽게 믿음이게 하고, 영감은 믿음 자체조차 인식하지 못하는 믿음의 세계로 빠져들게 한다. 이 세 가지의 믿음으로 시작품을 생산하게 하는 과정을 굳이 관련하여 본다면, 습관→영감→이성의 과정을 거친다고 할 수 있다. 즉 홀로 있음으로써 오래인 습관의 자세를 확립하고, 그로부터 이성으로의 가치 판단까지 획득할 때, 비로소 한 편의 시작품의 탄생을 맞을 수 있다는 것이다. 그러면 먼저 시집의 가장 앞자리를 차지하고 있는 「서시」로부터 이러한 과정을 살펴보기로 한다.

나무가 모여 살면
숲이 되는데
사람들이 모여 사는
숲에는 나무가 없다

—「서시」 전문

이 시는 먼저 화자의 숲에 대한 믿음으로부터 시작한다. 숲은 순수한 나무들의 모임이다. 적어도 '나무'라는 대자연의 섭리를 의미한다. 나무가 모여 살아감으로써 이루어놓은 대자연의 위대한 섭리. 그것은 화자가 살아가면서 터득한, 이미 습관화되어버린 내면화된 진리의 하나이다. 그러한 진리는 곧 화자로부터 '인간의 숲'을 바라보면서 나무의 숲과 대조를 이루고 있는 역순리적인 인간의 모순을 발견하게 한다. 그것은 곧 영감으로부터 얻은 새로운 의미 내지는 가치의 터득이다. '사람들이 모여 사는/ 숲에는 나무가 없다'는 새로움의 의미 있는 발견은 홀로인 '나무'나 '사람'이라는 평범한 '있음'의 그 자체가 아니라 '나무'나 '사람'이 갖는 가치의 발견을 이끌어준 '존재하기'의 결과인 것이다.

따라서 '나무의 숲'과 '인간의 숲'이 일구워 놓은 '홀로 있기'와 '존재하기'의 차이는 두 '숲'이 관련을 갖는 자연스러운 연계와 더불어 곧바로 대조될 수 있는 언어의 유용한 멋이 함께 함으로써 이루어진 결과라 할 수 있다.

이러한 시작품의 모습은 이은자의 시 곳곳에서 발견될 수 있다. 시집의 표제가 되어 있는 시작품 또한 그런 류(類)의 모습을 보여준다.

비가 내린다
받을 줄만 알고
나눌 줄은 모르는 사막
눈물이 메말라 있어
풀 한 포기 자라지 않는
헤 떨어진 사막 위
모래알 만한 인간이
쓰러져 있다

—「인간의 사막」 전문

여기에서 무엇보다도 먼저 알아야 할 것은 화자가 인식하고 있는 '사막'에 대한 의미이다. 그리고 그러한 인식된 의미로서의 사막은 창조적 의미의 '사막'이 아니라 지시적 의미의 사막인 바, 그것은 화자에게 이미 습관화된 인식의 소산으로 '있음'의 대상이다. 즉 사막이란, '강우량이 적고 식물이 거의 자라지 않으며, 자갈과 모래로 뒤덮인 매우 넓은 불모의 땅으로, 열대 · 온대의 대륙에서 연 강우량 200mm 이하의 건조지대에 생기는 황야'라는 것이다. 그러므로 그러한 '사막'은 화자에게 '받을 줄만 알고/ 나눌 줄은 모르는 사막'이요, '눈물이 메말라 있어/ 풀 한 포기 자라지 않는/ 해 떨어진 사막'일 뿐이다.

그런데 이러한 사막이 화자의 영감의 세계에 들어오면서 인간의 삶의 모습과 자연스러운 만남을 가진다. 즉 자연스러운 어울림으로 인하여 새로운 의미와 가치를 가지고 재생산된다는 것이다. '인간'의 삶의 모습이야말로 바로 '사막' 그 자체가 되는 것이다. 그것은 화자의 이성으로 하여금 신랄한 비판을 낳게 한 결과로써, 인간 생활에 대한 날카로운 경고이자 메시지이기도 하다. 화자는 이에 그치지 아니하고, 그 '사막 위/ 모래알 만한 인간이/ 쓰러져 있다'고 외치면서 '사막'에서 살아가고 있는 인간들에게 어떤 것이 가치 있는 삶의 모습인가를 암묵적으로 소리 높이며, 그러면서도 적나라하게 보여주고 있는 것이다.

이와 같은 모습의 보여줌은 이은자의 시 곳곳에서 얼마든지 만나볼 수 있거니와, 그의 시는 어떤 의미에서 참삶의 가치 있는 길로 가는 안내자로서의 역할을 하고 있다고 할 수 있다. 다음의 몇몇 시작품을 살펴보자.

① 지구에서 바다를 바라보면/ 바다는 한낱 눈물에 지나지 않는다/ 인간의 눈물이 바다라면/ 세상은 그 얼마다 슬플 것인가/ 인간의 마음이 바다라면/ 인간은 그 얼마나 아름다운가/ 아무도 눈물을 사랑하지 않는다면/ 세상은 얼마나 쓸쓸한 것인가/ 눈물도 때론 위로가 필요하다 —「눈물」 전문

② 어느 날 플라스틱 화분에 심었던/ 게 다리 선인장이 말라죽었다/ 그 밑에 세 들어 살던 굼벵이/ 안부가 궁금해진다/ 열 나흘 물 한 방울도 못 먹고/ 혼자 사는 굼벵이/ 사막으로 한 번 들어가 봐야겠다 —「안부」 전문

③ 속 좁은 것이 흠이라면/ 흠 없는 生이 이디 있으랴만/ 턱없는 세상 밖을 갸웃거리다가/ 발붙이고 살 곳이 없다는 듯/ 더는 믿을 게 없다는 듯/ 제 몸 속 자디잔 가시를 은밀히/ 숨기며 살아가는 납작한 벤뎅이/ 완강한 고집으로 제 살 썩는 줄/ 모르고 비벼온 긴 시간들/ 날카로운 가시로 온몸을 무장하며/ 광신적으로 자신을 사랑하는/ 벤뎅이는 지독한 자기애 주의자이다 —「벤뎅이」 전문

④ 어디든 흘러가는 물은/ 세한에도 얼지 않는다/ 몸을 여러 갈래로/ 나누어 흐르는 물은/ 결코 썩지 않는다/ 생각이 물처럼 흐르고/ 물 따라 생각도 바뀌었다/ 물의 폭이 넓어져/ 더욱 깊어진 강 —「흐르는 물」 전문

위에서 예로 한 다섯 시작품으로부터 화자의 놀라운 성찰력을 발견할 수 있다. 이미 체득하여 익히 알고 있는 평범한 사물로부터, 혹은 일상사로부터 삶의 가치를 찾아가는 예리한 눈은 섬광처럼 번득이면서 새로운 가치를 부여하고 있다. ①의 시작품에서는 '눈물'의 참의미

를, ②에서는 이타적(利他的)인 삶의 모습을, ③에서는 배타적(排他的)인 삶에 대한 독선의 허구성을, ④의 시작품에서는 바른 삶의 자세를 제시해 놓고 있다. 이에 따라 도표화하여 살펴보자.

① 「눈물」 의 구조

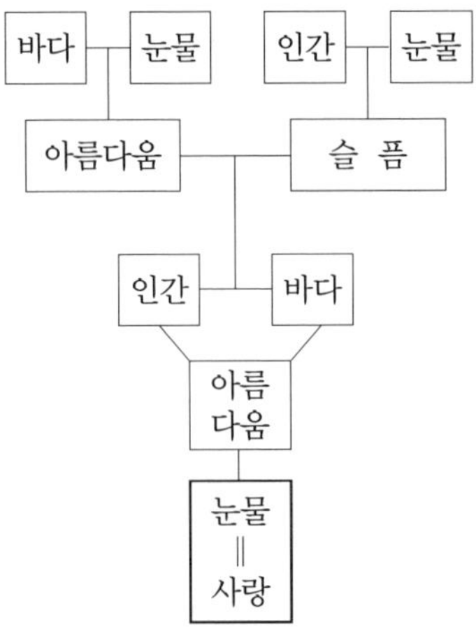

② 「안부」 의 구조

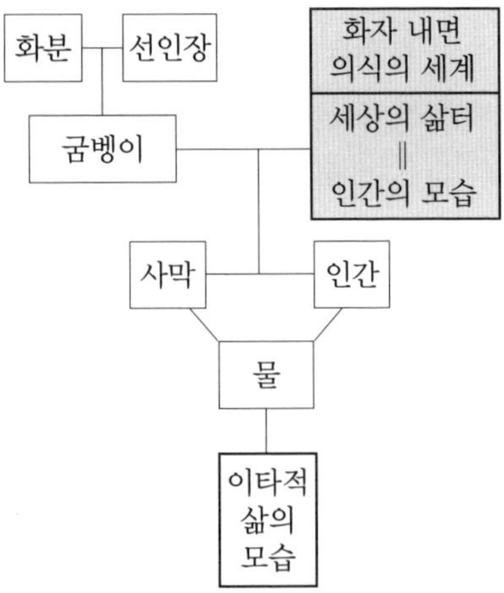

위의 표 ①「눈물」 의 구조에서 살펴볼 수 있는 바와 같이 「눈물」이란 시작품이 의미하는 것은 결국 '눈물'이란 '사랑'이 가지는 '아름다움'이란 것이다. 즉 '바다'가 '눈물'이라면 아름다움인 데 비하여 '인간의 눈물'이 '바다'라면 슬픔이 되는 것이다. 그러나 '인간의 마음'이 '바다'라면 '아름다움'이 되는 것이어니, 인간의 마음이 가지는 눈물의 사랑은 결국 아름다울 수밖에 없다는 것이다. 그러므로 '눈물'을 '사랑'함으로써만이 아름다운 세상일 수 있다. 따라서 인간의 마음이 만날 수 있는 사랑의 의미란 결국 슬픔만이 아니라 아름다움이라는 것이며, 이는 화자가 내면적으로 내세우는 새로운 의미 전달이라고 볼 수 있다.

②「안부」의 구조를 살펴보면 실존의 세계와 내면의 세계가 공존하고 있음을 알 수 있다. 즉 플라스틱 화분에서 말라죽은 게 다리 선인장이 살아가는 실존의 세계와 이에 대비되는 화자 내면 의식 속에 자리잡은 세계로, 이 두 세계라는 게 다리 선인장이 말라죽은 플라스틱 화분 같은 인간의 세계인 것이다. 그러다가 문득 화분 밑에 세 들어 살고 있는 또 다른 모습의 삶의 실체인 '굼벵이'를 기억하게 된다. 그리고 그로 하여금 화자는 문득 자신의 삶의 실체가 무엇인가를 확인하고 싶어진다. 곧 자신이 살고 있는 세상도 굼벵이가 살고 있는 세상처럼 물 한 방울 없는 '사막'의 세계이며, 그 세계가 안고 있는 실체를 깨달음으로써 자신이 아닌 이타적(利他的)인 삶, 즉 '굼벵이'의 삶에 대한 가치를 인식하게 되는 것이다.

③「벤뎅이」의 구조

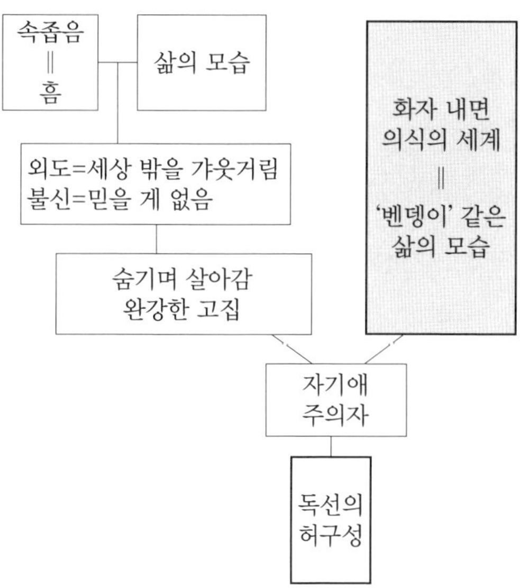

④「흐르는 물」의 구조

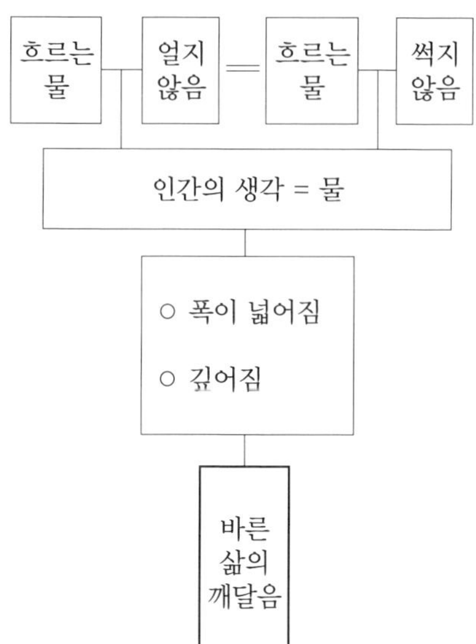

③의 시작품「벤뎅이」에 나타난 삶은 애당초 '벤뎅이' 그 자체의 삶은 물론 아니다. 인간의 삶을 견주어 말하고자 하는 의도에서 '벤뎅이'라는 대상이 환치되어 등장한 것일 뿐이다. 따라서 '속 좁은 것'이란 '벤뎅이' 그 자체의 모습과 흡사한 사람의 마음속을 가리킨다. 화자의 내면에 오래인 경험으로부터 알고 있었던 '벤뎅이' 속 같은 사람들에 대한 비판의 일침을 가하는 셈이 된다. '속 좁은 벤뎅이'라는 습관적인 인식에서 사람의 속 같다는 영감을 얻고, 그것에서 다시 인간의 한 모습에 대한 비판을 이성적 직시를 통하여 그려 넣은 것이다. '벤뎅이'와 인간의 삶의 모습이 자연스럽게 관련을 맺음으로써 새로운 의미를 주고 있다.

인간의 삶은 가식일 수 있다. 자신의 속 좁은 속을 굳이 외면한 채 '턱없이 세상 밖을 갸웃거리'면서도 '발붙이고 살 곳이 없다는 듯/ 더 믿을 게 없다는 듯'이 위선적인 모습을 보이고 있는 '벤뎅이'는 오히려 자신은 '제 몸속 자디잔 가시를/ 은밀히 숨기며 살아가'고 있다. 그것은 '완강한 고집으로 제 살 썩는 줄/ 모르고 비벼온 긴 시간들'을 가지는 '벤뎅이'의 삶의 모습이자, 이 시대를 살아가는 비열한 인간의 모습이기도 하다. 그러므로 이러한 '벤뎅이'나 인간에 대한 비판의 목소리를 낮추지 아니하게 된다. '광신적으로 자신을 사랑하는' '지독한 자기애주의자'가 되는 것이다. 그리고 그에 따라 인간의 삶이 얼마나 독선에 가득 차 있으며, 얼마나 자기만을 사랑하고, 그에 도취하여 자신을 잃고 있는가를 정문일침(頂門一鍼)으로 비판의 목소리를 토하고 있거니와, 이는 '완강한 고집으로 제 살 썩는 줄'조차 모른다고 말하고 있음으로써 그 비판의 도(度)를 높이고 있는 것이기도 하다. 따라서 이 시작품은 결국 습관화 되어버린 '벤뎅이 속' 같은 모든 인간들에 대한 엄숙한 경고라고 볼 수 있다. 표면적으로 '벤뎅이'를 내세우기는 하였지만 결국 인간 그 자체의 이야기일 뿐이라는 것이다.

인간의 삶을 비판하고 경고하는 반면, 인간이 살아가는 데에서 삶의 진리를 제시함으로써 올바른 삶이란 과연 무엇인가를 교시(敎示)해 주는 작품은 바로 ④의「흐르는 물」이라고 할 수 있다. '흐르는 물'이 썩지 않고, 또는 얼지 않는다는 것은 오래된 삶의 와중에서 터득한 습관적인 삶의 자세요, 진리이며, 깨달음의 결과로 나타난 것이다. 그러한 '물'을 바라보다가 화자는 문득 그러한 물처럼 살아가기로 마음을 다진다. '생각이 물처럼 흐르고/ 물 따라 생각도 바뀌었다'는 것이다. 바로 인간의 성찰 결과로 제시된 것이어니, '물의 폭이 넓어져/ 더욱 깊어 가는 강'의 모습을 발견하게 된다. 이것은 영감의 후에 나타난 이성적인 결과에 따른 삶의 진리를 보여준 것이다. 또 이것이 자연스럽게 연결되는 것은 물론 이런 '벤뎅이'가 가지는 삶과의 관련한 의미를 제공하게 되는 것일 뿐만이 아니라, 또 인간의 삶의 자세에 견줌으로써 인간의 살아가는 데에 있어서 경고하고 있는 것이거니와, 이를 바라보는 사람들에게 확실한 삶이란 과연 무엇인가를 은밀히 일깨워주고 있기도 하다.

결국 이은자는 한 편의 시작품을 통하여, 대상 또는 이미 인식된 습관에서 새로운 영감을 얻고, 이를 인간의 삶에 대하여 지성으로 비판하고 경고함으로써 바른 삶의 방향을 제시하고 있는 것이다. 따라서 이은자의 시작품에서의 모든 대상, 이를테면 구체적인 사물이나 관념적인 대상을 불문하고 아무런 의미가 없는 '홀로 있기'가 아니라 '홀로 있기'

로부터 한 발자국 차원을 넘어 새로운 삶의 의미를 제시하고, 그에 참 가치를 수반하는 '존재하기'를 펼치고 있는 것이라 할 수 있다.

이러한 '존재하기'로부터 이은자는 '엎드리고 나서/ 내 인생이 편안해졌다/ 무릎을 꿇고 나서야/ 비로소 내가 보인다'(「下心」에서)고 삶의 자세를 말할 수 있는 것이며, '나무가 되어본 자만이/ 숲이 될 수 있다/ 숲이 되어 본 자만이/ 산이 될 수 있다/ 산이 되어본 자만이 / 인간이 될 수 있다/ 인간이 되어본 자만이/ 나무가 될 수 있다'(「나무」 전문)고 자신 있게 자신의 소신을 밝힐 수 있는 것일 뿐만 아니라, '잡을 줄도 모르는데/ 어찌 놓으랴/ 알 수 없는 그 놈/ 쫓아가다가/ 졸다 깨다/ 한세상 헛살았구'(「좌선」 전문)하면서 자신의 삶을 뒤돌아보는 모습을 엿보일 수 있게 된 것이다.

3.

이은자의 이 시집 속에 함께 자리하고 있는 79편의 시작품을 읽고 있는 동안 이은자만이 가지고 있는 시 형식상의 어떠한 새로운 모습을 발견하게 된다. 즉 어떤 일정한 형식을 추구하고 있다는 것이다. 즉 전체 79편의 시작품 중에서 10편의 시작품이 첫 연에서, 7편은 끝 연에서, 그리고 그중의 2편은 첫 연과 끝 연에서 단 1행을 이루고 있다는 것이다. 이러한 형식의 시작품은 전체 21.5%를 차지하고 있거니와, 굳이 1행으로 첫 연이나 끝행을 이루지 않고 있다고 하더라도 의미구조를 살펴보면 그러한 작품이 또한 다수를 차지하고 있다는 데에서[2] 이

2) '길은 언제나 안으로 나 있다/ 싱싱한 햇살을 받으려고 주름 잡힌/ 나팔꽃은 주름치마를 넓게 편다/ 나는 머리를 기우뚱거리고/ 그 속을 오래도록 들여다본다/ 아프게 벌린 꽃잎/ 그 중심

은자만이 고집하는(?) 시 형식일 수도 있다고 단정할 수 있다.

그러면 이러한 시작품의 형식을 고집하게 하는(?) 근본적인 시작 태도는 어디에서 비롯된 것일까? 그것을 알아보기 위하여 앞에서 이야기된 '습관'이란 의미부터 살펴본다.

지시적 의미로 '습관'이란 '버릇'을 말한다. 또한 '버릇'은 '여러 번 거듭하는 사이에 몸에 굳어버린 성질이나 그 짓'을 의미한다. O.W.홈스는 '버릇이란 동물적인 의지의 결정이 자연발생적인 움직임으로 둔갑하는 일이다. 그것은 자기 의사에 의한, 스스로의 결정이라는 인간의 으뜸가는 기능이 모든 상황을 주시하고 있는 가운데에서 제구실을 못하고 있음을 드러냄이다'라고 말한다. 비록 제구실을 하지 못하고 있는 것이라 할지라도 버릇 즉, 습관은 '자연발생적으로 움직이는 것'임에 무엇보다도 주목해 보아야 한다면, 습관은 확실히 자기의 몸에 배어 있음이요, 자기 내면의 어느 곳에 앙금처럼 가라앉아 있다가, 전광석화(電光石火)처럼 나타나는 것이라 할 수 있다. 그런 의미에서 습관은 영감을 낳게 하는 요소가 된다. 영감(靈感)이란 마치 '신의 계시를 받은 것처럼 머리에 번득이는 신묘한 생각'이기 때문이다. 즉 오래인

이 붉게 뚫려 있다/ 아직 바깥세상 바람 쐬지 않는/ 뜨거운 몸속의 길이 서서히 열리더니/ 파들파들 떨고 있는 속살들/ 꽃 속으로 한 번 들어가 봐야겠다(「몸속의 길」 전문)'을 살펴보면 바로 이 시작품 또한 첫 행이 1행으로 1연이라 해도 시 전체 구조상에 별문제가 없다고 할 수 있다. 이러한 시작품의 양식은 「사막」, 「환한 불꽃」, 「누엄풀」, 「한 세계가 삐이석 열린나」, 「희망」, 「下心」, 「참숯」, 「고요하다」, 「기쁘다, 눈 맞으시라」, 「모과나무」, 「여름비」, 「백일홍 · 2」, 「눈사람」, 「달을 보는 섬」, 「길은 언제나 안으로 나 있다」, 「몸에 가득하다」, 「아궁이 같은」, 「환풍기 팬에 흔들리는 나뭇잎」, 「적멸」, 「배추에 관한 명상」, 「밤 열두시의 전화」, 「가난한 이력」, 「갈 곳 없는 하루」, 「나는 시를 쓰지 않으려 하네」, 「어디서 와서 어디로」, 「분리수거」 등의 작품에서 엿볼 수 있다. 물론 이러한 형식의 구분은 필자의 편협적인 시각의 결과일 수도 있다. 그러나 첫 연 1행의 시작품과 연관해서 살펴보면 필자의 시시각이 크게 빗나가지는 아니 했으리라 생각한다.

습관으로부터 형상화하여 겉으로 나타나는 그 어떤 것이야말로 바로 영감이라 할 수 있다는 것이다.

이러한 의미에서 이은자의 시가 가지는 '행위 및 대상, 혹은 상황 인식→사실 확인(지각)→사실의 구체적 제시→ 자극에 의한 마음의 움직임→이성에 의한 자아 확인'의 과정으로 더욱 확연히 드러나고 있다고 볼 수 있다. 이는 곧 '습관→영감→이성'의 과정과 연관하여 생각할 수 있는 요소이기도 하다. 다음의 시작품「내 마음의 지옥」이란 시작품으로부터 그러한 과정을 살펴보기로 하자.

> 장판을 뜯는다 // 질서를 유지하던 오래된 책들이/ 이제는 더 못 살겠다고 몸부림치며/ 튕겨 나온 책 속에서 벌레가 죽었다 // 글자 마냥 까맣게 박힌 벌레/ 글자보다 더 오래되어 보이는 벌레/ 고독이 딱딱한 등껍질 같다 // 내 밑바닥이 쩌르르 울리고/ 한순간 마음의 풍화를 읽는다 // 캄캄한 내 눈 속 세상을 깨부수려고/ 열리지 않는 문들을 두드렸으며/ 자신과 만나기 위해/ 접혔던 기억을 펼쳐 보지만 // 좌절의 냄새가 늘어붙어/ 무수한 손자국만 남아 있는/ 내 마음의 지옥
>
> —「내 마음의 지옥」의 전문

위의 시작품을 위와 같이 '행위 및 대상, 혹은 상황 인식→사실 확인(지각)→사실의 구체적 제시→ 자극에 의한 마음의 움직임→이성에 의한 자아 확인'의 과정으로 나누어 구조 분석하여 보면 다음과 같다.

시 작품 전문	시작 과정	내용 분석
장판을 뜯는다	행위	오래된 책으로 바른 장판을 뜯는다
질서를 유지하던 오래된 책들이 이제는 더 못 살겠다고 몸부림치며 튕겨 나온 책 속에서 벌레가 죽었다	사실의 확인 (지각)	벌레가 죽어있음을 확인하다
글자 마냥 까맣게 박힌 벌레 글자보다 더 오래되어 보이는 벌레 고독이 딱딱한 등껍질 같다	사실의 구체적 제시	죽은 벌레를 보고 난 느낌
내 밑바닥이 쩌르르 울리고 한순간 마음의 풍화를 읽는다	자극에 의한 마음의 움직임	죽은 벌레를 보고'쩌르르' 울리는 마음의 움직임과 함께 '마음의 풍화'를 느끼다
캄캄한 내 눈 속 세상을 깨부수려고 열리지 않는 문들을 두드렸으며 자신과 만나기 위해 접혔던 기억을 펼쳐 보지만 좌절의 냄새가 늘어붙어 무수한 손자국만 남아 있는 내 마음의 지옥	이성에 의한 자아 확인	자신을 만나기 위한 노력을 기울였으나, 결국 만나지 못하고 마음의 상처만 남긴 채로 벌레처럼 '지옥'에 빠져버린 자신을 발견하게 되다.

이상에서 살펴본 바와 같이 이은자의 시작(詩作)은 어떠한 행위나 대상, 혹은 상황을 인식하고, 그것에서 대상을 지각함으로써 시작(始作)된다.

일반적으로 지각(Perception)이란 감관(感官)을 통하여 대상의 성질을 인지하는 작용을 말한다. 자극이 감관(感官)에 작용하면 신경흥분이 생기고, 이러한 신경흥분이 대뇌에 전달되어 지각이 생긴다[3]. 이러한 지각이 이은자로 하여금 '장판을 뜯'어내다가 '질서를 유지하던 오래된 책들'과 그 책들 속에서 죽어버린 '벌레'로부터 현실(=캄캄한 내 눈 속 세상)을 살아가면서 '자신을 만나기 위해/ 접혔던 기억을 펼쳐 보지만' 결국 좌절만을 맛본 채로 '지옥' 속에 있음을 확인하게 하고 있는 것이다.

지각에는 지각되는 대상(=자극)과 지각하는 주체(=자아)를 생각해야 하는데, 따라서 지각은 자극과 자아를 양극으로 하는 하나의 체제라 할 수 있다. 지각은 주어진 자극이 불충분하더라도 개인의 경험으로써 적당히 보완하는 동시에 불필요한 것을 무시해 버린다[4] 이러한 의미에서 「웃음소리」는 위의 작품과 일맥상통하는 과정을 그리고 있다고 볼 수 있다. 먼저 이 시작품을 살펴보기로 하자.

> 시장 골목 한 편에 사랑 꽃집이 있다 // 꽃들은 서로 사랑을 말하지 않았지만/ 빛과 향기를 뿌리며 불을 켜 놓은 듯/ 웃음소리로 세상이 환하다 // 웃는 사람의 마음 속을 가만히 들여다보면/ 꽃들의 웃음소리가 가득하다 // 사람들이 꽃이 되어 걸어가고/ 세상엔 웃음소리로 수북히 쌓인다 // 그리하여, 지금은 봄이다
>
> —「웃음소리」 전문

이 시작품을 시작 과정에 따라 구조 분석하여 보면 다음과 같이 할 수 있다.

3) 김제한 · 이달호(1983), 교육심리학(서울:학문사), p.118.
4) 위의 책, p.118.

시 작품 전문	시작 과정	내용 분석
시장 골목 한 편에 사랑 꽃집이 있다	상황 · 사실의 확인	우연히 '사랑꽃집'을 발견하게 된다
꽃들은 서로 사랑을 말하지 않았지만 빛과 향기를 뿌리며 불을 켜 놓은 듯 웃음소리로 세상이 환하다	사실의 구체적 제시	'빛과 향기'로 가득한 '웃음소리로 세상'을 만나다
웃는 사람의 마음속을 가만히 들여다보면 꽃들의 웃음소리가 가득하다 사람들이 꽃이 되어 걸어가고 세상엔 웃음소리로 수북이 쌓인다	자극에 의한 마음의 움직임	사람의 마음속에 꽃의 웃음소리가 가득함을 만나고, 그로부터 꽃이 되는 사람들의 세상 웃음소리를 보다
그리하여, 지금은 봄이다	이성에 의한 자아 확인	새삼 봄을 느끼다

화자는 우연히(?) 길을 가다가 꽃집에 든다. 인간의 삶이 적나라하게 엿보이는 '시장'의 골목 한 편에 있는 '사랑 꽃집'인 것이다. 비록 '사랑 꽃집'이라 할지라도 '꽃들은 서로 사랑을 말하지 않았지만' 꽃집에 든 순간 화자는 꽃으로 인하여 '빛과 향기를 뿌리며 불을 켜 놓은 듯/ 웃음소리로 세상이 환'해짐을 구체적으로의 느낌에 의거하여 그 사실을 확인하게 된다. 이러한 자극은 인간의 삶의 현장인 '시장' 속에서 만나는 구차한 모든 경험을 무시해 버리고, 오직 '웃는 사람의 마음속을 가만히 들여다보면/ 꽃들의 웃음소리가 가득하다// 사람들이 꽃이 되

어 걸어가고/ 세상엔 웃음소리로 수북이 쌓인다'는 마음의 움직임을 드러나게 한다. 화자는 결국 그러한 세상이야말로 '봄'이라는 것을 알게 된다. 그것은 곧 자신의 이성에 의한 자아 확인의 결과로 나타난 것이다.

이러한 시작(詩作)의 과정으로 길을 걷다가 '봄이 와도 녹지 않을/ 눈사람 하나가/ 길 위에 쓰러져 있'(「눈사람」에서)음을 알게 되고, '일주문 앞 소나무'로부터 '다비식 끝나고/ 사리 줍고 있는 새'(「일주문 앞 소나무」에서)를 발견할 수 있었던 것이다. 그뿐만 아니라 '서해의 노을이 지지 않는다'는 사실의 확인에서 ' 풀 한 포기 자라지 않는 내 마음의 빈터에/ 눈물로 절한 채 지어 삼천 배하면/ 나도 감히 성불할 수 있을까'(「빈터」에서)하고 이성에 따라서 자아를 확인하기에 이른 것이다.

4.

지금까지 필자는 이은자의 시작품 79편을 대상으로 살펴보면서 어떠한 의미와의 관계를 맺을 때, 확실한 의미를 직접적으로 나타내면서 그가 갖는 시어들이 시의 대상과의 필연적인 관계를 가짐으로써 시의 깊이를 더하고 있음을 보게 되었다.

또한 그러한 시의 깊이는 일정한 형식을 유지하고 있는 바, 그것을 '행위 및 대상, 혹은 상황 인식→사실 확인(지각)→사실의 구체적 제시→ 자극에 의한 마음의 움직임→이성에 의한 자아 확인'의 과정으로 볼 수 있다는 것이다. 물론 이러한 시작(詩作)의 과정은 시를 생산해 내는 사람이면 누구나 갖는 시작(詩作)의 과정일 수 있다. 그러나 이은자가 갖는 이러한 시작의 과정은 이은자만의 내면에 가라앉아 있는

'이은자만의 것'에 의하여 형상화되어 있다는 것이다. 그것은 곧 그가 갖는 시의 형식에서도 찾아볼 수 있는 것이기도 하려니와, 이것은 이은자의 시세계로 독자들이 쉽게 접근하여 시의 이해를 돕는 역할을 할 수 있는 요소이기도 하다.

시의 목적은 진리나 도덕을 노래하는 것이 아니라, 시는 다만 시를 위한 표현일 뿐이라고 C.P. 보들레르는 말하고 있다. 또한 시는 냉랭한 지식의 영역을 통과해서는 안 되며, 오직 시란 심중에서 우러나오는 것이기 때문에 곧바로 마음으로 통해야 한다고 J.C.P. 실러는 말한다. 이은자의 시작품을 엿보는 끝자리에서 굳이 이러한 말을 상기하는 것은 이은자의 시에서 어쩌면 그러한 시의 일면을 조금은 견고히 하였으면 어떨까 하는 욕심에서 덧붙이고 싶은 까닭이기도 하다. 이은자는 시속에서 '홀로 있기'를 즐기는 것이 아니라, '존재하기' 위한 몸부림을 아끼지 않고 있는 모습을 보이고 있기 때문이기도 하다. 시를 대하는 이은자의 열정 앞에 시의 푸르름이 지속되기를 바란다.

삶의 길과 그 사유(思惟)의 길

— 김재천 시집 『그대, 어디 있는가』의 시세계

1. 들어가면서

한 편의 시를 생산하기 위해서 시인은 끝없는 사유를 계속한다. 그 사유의 길에는 멈춤이 없다. 이런 의미에서 시인은 자기 사유를 일상으로 사용하면서 살아가는 것이 전부이며, 사유밖에는 시인에게 주어진 것이란 없다고 하겠다. 또한 김재천의 시작품 속에는 김재천만의 사유의 세계에서 비롯된 수많은 대상에 대한 방향의 제시나 존재의 설정에 이르고 있음을 볼 수 있다. 한 편의 시 작품 속에서 자신의 사유의 세계를 펼쳐놓는다는 것이 사실이라면 어떠한 행동이 뒤따르게 될 경우에는 생각이 메말라질 경우가 있다. 그러나 그때마다 시인은 상상의 세계로 새로운 사유의 세계를 이끌어낸다. 논어(論語)의 〈자한편(子罕篇)〉에 보면 "산매자나무 꽃송이 바람결에 펄럭이니 어찌 임을 생각하지 아니하랴만, 집이 너무 멀어 어찌하랴." 하였는데, 이에 공자가 말하기를 "진정으로 생각함이 부족해서 그렇지 어찌 집이 멀고 말고가 있으리오(唐棣之華, 偏其反而. 豈不爾思 室是遠而. 子

曰,未之思也, 夫何遠之有)" 했다. 이러한 의미에서 과연 시인 김재천은 시작품 속에서 어떤 사유의 세계를 펼쳐놓고 있는가를 살펴보기로 한다.

2. 사랑, 그 자연에의 투사(投射)

자연은 순수한 인간의 감성에 의하여 만들어진 작품 속에서 일종의 폭력과 연관되어 지워지지 않은 상처로 이루어진다. 즉 작품이 겉으로는 도저히 이루어질 수도 일치할 수도 없는 자연의 한 일부분이 당당히 맞서면서 자연은 매개되고 대상화되면서 새로운 세계의 체험을 이루어주고, 의지하여 표현하게 되는 것이다. 다음의 시작품을 살펴보자

우리가 살아가는 동안 부르는 노래가
사랑으로 흘러서
저 허공을 적시고
봄날
시골 산기슭 숨어 우는 새들처럼
이곳저곳 떠놀다
깊은 봄빛 속에 잠으로 스며들 때
숨 쉬리라
살아서 불러야 하는 노래가

그렇게 사랑으로 만들어지기를

—「어떤 사유(思惟)」 전문

위의 시작품에서 궁극적으로 귀착하게 되는 화자의 도착점은 결국 '사랑'이다. 그 사랑은 언뜻 보기에는 하나이면서도 둘이다. '살아가는 동안 부르는 노래'가 '사랑'이요, '살아서 불러야 하는 노래'가 또한 '사랑'이다. 즉 살아가는 동안 일상처럼 의식적이거나 무의식적이거나 생활의 한 행위처럼 '부르는 노래'가 '사랑'인 반면, 반드시 '살아서 불러야 하는 노래'가 바로 '사랑'이거니와 사랑은 살아있는 한 마땅히 해야 하는 것으로서의 의무적인 '사랑'인 것이기도 하다. 이러한 사랑이 화자로 하여금 자연과 맞서게 된다. '봄날/ 시골 산기슭 숨어 우는 새들처럼/ 이곳저곳 떠돌다/ 깊은 봄빛 속에 잠으로 스며들 때'에 이르러서야 비로소 '살아서 불러야 하는 노래'가 '숨 쉬리라'고 한다. 그것은 바로 '사랑'의 완성이기도 하다. 즉 '살아가는 동안 부르는 노래가/ 사랑으로 흘러서/ 저 허공을 적시고/ 봄날' '시골 산기슭 숨어 우는 새들처럼'이라는 자연으로 귀착함으로써 그 속에서 '이곳저곳 떠돌다' '깊은 봄빛 속에 스며' 드는 새로운 세계와의 동일화를 이루면서 '살아서 불러야 하는 노래'가 된다. 따라서 화자가 '사랑'이라는 대상을 마음속으로 이리저리 따져 깊이 생각하는 바는 곧 '봄날/ 시골 산기슭 숨어 우는 새들처럼' '이리저리 떠돌다가' 일상의 한 모습으로 나타난 것이며, 이는 마침내 '깊은 봄빛 속에 잠으로 스며들 때/ 숨 쉬리라'는 상념으로서 자연과 더불어 자연이 매개가 되어 이루어지는 필연적인 일상에서 '그렇게 사랑으로 만들어지기를' 소망해 오는 것이기도 하다.

머언 태고적
인간의 선조가 자연의 재앙으로부터
피하여 숨어 들어간
히말라야 어느 산골마을이
허공의 끝에서 손짓하고 있었다
나를 이승에 있게 한
머언 생명의 고향
시선의 마지막 허공 끝에는
항상 사랑이 손짓하고 있었다

―「어떤 인연」 전문

이 시작품에서 화자가 말하는 '히말라야 어느 산골마을'은 어떠한 곳일까? 일찍이 노자(老子)는 죽음의 장소로 히말라야를 선택하였다. 그러나 이 시의 화자에게는 히말라야는 '나를 있게 한/ 머언 생명의 고향'이요 '항상 사랑이 손짓하고 있었다'는 곳이다. 영원한 침묵에 잠겨 있는 히말라야보다 더 적당한 장소는 없다. 히말라야는 신비한 매력이 있다. 영원히 풀리지 않는 수수께끼와 같은 인간의 사랑, 그 웅장한 높이와 험난한 길로 인해 히말라야는 아직도 인간의 순한 사랑이 오염되지 아니한 곳이 그대로 남아 있지 아니할까. 이러한 사랑은 '머언 태고적/ 인간의 선조가 자연의 재앙으로부터/ 피하여 숨어 들어간/ 히말라야 어느 산골마을'이 그대로 남아 있을 것이라는 화자의 '히말리야'는 인간에게 내린 자연의 재앙까지도 묻혀버린 순수의 본향(本鄕)이다. '나를 이승에 있게 한/ 머언 생명의 고향'이어니 히말리야는 화자에게 있어서의 원초적 고향이 되기도 한다. 그러므로 화자가 간절히 바라는 바는 '시선의 마지막 허공 끝에는/ 항상 사랑이 손짓하고 있었다'는 것이다. 결국 화자는 순수하고 아무도 쉽게 근접하지 못할 영원한 고향, '히말라야'에서 가장 순수하고 맑은 '사랑'을 그리고 있는 것이다.

그래서 그랬을까. 노자가 제자들을 버리고 히말라야로 떠났을 때 곤란한 문제에 직면했으니, 히말라야로 가는 길목마다 경비초소가 있었고 황제가 경비병들에게 "노자가 국경선을 넘는 것을 발견하는 즉시 그를 막아라. 매우 정중하게 대하라. 만일 히말라야로 가고 싶다면 그의 경험을 기록으로 남겨야만 갈 수 있다고 회유하라. 본질적인 실마리만이라도 남기게 하라."고 엄명을 내렸다. 그랬으니 당연히 노자는 경비병들에게 제지당했으며, 경비병들은 그를 초소에 가두고 문을 잠그고, "저희들은 상부로부터 직접 명령을 받았습니다. 당신의 본질적인 경험을 기록으로 남기지 않는 한 당신은 히말라야로 갈 수 없습니다."라고 존경 섞인 말을 건넸다. 결국 노자는 『도덕경(道德經)』을 쓸 수밖에 없었다. 히말라야로 가기 위해서는 다른 방법이 없었다. 그리하여 첫 줄에 이렇게 시작했다. "진리는 말해질 수 없다. 말해지는 순간 이미 그것은 진리가 아니다(道可道非常道 名可名非常名)."라고. 화자에게서의 그 '사랑' 또한 아무도 알 수가 없다. 화자만의 것이다. 누가 무엇을 요구하고, 무엇을 자신 있게 말할 수 있는 '사랑'이 아니다. 그것은 다만 화자만이 그릴 수 있고, 화자만이 말할 수 있고, 화자 자신에게 용해된 '사랑'으로서 '이승에 있게 한' 것일 뿐이다.

이러한 '사랑'은 마치 그림자와 같이 일상에서 벗어나지 못하고 제각기 다른 모습으로 항상 존재하게 마련이다. '가까이 있는 그대가 보이지 않아/ 그대가 있었다는 것이 진실이어도/ 믿을 수 없다는 것이 내게는/ 진실이 되어 있음을 어이'(시 「그림자」 중에서) 할 수 없는 것이기도 하다. 인간이 존재하는 한 '사랑'은 마치 그림자와도 같이 '진실'인 것처럼 일상을 떠나지 아니하고 희로애락을 함께 한다. 그러므로 사랑은 '지고 가는 지게 위에 덤이 되어/ 커다란 무게로 되돌아와도/ 어찌할 수 없는 것'(시 「허공을 바라보며」 중에서)이요, '온몸으로 소리치는 낙엽 부서져 흩어지고/ 한 철 피었다 지는 꽃들이 남기는/ 향기의 약속들'로서 '지난 여름철 꽃잎들이 내뱉은 향기는/ 사랑'(시 「가을날」 중에서)이라는 데에서 자연은 언제나 사랑의 투사로서 새로운 세계를 체험으로 이루어주고 있는 것이기도 하다.

3. 삶의 공허함과 깨달음

삶은 나로부터의 분열을 이룰 때에 두려움을 가지게 한다. 그러나 그 두려움에는 언제나 다시 하나로 이루려는 끊임없는 투쟁의 기도가 계속된다. 따라서 하나의 삶은 분열로부터 합일의 과정을 거치면서 이루어지는 완전한 자신의 발견이며, 자신과의 분열 속에서 이루어진 합일의 대타협 결과를 생산하는 작업이 된다. 그 「현장(現場)」을 살펴보기로 한다.

어둠의 밑바닥까지 내려 와
서글픔을 다스리며 산다는 것이

얼마나 진실된 일이기에 나는 아직도
삶의 자리에 서성이는 것인가

아무도 허락하지 않고
아무도 권하지 않은 자리에 기대인 풀잎 되어
바람에 흔들리며 바라보는 햇살은
진정 진실한 모습인가

—「어떤 현장(現場)」 전문

위 시에서 화자는 '어둠의 밑바닥까지 내려' 오게 된다. 그리고 '서글픔을 다스리며 산다는 것'이라는 자기 자신을 발견하면서 스스로 삶의 분열을 속에 빠져들고 만다. '어둠'이란 삶의 두려움에 이르게 한다. 더더구나 '어둠의 밑바닥'이란 그 두려움의 최극단에 이르게 한다. 더 이상 나아갈 수도 없음은 물론이요 머물 수도 없는 극단의 두려움에 빠지게 한다. 그러므로 막막하기만 한 '서글픔' 속에서 살아가지 않으면 안 되는 처지에 이르고 만다. 모든 삶의 예측할 수 없는 암흑에 이르는 극한에 이른다. 극도의 분열된 모습을 보여준다. 그러나 이러한 분열은 오히려 화자 스스로에게 '현장(現場)'에서의 투쟁을 도모하도록 한다. '서글픔을 다스리며 산다는 것이/ 얼마나 진실된 일'이냐는 것이다.

그야말로 어둠의 현장에서 발견한 합일의 과정을 찾아서는 역설적인 모습을 보여준다. '얼마나 진실된 일이기에 나는 아직도/ 삶의 자리에 서성이는 것인가'라는 깨달음을 얻는다. '삶의 자리에 서성이는 것'으로부터 '얼마나 진실된 일'이라는 것을 의식하면서 어둠 속에서 분열

되었던 자아의식의 한 축이 합일의 과정을 생성하게 된 것이다. '삶의 자리에 서성이는 것'은 곧 '진실된 일'으로의 확장적인 깨달음으로 형성된다. 이와 같은 결과는 '어둠'을 판단하는 사고의 결정 과정을 거쳐서 이루어진다.

마침내 화자는 '아무도 허락하지 않고/ 아무도 권하지 않은 자리에 기대인'다. 스스로가 결정하고 사고하고 판단하고 결과를 얻는다. 즉 깨달음이다. 그리고 화자는 유사성을 발견한다. 화자가 스스로 '풀잎'이 되어 '바람에 흔들리'는 '어둠' 속에서 '햇살'을 만난다. '햇살'은 상대적인 사고의 의미 단위인 '어둠'을 통하여 '진정 진실한 모습'으로 형성된다. 일반적으로 사고는, 깨달음은 하나의 명제의 형태를 취한다. 결국 명제는 판단에 이르게 한다. 즉 어떤 개념과 다른 개념이 결합할 수 있다는 사실에 이르면 확인할 수 있어야 비로소 하나의 명제를 형성하게 된다는 것이다. '어둠의 밑바닥까지 내려와/ 서글픔을 다스리며 산다는 것이/ 얼마나 진실된 일이기에' 화자는 '삶의 자리에 서성이'게 된 것이요, 화자는 스스로 '아무도 허락하지 않고/ 아무도 권하지 않은 자리에 기대인 풀잎'이라는 동병인(同病人)이 되어 '바람에 흔들리며/ 바라보는' 「현장(現場)」에서 '햇살'이라는 새로운 개념과 결합함으로써 '진정 진실한' 삶의 모습을 깨닫게 된 것이다. 이와 같은 의미에서 다음의 「세감(歲感)」이라는 작품에서 살펴볼 수가 있다.

> 어찌 할 것인가 밀려오는 분노를
> 한사코 누가 떠밀 듯 다가서는 안타까움을
> 듣고 보고 싶지 않은 것들이

가을밤 한구석까지 밀려 와 한탄케 한다

아플 때는 아무 말도 하지 말자
분노의 끝에 서서 있는 칼끝을 접고
아무 소리도 하지 말자
말할 수 있나?

지난 시간을 모두 끌고 와서 성토한들
바뀌어 지나?
황량한 시간을 건너야 하는 아픔은 감당하고 가야지
비겁하게 비켜 가는 걸음이여

어지러운 세감(歲感)이여

—「세감(歲感)」 전문

생명을 가진 모든 생명체들은 주어진 삶의 여건, 즉 환경에 적응되어야 살 수가 있다. 환경은 삶에 끊임없이 자극을 제시하여 반응하도록 한다. 만약에 하나의 자극이 삶에 적절하게 반응을 하지 못한다면 삶을 이어가지 못할 것이다. 삶에 의한 자극은 모든 사람이 적절하게 반응할 수 있는 성질의 것이 아니다. 때로는 자극이 너무 지나쳐 인간이 갖는 능력으로서는 처리하기 곤란한 경우도 있다. 이에 적응의 문제가 대두 된다.

위 시작품에서 화자는 삶의 자극으로서 '분노'와 '안타까움'과 '한탄'을 가진다. '분노'는 '어찌할 것인가'하는 극도의 내면적 갈등을 불러일으키기도 하고, 화자의 뜻에 따르는 것이 아닌 '한사코 누가 떠밀 듯 다가오는 안타까움'에 휩싸이기도 하고, 결국에 이르러서는 자극에 따른 뉘우치는 일이나 원통한 일에 대하여 한숨을 쉬며 탄식함에까지 이르고 만다. 이 모든 것들은 적절하지 못한 삶에서 만나는 화자의 자극이요, 그에 대한 반응이라 할 수 있다. 이러한 반응은 '듣고 보고 싶지 않은 것들이/ 가을밤 한구석까지 밀려 와 한탄케'하는 것들이다.

그러나 화자는 이러한 삶의 자극에 따라 단순히 적응하며 살아가지만은 않는다. 그것이 전부가 아니다. 누구나 그러하듯이 스스로 경험함으로써 정립된 욕망이나 희망, 또는 야망을 가지고 대처하기에 이른다. 그뿐만 아니라 타고난 자신만의 성격이나 소질에 따라 자극에 대한 결과를 바람직하게 이루고자 한다. 그것은 바로 오히려 '분노의 끝에 서서 있는 칼끝을 접고' '아플 때는 아무 말도 하지' 않는 것이다. 그러면서 화자는 스스로에게 묻는다. 이런 상태에서 '말할 수 있니?' 역설적인 질문이기는 하지만 그 질문 속에서 화자는 말할 필요조차 없다는 것을 암시해 준다.

화자는 다시 '지난 시간을 모두 끌고 와서 성토한들' 결코 '바뀌어 지'지 않는다는 것을 다시금 깨닫는다. 역시 바뀌어 지지 않는다는 것을 역설적으로 말한다, '바뀌어지나?'라고. 그러면서 화자는 최후의 결론에 이른다. '황량한 시간을 건너야 하는 아픔은 감당하고 가야' 한다는 결심이다. 그러나 그것은 화자가 원하여 나아갈 길이 아니다. 현세에 빠져 스스로 자신을 포기하여 내버리고 돌보지 않는 상태에 이른다. '비겁하게 비켜 가는 걸음'으로 걷고 있는 자신을 발견한다. 무엇인가 잃어버린 채 하루하루 살아가는 현대인의 혼미한 구름 속 같은 현실적인 삶에서의 고뇌가 그대로 나타나 있다. 그뿐만 아니라 왜곡되고 마비된 상태로 짙은 안개로 폐쇄된 채 살아가는 오늘날의 현실적 고뇌가 그대로 드러난다. 화자의 말대로 무엇인가에 잃어버린 채 화자는 지금 '어지러운 세감(歲感)'을 의식하고 있는 것이 아닐까?

그래서일까? 화자는 '추워 움추린 사람들에게/ 먹고 살기 어려운 가난한 사람들에게/ 등이라도 따스하라고// 봄날의 봄빛이라도 먹고 살라고/ 봉이 김선달처럼/ 봉이 김선달처럼'(시 「김선달처럼」 중에서) 살아가고 싶은지도 모르며, '생존의 터가 되어버린/ 대지에서는 고향이 없'(시 「실향민」 중에서)는 실향민처럼 오늘날을 살아가고 있는지도 모른다. 현대인은 소외된 개인으로서 자기 자신을 잃고 '본시/ 알몸인 것을/ 부모가 준 알몸인 것을/ 헐벗어 이 세상 서 있기 어렵고/ 서 있어도 서 있는지 모르고/ 있어도 있는지도 모르는/ 헐벗어 가난한/ 알몸 하나'(시 「가난」 전문)로 현실감각의 결핍 속에서 살아가는 모습을 보여준다. 그 모습은 마치 '이승과 저승을 오고 가나/ 맘먹은 대로 저 홀로/ 산마루에 피었다 꺼지'기도 하고, '하늘은/ 짙푸르게 눈을 뜨고 있는데/ 누가 산속에서 잠을 자는'(시 「구름」에서) 현대인의 정신적 공허의 모습을 엿보이면서 삶의 새로운 깨달음을 엿보이게 한다.

4. 현실(現實)과 욕망(慾望) 사이

인간의 삶의 길에는 수없이 많은 소용돌이가 기다리고 있다. 그 소용돌이는 마치 물 흐름과도 같아서 벗어나기 위한 몸부림을 예측하지 못한 채로 쉽게 뛰어들고 만다. 물길이 동쪽으로 트여 있음에도 불구하고 의도하였던 바 서쪽으로 가는 물길과는 전혀 다른 물길을 따라 흘러가곤 한다. 어쩔 수 없이 자신의 의도와는 전혀 다른 길에 접어들기도 한다.

그러나 물의 흐름에는 동서가 없고 다만 위와 아래로만 있다. 동쪽으로 흐르고 서쪽으로 흐른다는 것은 이미 만들어진 길이요, 인간으로 하여금 만들어진 선택의 여하에 달려 있다. 물이 애당초 동쪽으로 흐르기를 선택하였다면 이미 만들어진 동쪽으로의 물길을 따라 흐르면 되고, 서쪽으로 물이 흐르기를 바란다면 서쪽으로 물길을 따르면 된다. 그러나 물은 위에서 아래로 흘러간다. 이것은 물과 같은 사람의 성질과 됨됨이이다. 물은 위에서 아래로 흐르지 않는 것이 없다. 사람으로서도 어쩔 수 없다. 그래서 물의 위아래를 어떻게 의도대로 하지 못하고 인간들은 그 물의 성질에 따르지 않을 수 없다. 인간들은 물의 성질을 바꾸지 못하고 결국 위에서 아래로 흐르는 물의 성질에 따를 뿐이다. 그러면서도 인간은 물의 흐름이 가지는 동선의 길만을 쉽게 따르곤 한다. 시작품 「이몽(異夢)」에서 화자는 물의 성질을 따라갈 수밖에 없는 삶의 모습을 보여주고 있다.

아내는 집에 들어와
1,2,3,4,5의 숫자를 계산하고
나는 하늘이 주신 말들을 찾아서 백지에
나열한다

아내가 쓰는 숫자들은
먹을거리와 입을 옷과
생활에 필요한 것들을 가지고 오고

하늘이 준 것 같은 내가 모은 말들은
하나님을 만나기 위한 다리라도
되었으면 하지만

하늘에 둥둥 떠가는 구름이 되어 버린다

—「이몽(異夢)」 전문

이 작품에서 '이몽(異夢)'이란 두 가지 방향으로서의 삶의 모습을 보여준다. 같은 삶이란 상황을 놓고 확연히 드러나고 있는 것은 '숫자'와 '말'이다. 아내의 '숫자'가 물의 흐름이라면 화자의 '말'은 위아래로의 흐름이다. '아내는 집에 들어/ 1,2,3,4,5의 숫자를 계산하고' 있다. 그것은 바로 현실적인 삶의 방식이다. 아내가 '1,2,3,4,5의 숫자를 계산하고' 있다는 것은 인간이 생활함에 있어서 필요로 하는 생산, 분배, 소비하는 모든 경제적 활동으로서 먹고 살기 위한 삶의 방식이다. 이에 비하여 화자가 '하늘이 주신 말들을 찾아서 백지에/ 나열한다'는 것은 삶의 본질이나 존재의 근본 원리를 찾아가려는 일종의 사유요 삶의 관조적 행위이다. 시작품 속의 '아내가 쓰는 숫자들은/ 먹을거리와 입을 옷과/ 생활에 필요한 것들을 가지고 오고' 있음은 지극히 보편적이고 일상적으로 살아가는 방식으로 주어진 물길에 따라감이다. 그러나 시속의 화자는 '하늘이 준 것 같은 내가 모은 말들은/ 하나님을 만나기 위한 다리라도/ 되었으면 하'는, 이른바 위에서 아래로 흐른다는 물의 섭리에서 의미의 가치로부터 진실 여부를 기준으로 파악하려는 모습을 보이고 있다. 오직 진리 조건이 참일 때 의미가 있는 것으로 파악하고자 한다. 그래서 '하늘이 준 것 같은 내가 모은 말들은/ 하나님을 만나기 위한 다리라도/ 되었으면 하'고 간절히 바란다. 그러나 상반된 의미 성분이 공존하기 때문에 모순이며 거짓이며, 진리 조건적으로는 의미가 없다는 것을 깨닫고 보면, 그것은 어느 사이 '하늘에 둥둥 떠가는 구름이 되어 버린다'. '숫자'와 '말'이 가지는 삶의 의미가 보여주는 삶의 방향성을 제시해 준다.

걷는 사람은 날개가 있었다
걸음이 새처럼 날고 있었다
걷는 사람은 나는지 모르고
날개를 가진 새들만 알고 있었다

대지에 머무는 자는 날개를 모르고
*미쓰비시 백화점 옥상에서
비상하려는 이상은 더 이상
경성에서 걷지 못하고

**갈릴리 호수를 걷는 예수만 날고 있었다
땅 위에 머무는 사람들과 제자들은
예수의 날개를 보지 못하였다
땅 위 머무는 것이 많으면 지구는 어디로 가나?

*이상의 「날개」에서

—「비상(飛翔)」 전문

화자는 말한다. '걷는 사람은 날개가 있었'으므로 '걸음이 새처럼 날고 있었'지만, 그러한 사실을 알지 못한 채로 '걷는 사람은 나는지 모르고/ 날개를 가진 새들만 알고 있었다'는 것이다. 실로 멋진 아이러니가 아닐 수 없다.

이 시작품을 읽으면서 문득 떠오르는 말은 이상의 소설 「날개」의 첫 문장이다. '박제가 되어버린 천재를 아시오?' 얼마나 단조롭고 반복적인 일상의 상황을 비참하게 전달하고 있는 구절인가? 곧이어 '날개야. 다시 돋아라. 날자. 날자. 날자. 한 번만 더 날자꾸나. 한 번만 더 날아 보자꾸나.' 첫 문장과 더불어 떠오르는 독백과 함께 끝나버리는 소설의 마지막 문장이다. 예상 밖의 결과가 빚어낸 모순이나 부조화를 이루며 자본의 상징이라고 볼 수 있는 백화점 옥상에서, 옹색하고 쪼들릴 대로 쪼들린 청년이 '한 번만 더 날아 보자꾸나'라며 외쳐댄다. 과연 날아가는 것일까. '대지에 머무는 자는 날개를 모르고/ 미쓰비시 백화점 옥상에서/ 비상하려는 이상은 더 이상/ 경성에서 걷지 못하고' 만다. 화자는 백화점 옥상에서 날개를 달고 싶다는 욕구를 가져보지만, 옥상에서 날개를 달면 떨어질 일밖에 없다. 더 이상 걷지도 못하게 된다.

예수의 제자들은 예수님의 부활을 경험하고 놀라고 기뻐했지만, 과연 기뻐만 할 수 있었을까. 곧 부끄러워졌던 것이다. 배신의 기억들, 망신스럽고 부끄러운 모든 기억들이 죄책감으로 다가와 부활하신 주님을 옛날처럼 모실 자신을 잃었을 것이다. 예수만이 '갈릴리 호수를 걷는 예수만 날고 있었다/ 땅 위에 머무는 사람들과 제자들은/ 예수의 날개를 보지 못하였다/ 땅 위 머무는 것이 많으면 지구는 어디로 가나?' 화자는 곧 이상적(理想的)인 뇌리를 통하여 방향을 찾지 못한 것이다.

백화점 옥상에서 거리로 나와 거리(땅)에서 날개를 단다는 것은 분명 비상을 한다는 의미로도 볼 수 있지만, 예수의 부활을 맞으러 갈릴리 호수로 달려가 보았지만 '예수의 날개를 보지 못하였'거니와 '땅 위 머무는 것이 많으면 지구는 어디로 가나?' 화자는 아직도 현실(現實)과 욕망(慾望) 사이를 가늠하고 있는지 모른다.

> 눈썹이 가렵다
> 흰색으로 염색 중인가 눈이 환하다
> 애매한 것들이 자세히 보이기 시작한다
> 눈이 밝아지고 지나가던 봄빛이 웃으며
> 칠십리 단애의 허공을 채우면
> "그대, 어디 있는가" 묻는 소리가
> 메아리 되어 되돌아온다
>
> —「그대, 어디 있는가」 전문

이 시작품은 시집의 표제가 된 시작품이다. 이 시작품에서 두드러진 특징 중의 하나는 시각에서 청각으로 전이되는 과정으로부터 이상에 따른 욕망에의 추구가 이루어내고자 하는 존재를 확인하게 한다. 결국 그 존재는 자기 자신에의 물음으로 끝나고 말지만, 점차로 확산되어가는 시각적인 존재 탐구의 과정이 범상하지 않다.

화자는 가렵다. 근육 감각적인 표현이다. 존재 확인으로의 욕망의 시발(始發)이다. 우리의 시각(視覺)에 있어서의 가장 가까운 거리에 있는 것은 '눈썹'이다. 그러나 이는 시각적으로 전혀 보이지 않는다. 가장 가까운 거리에 있으면서도 전혀 보이지 않는 모순의 '눈썹'이란 존재의 확인은 시각적으로 이루어지지 않고, 다만 '가렵다'는 근육감각적으로 이루어질 뿐이다. 이것은 곧 '눈이 환하다'라는 시각에의 변환을 이루어 확인된다. '흰색으로 염색 중인가', 라는 설의적 의문과 함께 '눈이 환하다'라는 시각으로 제시해 놓는다. 이어 불확실한, 무어라 말히기조차 어려운 '애매한 존재'에의 확인으로 불가시한 세상을 보여준다.

이에 따라 '눈이 밝아지고 지나가던 봄빛이 웃으며/ 칠십리 단애의 허공을 채우'고 있음을 확인해 준다. 그리고 묻는다. 존재를 확인하려 한다. 그러나 그 '그대'는 불확실한 존재로서 화자만이 확인하고 있는 존재이다. '그대, 어디 있는가' 라는 물음에는 설의적 요소가 담겨있다. '그대'는 곧 화자 자신이기 때문이다. 화자에게 다시 '메아리 되어 되돌아'오기 때문이다. 결국 화자는 짐짓 환하고, 자세하고, 밝아지고, 웃으며 만난 '미확인의 존재에 대한 물음이 메아리로 가 되어 자기 자신에게 돌아오고 있음을 말하고 있다. 자기 자신에게 자신의 존재를 끊임없이 묻고, 또 헛된 자기 자신의 확인함에 휩쓸려버리는 화자의 욕망은 영원한 좌절 속의 반복되는 존재에의 탐구적 욕망이요, 그에 따른 좌절이라 하겠다.

그래서일까? 시작품 「원죄」를 살펴보면 '네 인생 끝나면/ 이 세상에 다시는 오지 말라라'면서 단호히 거절한다. 죽어서야 비로소 나타난다는 '원죄'에 대한 경고 일성이다. 이는 원죄에 대한 경고이기도 하지만 원죄가 가지는 특성의 종말을 강하게 표현한 결과이기도 하다. 실로 놀랍다. 도대체 '원죄(原罪)'란 무엇인가? 성서에 의하면 인류의 시조인 아담과 하와가 신의 명령을 어기고 에덴동산에서 금단의 열매인 선악과를 따먹은 인류 최초의 죄를 말한다. 그러하거니와 이 세상에 인간으로 태어났으면 누구나 벗어날 수 없는 죄가 곧 원죄이다. 이 원죄를 거부하는 화자는 단호하다. '북망산 골짜기 숨 쉴 수 있는 곳 있거든/ 거기서 차라리 마애불 되어 바람과 비를 맞으며/ 아프다 하지 말고 짐승들 지나치며 오줌똥 싸고 가더라도/ 고개 돌리지 말고 더럽다 하지 말고/ 골짜기 흐르는 북망산 숨소리로 씻어내며/ 이 세상 다시는 오지 말리라'(시 「원죄」에서) 화자의 단호한 어조가 매섭기까지 하다.

5. 삶에의 질문(質問)과 그 해답(解答)

하루를 살아가는 동안에는 끊임없는 삶에의 질문과 그 해답으로 이루어져 있다. 그러면서도 어떠한 결론에 이르지 못한다. 해답을 찾지 못하면서도, 그 결론을 구하지 못하면서도 결코 언짢아하거나 안타까워하지 않는다. 다만 그 과정을 열심히(?) 계속하면서 하루하루의 삶을 영위하고 있을 뿐이다. 일상 삶에의 질문이라면 그냥 일반적인 삶에의 한 방식으로서의 되풀이일 뿐 특별하게 하루 생활에 큰 영향을 주지 않을 뿐이다. 결국 하루의 삶에 관해서는 보편으로 생각하는 것일 뿐 삶에는 아무것도 남아 있지 않다는 결론에 이르고 만다.

그럼에도 불구하고 시인에게는 일상의 어느 한순간에 삶에 대하여 질문하기를 멈추지 않는다. 하루에도 수없이 많은 질문을 쏟아내고 있다. 그 가운데에서 시인은 어느 한순간 느껴오는 삶에의 질문으로부터 한 편의 시로서 생산해 낸다.

누가 하늘에 나를 고발할 모양이다
허공에 묶인 시선은 어디로 갈 줄 모르고 있다
하늘의 경계도 없어져 버렸다
그런데도, 나는 살아있다
누군가 나의 형벌을 만드는 소리가 바람에 실려 온다
나의 죄는 아무 소리도 못 하고 허공에 매달려 있다
언젠가는 땅에 떨어질 것이다
땅은 땅대로 또다시 나를 고발할 것이고
나는 만고의 죄인인 채로 하늘과 땅 사이
허공에서 떠돌 것이다

—「섭리(攝理)1」 전문

어느 한순간 화자는 '허공(虛空)'을 바라본다. '허공'에는 실체가 없다. 허공은 보이지 않는다. 공허한 공간이 바로 '허공'이다. 그냥 텅 비어 있는 공중(空中)이다. 그러므로 그 어떠한 것이 허공을 막지 아니하고, 다른 어떠한 것에도 막히지도 아니한다. 어떠한 것도 받아들일 수 있으며, 한편으로는 어떠한 것도 받아놓지 못하는 것이 허공이다. 물(物)과 심(心)의 모든 법을 받아들이는 본체(本體)가 곧 허공이며, 한

편으로는 도저히 받아들일 수 없는 것이 또한 허공이기도 하다. 이러한 허공에 위 시작품의 화자는 '시선'을 두고 있다. 그것도 화자 스스로의 힘에 의한 것이 아니라 '누가 하늘에 나를 고발할 모양'으로 비로소 존재할 수 있는 곳이 바로 '허공(虛空)'이다. 그러나 그곳은 구체적으로 명시되어 있지도 아니하다. 그야말로 허공 속에 존재하고 있는, 이른바 실체도 확인되어 있지도 아니할 뿐만 아니라 '시선'조차 '어디로 갈 줄 모르고 있'으며, '하늘의 경계도 없어져 버'린 곳이다. 그러함에도 불구하고 '그런데도, 나는 살아있다'는 것이다.

실체가 없는 허공 속에 한 실체로서 엄연히 존재하고 살아있는 '나'는 한 존재로서의 존재감이 부여된다. '누군가 나의 형벌을 만드는 소리가 바람에 실려 온다/ 나의 죄는 아무 소리도 못 하고 허공에 매달려 있다'는 것이다. 실체가 없는 '허공'의 존재이기 때문에 '나'의 존재는 다만 삶의 '형벌을 만드는 소리'가 실체가 없이 다만 느낌으로 실려오는 '바람'으로 하여금 존재를 존재이게 한다.

그러나 존재는 존재하는 한 결국에 이르러서는 소멸을 맞게 된다. 궁극적으로 존재를 소멸한다. 무엇인가 존재할 수 없는 허공에 존재하고 있는 '나'라는 실체는 한 존재로서 '언젠가는 땅에 떨어질 것'이다. 그것은 곧 존재계에 존재하여 지배하고 있는 원리와 법칙, 즉 '섭리(攝理)'이다. 그 '섭리(攝理)'는 바로 '땅은 땅대로 또다시 나를 고발할 것이고/ 나는 만고의 죄인인 채로 하늘과 땅 사이/ 허공에서 떠돌' 수밖에 없기 때문이다.

초겨울 새벽녘 이슬비 내리고
단풍잎 머물던 앙상한 가지
노을을 게워 낸 자리
꽃이 피었구나

가지가지가지가지가지가지
가지마다
방울방울방울방울방울방울
매달려

미풍(微風)에 낙화(落花)하는
찰나(刹那)의 눈동자
우화(雨花)여
영혼을 만들어 피어 있구나

—「우화(雨花)」 전문

'초겨울 새벽녘 이슬비 내리고' 난 후 화자는 잎이 다 진 채로 서 있는 나무의 '앙상한 가지'에 주렁주렁 매달려 있는 물방울을 만난다. 그 물방울은 화자에게 '꽃'으로 보인다. 그 '앙상한 가지'는 한때 아름다운 '단풍잎'이 머물던 가지요, 또한 지난 저물 무렵의 휘황하도록 눈부신 '노을'이 머물던 가지이다. 그런데 지금은 비온 뒤의 물방울만 가득 달려 있는 '앙상한 가지'일 뿐이다. 그럼에도 불구하고 화자에게는 '물방울'이 물방울이 아니라 엄연한 한 송이 물꽃, 즉 '우화(雨花)'로 피어 있다. 이 '우화(雨花)'로의 피워냄을 화자는 놀랍게도 '게워 낸다'고 말한다. 다소 역겨운 시어(詩語)이다. '게우다'라는 시어의 의미는 제대로 삭이지 못하고 도로 입 밖으로 토하여 내는 현상으로 그리 아름답지도 못하고 탐탁하지도 않은 말이다. 또한 부당하게 많이 차지했다가 도로 내어놓는다는 의미이기도 하다. 그런 의미를 화자가 모를 리가 없다. 그럼에도 화자는 굳이 물방울이 아름답기만 한 하나의 꽃으로 변한다고 하면서도 '게워 내다'라는 단어를 시어로 사용한다. 바로 여기에서 강렬한 물방울이 우화 한 송이로 변하고 있다는 사실을 강렬하게 어필하고 있지 아니한가. 바로 화자는 이런 점을 노린 듯하다.

화자는 이러한 우화의 모습을 첩어로 표현함으로써 확실하게 돋보여준다. '가지가지가지가지가지가지/ 가지마다/ 방울방울방울방울방울방울/ 매달려'있는 우화의 모습이 눈에 보이는 듯 선연하다. 잠시 여기에서 생각을 이어 상상의 전경을 펼쳐지지 않을 수 없다. 화려하고 아름답다. 노을빛이 가득한 우화의 모습이 펼쳐진다. 그런데 정작 화자는 여기에서 멈추지 않는다. 우화란 '미풍(微風)에 낙화(落花)하는/ 찰나(刹那)의 눈동자'이면서 '영혼에 만들어 피어 있'는 것이라는 명제를 만들어 놓은 것이다.

화자의 시선은 곧잘 보이지 않는 허상(虛像)을 보이는 실체로 찾아내기를 주저하지 않는다. 그것은 일상의 삶에서 만나는 끊임없는 질문(質問)을 통한 해답으로 음유(吟遊)한다. '눈물 한 방울 바다에/ 떨어'진 사실 앞에서 눈물의 실체를 구하려다가 '파도는 변함없이/ 출렁거렸다'는 사실의 확인으로부터 '눈물 한 방울 어디에서도/ 찾아볼 수 없었다'는 것이며, 끝내는 '어느 물고기가/ 물러갔을까'(시 「선상」에서) 라는 데에서 삶의 해답을 구하지 못하고 보이지 않는 섭리의 해답을 여전히 찾고 있는지 모른다.

6. 나오면서

지금까지 필자는 시작품 속에 나타나는 김재천의 사유의 세계를 일별하여 보았다. 그 결과 시인 김재천은 김재천만의 시세계를 구축하고 있는 사유의 세계가 녹녹하게 배어 있음을 보았다. 시인 이상(李箱, 1910~1937)은 "아무것도 생각할 수 없는 상태 이상으로 괴로운 상태가 또 있을까, 인간은 병석에서도 생각한다. 아니 병석에서는 더욱 많이 생각하는 법이다"(수필 「권태(倦怠)」에서)라 말한다. 시라는 하나의 권태 속에서의 사유를 수없이 모으고 모아 김재천은 한 편의 시작품을 생산해 낸다.

시인은 사유할 수 없는 것에 이르기까지 사유해야만 한 편의 시를 생산해 낼 수 있다. 사유할 수 없을 지경에 이르면 문득 사유는 순간적으로 멈추어지지만, 김재천의 사유의 세계는 끝없이 이어진다. 끝이 없으니 무한하다. 무한하니 경계가 없다. 그러나 마침내 경계가 없는 지경에 이르면 자칫 공허해지기 쉽다. 지나치게 공허해지면 생산적으로 사유할 수도 없다. 김재천의 시작품과 두루 함께하면서, 삶의 길과 그 사유(思惟)의 길이 무한으로 펼쳐진 세계가 시단(詩壇)의 새로운 빛으로 정착되기를 기다리기로 한다.

풍자(諷刺; Satire)와 기지(機智; Wit) 사이

— 김순일 시집『우울한 햇빛』의 시세계

1.

풍자(諷刺; Satire)는 자신의 도덕적 지적 수준을 내세워 도덕적으로나 지적으로 모자라는 것에 대하여 우습게 보이도록 제시함으로써 모든 사람들을 교훈하려고 한다. 이러한 교훈의 추구 아래 풍자는 여유 있는 우월한 태도에서 상대방을 우습게 만들어 버릴 수 있는 방법이란 방법은 모두 다 동원한다. 역설이나 아니러니(Irony), 또는 과장과 축소 등 모든 웃기는 방법에 따른 말투가 다 동원된다. 이에 비하여 기지(機智; Wit)는 서로 다른 사물에서 남이 보지 못하는 유사점을 찾아내고, 그것을 경구나 격언 같이 압축되고 정리된 말로 능숙히 표현하고 있다. 집약적이거나 안으로 파고드는 것으로써 매우 빠르고 날카로우며, 주관적인 특성을 가지고 있다. 또한 기지는 재빠른 판단력과 기발함에 대하여 자연스럽고 즉각적인 웃음보다는 경이감을 자아낸 다음에야 비로소 웃음 아닌 웃음을 자아내게 하는 것이라 할 수 있다.

그러나 우월한 입장에 있는 여유만만한 태도를 견지하지 못하고 어떤 사실에 맞서 일대일로 해결할 때 풍자는 하나의 욕설이 된다. 여유

만만함이 오히려 상대에 대한 극도의 반감을 불러일으킴으로 말미암아 상대를 위축시키는 냉소가 되게 한다. 즉 차가운 웃음처럼 비수와 같이 찌르는 예리함만을 느끼게 할 뿐이다. 따라서 풍자 그 자체로서는 자칫 '웃고 즐기고자 하는 본능을 충족'시켜 주기보다는 오히려 반감만을 불러일으키기 십상이다. 그러한 의미에서 '웃고 즐기고자 하는 본능에의 충족'을 위해서는 풍자와 기지 사이를 오고 가며 정답고 긍정적인 모습을 담을 수 있는 언어의 표현으로부터 열정과 사랑과 유희가 가득하도록 해야 할 것이다.

이와 같은 의미에서 풍자와 기지는 유희 본능과 일정한 관계를 맺으면서 현실적인 위험이나 손해가 없이 모든 사람들의 습관적인 기대를 깨뜨리지 아니하고, 동시에 기대하지 않았던 어떤 흥미나 욕구를 충족시켜 주는 방법을 갖는다고 볼 수 있다. 다시 말하면 풍자와 기지는 낡은 기대에 어긋나면서 새로운 기대를 발전시키고 충족시켜 주는 것이다. 이러한 의미에서 풍자와 기지는 '웃고 즐기고자 하는 본능을 충족시켜주는 것'이라 하겠다.

김순일의 연작시 '산성비'야말로 이러한 풍자와 기지 사이를 오고 가며 우리로 하여금 '웃고 즐기고자 하는 본능에 충족'시키도록 하며, 또한 우리들로 하여금 그러한 본능 충족으로부터 새로운 깨달음 터득하도록 하고 있는 것이다.

김순일은 이러한 '산성비'의 연작 68편을 묶어 지난해인 1996년에 『사람 어디 있나요』라는 제목으로 시집을 펼쳐내어 많은 시인들의 시선을 집중시켜 왔거니와, 이제 또다시 60편을 묶어 『우울한 햇빛』이라는 시집으로 엮어냄으로써 전체 128편이란 대연작으로 '산성비'를 마무리하고 있는 것이다. 따라서 그의 말대로 '문명의 급격한 변화로 자연과 인간성이 파괴되고 누렁잎 져가는 현실을 아파하는 데에서부터 자연과 사람이 함께 어울려 건강하게 보듬고 살아가는 땀내 나는 삶의 순서'로 엮어내는 이 『우울한 햇빛』 속의 세계를, 필자는 풍자와 기지 사이를 중심으로 살펴보기로 한다.

2.

노신(魯迅)에 의하면 '풍자의 생명은 진실'이라는 것이다. 그는 또 '풍자는 반드시 지금까지 실제 있었던 사실이 아니더라도 괜찮지만, 반드시 현실에 일어날 수 있는 일이 아니면 안 된다'고 말하고 있다. 이러한 의미에서 풍자를 하고자 함은 누구도 꾸준한 자기 성찰에 의하여 참된 인생에게 어리석음을 설명할 수 있어야 가능하다는 사실을 인식할 필요가 있는 것이다. 즉, 꾸준한 자기 성찰을 통하여 모든 것의 가치를 알고, 가능한 세계에 있어서 그 가치를 부여할 수 있어야 참다운 풍자로서의 의미를 가지게 된다는 것이다. 우선 연작시집 『우울한 햇빛』의 첫 번째로 나오는 '산성비 · 69'라는 부제가 달린 「공룡」이란 작품부터 살펴보기로 하자.

공룡의 발자국 앞에서
입이 닫혀지지 않았네

그 산보다 높은 힘 앞에서
누가 머리를 들 수 있었으랴

멸종한
공룡의 화석 앞에서
나를 보았네

우주까지 정복하겠다고
기고만장한
나의 묘비를 보았네

—「공룡–산성비 · 69」 전문

전체 4연 10행으로 구성된 짧은 이 시에서 우리는 자아 성찰의 모습 앞에 삶의 의미가 어디에 있는가를 엿볼 수가 있다. 우선 화자는 '공룡의 발자국'이란 어마어마하게 큰 삶의 흔적이란 사실 앞에서 '입이 닫혀지지 않았네'라며 경악을 금하지 못하게 되었음을 토로한다. 그리고 그 위대한(?) 자취 앞에서 감히 '그 산보다 높은 힘 앞에서/ 누가 머리를 들 수 있었으랴'면서 '공룡' 앞에서의 보잘 것 없는 인간의 삶의 모습을 대비시키고, 그 대비로 하여금 인간이 얼마나 나약한 것인가를 강렬하게 보여준다.

그러나 화자는 그 거대한 '멸종한/ 공룡의 화석 앞에서' '공룡' 자체만을 보는 것이 아니라 자기 자신을 바라보고 있다. 즉 자아 성찰의 경지에 이르게 된다는 것이다.

자아 성찰의 결과 화자는 화자 스스로 '우주까지 정복하겠다고/ 기고만장한' 자기 자신의 모습을 확인한다. 그러한 자기 스스로의 확인된 모습은 곧 '산보다 높은 힘'의 '공룡 발자국'이요, '입이 닫혀지지 않게' 될 만큼 거대한 경악을 불러일으키게 하는 놀라운 자기 과장 내지

과대망상적인 허상(虛像)이다. 그것은 즉 자신의 능력이나 지위 등등을 지나치게 크게 평가함으로써 나타나는 것으로써, 이것은 또한 스스로 사실인 것처럼 믿는 인간 군상들의 부끄러운 모습이기도 한 것이다. 불행하게도 이러한 인간의 모습들은 살아있는 동안에 스스로 성찰되지 못하고 있다. 공룡이 화석으로 '멸종한' 뒤에야 그 크고 높은 힘이 얼마나 허무하게 끝나고 있는 것인가를 알려주듯, 공룡같이 '우주까지 정복하겠다고/ 기고만장한' 인간들의 모습도 죽은 뒤에 남긴 '묘비'로부터 공룡의 허상임을 확인할 수가 있는 것이다.

그러나 화자는 결코 이러한 '공룡' 같은 인간들을 인간 모두에게만 보여주고 있는 것이 아니라, 자기 자신의 내면을 통하여 이를 말하고 있다는 것이다. '멸종한/ 공룡의 화석 앞에서' 자신의 모습을 바라보고, 마침내 과대망상에 사로잡혀 있는, 그래서 결국 멸종되고 무위화되는 자기 자신의 죽은 다음의 모습, 즉 '나의 묘비'를 바라봄으로써 자신의 내면 모습을 확인하고 있는 것이다.

여기에서 우리는 이 시에서 맛볼 수 있는 풍자의 의미를 깨닫게 된다. 그 위대하신(?) 우리로 하여금 경악하게 한 '공룡'이라는 대상이 결국 '멸종한 화석'이 되어버림으로써, 그 위대함이 그만 우습게 되어버리고 만 것이기 때문이다. 그러나 우리가 이 시에서 만나는 '웃음'은 기대하지 않았던 인생의 참의미를 깨닫게 하는 예리함에 있다. 인간의 자기 과대망상적 행위에 대한 일침을 가해 주고 있기 때문이다. 인간의 기고만장함이란 결국 하나의 '묘비'로써만 증거하며 또 그렇게 남아있는 것이기 때문이기도 하다.

터덜터덜 흙먼지 날리던/ 신작로가 곧고 넓게 포장되고/ 차량들이 총알처럼 달린다// 고양이 쪽제비가/ 넓죽 넓죽 깔려 죽고// 느릿한 사투리들이/ 길을 건너기도 전에/ 저승길이네// '빨리 빨리' '비켜 비켜'/ 긴급 수송차의 경보소리// 가슴 속 후들후들근하던/ 촌 아낙네들이었는데// 또 하나 저승길이구먼// 예사롭게/콩밭을 매고 있네

—「질주–산성비 · 80」 전문

이 시에서 우리는 대비되는 두 세계의 모습을 쉽게 발견할 수 있다. 현대의 기계문명이 생명을 짓이기며 질주하는 세계와 그것을 예사롭지 않게 여기며, 어쩌면 그러한 기계 문명의 질주에서 초월하여 살아가는 '콩밭매는 촌 아낙네'의 순수한 세계가 바로 그것이다.

질주하는 현대 문명은 이미 우리의 사회에서 이기(利器)가 아니 되어버린 지 오래다. '터덜터덜 흙먼지를 날리던' 원시적 삶의 공간인 '신작로'가 '곧고 넓게 포장되고/ 차량들이 총알처럼 달린다'는 현대 문명의 삶은 '고양이'와 '쪽제비' 같은 생명체로부터 여지없이 생명을 앗아가 버린 살상의 현장이 되어버린 것이다. 이러한 실상의 현장은 '느릿한 사투리'의 순수한 사람들마저 '길을 건너기도 전에/ 저승길'로 향하게 하고 만다. 오직 '빨리빨리'와 '비켜비켜'라는 질주의 모습을 보여줄 뿐이요, 생(生)과 사(死)의 갈림길을 달리는 '긴급 수송차의 경보소리' 만이 가득할 뿐이다.

이러한 현대 기계문명의 와중에서 '흙먼지 날리던' 신작로 시절에 '가슴 속 후들후들근하던' 순수한 '촌 아낙네들'은 오직 '또 하나 저승길이구먼'하는 낮은 목소리만을 토해낼 뿐 전혀 미동조차 하지 않는 모습을 보인다.

그렇다면 '예사롭게/ 콩밭을 매고' 있는 '촌 아낙네들'이 과연 살상의 현장조차 외면한 채, 그러한 살상의 모습을 보고도 과연 대수롭지 않은 일로 여기고 있는 것일까?

대부분의 현대 기계문명을 비판하면서 결국에 이르러서는 휴머니티(Humanity)를 추구하고 있는 시작품은 현대의 기계문명 앞에 여지없이 무너져 내리고 마는 인간의 모습을 그리고 있다. 김광섭의 『성북동 비둘기』가 그렇고, 김규동의 『나비의 광장』이 그렇다.

기계문명 앞에서 산산조각이 나버리는 무기력한 인간의 모습을 처연할 대로 처연해지게 그림으로써 기계문명의 범람 속에서 상실되어버린 인간의 본질을 찾아야 한다고 외친다. 기계문명의 거대함 속에서의 나약한 인간 군상들은 오직 이를 확인하는 또 다른 인간들에게 분노 아닌 분노를 일으키게 함으로써 인간성 회복을 염원하게 하고 있는 것이다.

그러나 김순일은 그러하지 아니한다. 질주하는 현대의 기계문명에서 오는 인간 정신의 말살 앞에서 오히려 그것을 초월하여 버린다. 기계문명이 생명체로부터 소중한 생명을 앗아가는 처참한 삶의 현장 속에서 어쩌면 얄밉도록 천연하게 '콩밭을 매'며 삶을 누리는 인간의 모습을 결코 나약하거나 연약하거나, 더더구나 무기력하지 아니하다. 김순일은 애당초 이러한 연약한 인간의 모습을 그리고자 하지 않은 것이다. 오히려 현재의 기계문명이 강하면 강할수록 이에 대응하는 초월적 여유를 보여줌으로써 인간의 본질이 얼마나 위대한 것인가를 보여주고 있는 것이다.

현대의 기계문명이 오히려 인간 본연의 삶의 모습 앞에서 나약함을 보여주게 되는 것은 현대 기계문명을 강력하게 비판하는 소리 없는 소리요, 힘이 없는 인간의 위대한 힘인 것이다.

따라서 김순일은 이 「질주」를 통하여 현대를 살아가는 모든 사람들에게 어떻게 살아가는 것이 가장 참된 삶의 모습인가를 보여주면서, 거대한 기계문명을 오히려 무기력하게 만들어 버리는 '순수한 촌 아낙네들'의 삶 앞에서 무기력해질 수밖에 없는 것이다.

현대 기계문명에의 풍자가 현대를 살아가는 인간의 모습을 보여주는 데에 이르면 실소를 자아내게 한다. 인간들이 현대의 물질문명 앞에서 어김없는 허상(虛像)에 현혹되고 있음을 고발하고 있기 때문이다. 「도깨비 장난—산성비 · 92」를 통하여 그러한 인간의 모습을 살펴보자.

> 방망이를 두드려/ 금싸라기 같은 땅을/ 더도 말고/ 여의도 만큼만 준다면/ 나를/진짜 신으로 모시겠니// 방망이를 두드려/ 곰의 쓸개랑 발바닥을/ 한 달에 한 마리치씩 대주면/ 나를/ 진짜 신으로 모시겠니// 방망이르 두드려/ 황금의자 하나 지어 놓고/ 제일 높은 감투 하나 씌워서/ 남이고 북이고 동이고 서이고/ 네 마음대로 놀게 해주면/ 나를 진짜 신으로 모시겠니// 아니면/ 방망이를 두드려/ 하늘에 사는 부처도 예수도/ 모두 지옥으로 내몰고/ 황금사원 하나 지어주면/ 나를/ 진짜 신으로 모시겠니// 그건/ 한밤중/ 도깨비 장난// 날이 새면/ 하늘은 하늘이고/ 땅은 땅이고
>
> —「도깨비 장난-산성비 · 92」 전문

위의 시작품은 인간의 무한한 욕망을 조롱함으로써 인간의 욕망이 얼마나 허무한 것인가를 말해주고 있다. 욕망을 이루기 위해서는 무슨 일이든지 마다하지 않는 현대 인간들의 모습을 풍자하고 있는 것이

라 하겠다. '도깨비'가 바로 인간들을 조롱하고 있는 주인공으로 등장한다.

'도깨비'는 결코 신(神)이 아니다. 잡되고 못된 귀신의 하나로 사람의 형상을 한 채 사람을 호리기도 하고, 험상궂은 짓이나 짓궂은 장난을 많이 한다고 한다. 그러한 '도깨비'는 '도깨비 땅 마련하듯'이란 속담에서도 알 수 있듯이 무엇을 하기는 하나 결국은 아무 실속이 없이 헛된 짓이 되고 만다는 것이다. 이러한 도깨비가 인간의 무한한 욕망을 미끼로 욕망에 사로잡힌 인간을 조롱한다.

우리의 민속에 등장하는 도깨비는 불가능한 것을 가능하게 하는 '방망이'를 가지고 있다. 이 전능(全能)의 도깨비도 인간의 욕망을 자극하고, 신(神)이 아닌 잡귀인 자신을 신(神)으로 모시겠느냐며 야유하고 있는 바, 첫 연에서 '금싸라기 같은 땅'인 금전욕(金錢欲)을, 둘째 연에서는 '곰의 쓸개랑 발바닥'을 미끼로 한 무병장수욕(無病長壽欲)을, 셋째 연에서는 '63빌딩의 두서너 배나 되는 놈들로 서울만 한 콘크리트 숲'으로 인간의 재물욕(財物欲)을, 그리고 넷째 연에서는 '제일 높은 감투 하나'로의 권력욕(權力欲)을, 다섯째 연에서는 '하늘에 사는 부처도 예수도/ 모두 지옥으로 내몰고/ 황금 사원 하나 지어주면'으로 인간의 종교적 귀의욕(歸依欲)까지도 여지없이 드러내 준다.

이러한 인간의 무한한 욕(欲)에 대한 비판성은 인간에 대한 조건부의 물음, 즉 '……한다면'이란 가정으로 전체의 시작품을 구성함으로써 더욱 강한 풍자의 모습을 엿보이게 한다. 그리고 그것은 결국 이루어 질 수 없는 불가능한 욕심에 불과하다는 것을 알려줌으로써 '한밤중/ 도깨비장난'으로 확인시켜 주며, 인간의 삶의 세계는 언제나 '도깨비 장난' 같은 어두운 욕망의 세계에서 벗어나 맑음의 세계인 '날이 새면/ 하늘은 하늘이고/ 땅은 땅이고' 그 속에서 참삶을 구가하여야 한다는 사실을 진리화하고 있는 것이다.

이와 같은 김순일은 현대를 살아가는 인간들의 제 모습을 풍자화함으로써 인간의 살아가는 방향을 제시하여 주고 있거니와 '서산 앞바다 개펄에 사는 갯지렁이가 거들떠보지도 않던 천덕꾸러기 갯지렁이가 이게 웬일인가 돈이 되면서부터 갯가붙이들이 벌떼처럼 달라붙어 갯펄을 파 자치는데 반나절만 나가도 배추잎새가 너댓잎 그렇게 고마울 수가 없어라'는 「갯지렁이―산성비 · 108」이나, '국민의 원한을/ 애써 억억억 우는 얼굴을 하면서/ 똥구멍으로 호박씨 까는/ 기십억 기백억 수천억……' 하는 세상에서 '요즈음 득도한 아내는/ 가계부를 쓰지 않는다'라는 「요즈음 아내는―산성비 · 76」, 그리고 한강의 다리가 무너지고, 삼풍백화점이 무너지고, 가스관이 터지는 상황을 하나의 '지진'으로 풍자해 놓고, '잘자고 일어난/ 멀뚱멀뚱한 소들의 눈에/ 아/ 흙이 덮이고 있다'는 현실의 모습을 보여주는 「광우병―산성비 · 72」 등은 오늘을 살아가는 모든 사람들에게 새로운 삶의 방향을 아프게 제시함으로써 인간성 본연의 본질적 참삶 모습 앞에 절로 고개를 숙이게 한다.

3.

김순일의 시에는 확실히 기지(機智; Wit)라는 것이 도사리고 있다. 그 기지 속에는 또 단순한 '기지'에 머물고 있는 것이 아니라, 전달할 메시지를 반드시 담고 있으며, 그 메시지를 통하여 정문일침(頂門一鍼)의 촌철(寸鐵) 같은 인간의 참된 삶을 제시하고 있는 것이다. 또한 그

참됨 삶의 제시를 통하여 김순일은 비인간적인 사회의 부조리 속에서 참된 인간성의 회복을 외치고 있는지 모른다. 이러한 의미에서 어느 시 한편을 뽑아 살펴보기로 하자.

> 403호에 사는/ 어린아이가/ 뽀삐를 찾아내라고/ 발버둥친다/ 식구들 모두 나와/ 뽀삐야!/ 뽀삐야!/ 아파트 동네 샅샅이/ 그 너머 달동네 골목까지/ 찾아 헤매던 날// 경비원이/ 고개를 갸우뚱거린며/ 다섯 달 동안이나/ 굳게 닫힌/ 문을 뜯고 들어간/ 404호에는/ 먼지만 뽀얗게 쌓인/ 노인네의 시신이/ 사람을/ 사람을 기다리고 있었다
>
> —「아파트-산성비 · 70」 전문

저체 2연으로 구성된 이 시작품에서의 첫째 연은 '뽀삐'라는 개를 집안 식구들이 총동원되어 찾아 나선 모습을 그리고 있다. 어린아이가 그토록 사랑하는(?) 개 '뽀삐'가 슬그머니 사라짐으로써 어린아이는 집안 식구들에게 매달려 '뽀삐'를 찾아달라고 조르고, 집안 식구 모두는 하나가 되어 뽀삐처럼 집을 뛰쳐나와 '뽀삐'찾기에 참여한다. '식구들 모두 나와/ 뽀삐야!/ 뽀삐야!'를 외치면서 '뽀삐'를 찾는 모습은 실소를 자아내지 못해 오히려 연민의 정을 느끼게 하고 있다.

잃어버린 '뽀삐'를 찾아 나서는 배경은 '아파트', 그 동네를 샅샅이 찾아 헤맨 뒤에도 찾지 못해 마침내 '뽀삐'찾기 운동은 아파트 '그 너머 달동네 골목까지' 확산된다. 언뜻 동물에 대한 지극한 사랑 앞에 경건한 마음을 가지게 한다.

그러나, 왜 하필이면 '뽀삐'를 잃어버린 배경이 '아파트'일까? 이러

한 의문에 이르고 나면 동물애호에의 경건한 마음가짐은 결국 무위에 끝나고 만다. '아파트'란 인간성 상실의 삶의 현장이요, 현대의 물질문명이 쌓아 올린 삭막하고 소원한 인간들끼리 영위해나가는 삶의 현장이기 때문이다. 따라서 '아파트'에서 살아가고 있는 삶의 모습이란 인간과 인간 사이의 단절을 불러일으키며, 그 단절된 삶의 모습으로부터 남보다는 내 자신과 내 가족만이 삶의 가치를 중요시 여기는 오늘날의 삭막한 현대 물질문명 시대의 산물임을 깨닫게 하고 있는 것이다.

아파트 '403'호에서 살고 있는 한 어린아이에 의하여 '뽀삐' 찾기가 한창 진행되고 있는 바로 그날, '403호' 바로 그 옆의 '404'호에서는 있을 수 없는 일이 이미 일어났던 것이다. 사람과 사람의 단절이 '다섯 달 동안이나' 계속되면서 삶만이 허락되는 공간에 죽음이 공존하고 있었던 것이며, 이러한 삶과 죽음의 공존 공간은 물질문명의 사태에서 빚어진 산물로 나타난 것이다. '굳게 닫힌' 삭막한 현대를 살아가는 '아파트'에서 '문을 뜯고 들어' 가서야 비로소 확인된 것은 죽음뿐. '404'호에서는 '먼지만 뽀얗게 쌓인/ 노인네의 시신이/ 사람을/ 사람을 기다리고 있었다'는 것뿐, 죽음이 사람을 기다리는 세상이 된 것이다.

우리는 여기서 삶과 죽음이라는 상반된 두 가지 양상을 알아낼 수 있다. 하나의 생명체가 되어 사회적 동물로서 우리는 단절된 채로 삶을 누리는 모습과 단절된 그 생활 속에서 홀로 외롭게 죽어간 죽음의 모습이 그것이다. 그리고 그 두 세계는 비록 '개'라는 동물로 태어났지만, 살아있는 생명체로서의 생명을 마음껏 누리는 '뽀삐'와 인간으로 태어났으면서도, 인간이 아닌 인간의 죽음으로 삶을 마감한 '인간'의 모습을 대비시키면서, 인간으로서의 오늘날을 살아가는 현대인의 생활 양태가 어떠한가를 처연하게 제시해 주고 있는 것이다.

이러한 삶의 제시는 김순일이 가지는 순발력 있는 기지의 소신으로 나타난 것이거니와, 현대인의 삶의 모습을 직시하고, 그러한 가운데 우리는 상실되어 버린 인간성 회복의 메시지를 전달받게 되면서 새로운 삶의 방향을 모색하게 되는 것이다.

상반된 두 세계를 제시하는 이러한 기지는 인간의 삶이 어디까지 잔인할 수 있을까를 보여주고 있다는 점에서 다음의 시작품을 주목하게 된다. 동물의 세계와 인간 세계의 극렬한 대비가 바로 그것이다.

> 누우떼가 아프리카 대륙이 꺼지게 달려간다 건기를 맞은 수천마리 누우떼가 싱싱한 풀밭을 찾아 먼지 자욱한 들판을 지나 강을 건너간다 도룡뇽 도마뱀 물고기 따위나 잡아먹으며 늘 배가 안차서 걸근거리던 악어들이 떼를 만나 강목을 지키고 있다가 모처럼 포식을 하고 비단잠 속으로 들어가려는 참인데 뒤따라 강을 건너던 누우란 놈 겁도 없이 악어의 등때기며 머리통을 밟고 건너가는구나 요녀석 봐라 선잠을 깬 악어가 누우의 허벅지를 물고 짓이려 댔는데 이거 어쩐 일인가 요단강 건너는 줄 알았던 누우의 허벅지엔 이빨자국 하나 없이 멀쩡하구나 오금아 날 살려라 혼 나간 누우란 놈 허둥지둥 강을 건너갈 때 악어녀석 벙긋벙긋 꽃잠 속으로 드는구나// 아이들이 놀이를 하고 있다 갓깬 병아리 던지기 놀이를 하고 있다 사층 아파트 창문 밖으로 던지면 누구의 병아리가 먼저 죽을까? 아이들이 병아리 던지기 놀이를 하고 있다 손뼉치고 깔깔대며
>
> —「병아리 던지기—산성비 · 75」 전문

누우떼들은 건기를 맞아 스스로의 생명을 유지하기 위하여 생명의

위험을 감수하며 들판을 지나 강을 건너 집단으로 이동을 한다. 이러한 생명을 건 이동을 꾀하는 누우들을 기다리고 있는 것은 항상 굶주림 속에서 하루하루를 살아가는 악어떼들. 악어떼들은 주기적으로 이동하는 누우떼들을 기다리며 굶주린 배를 채우고자 한다. 자연의 생존경쟁이 시작된다.

그러나 이러한 악어떼들은 굶주린 배를 채우는 소기의 목적을 달성하면 누우떼들을 함부로 죽이지 않는다. 오히려 목숨을 건 긴 여행길에서 두려움에 떠는 누우떼들이 무사하게 강을 건널 수 있는 징검다리 역할을 한다.

이러한 악어와 누우떼들의 관계에서 갑자기 순진무구한 어린이들의 살생놀이가 제시된다. 순수하고 아름답게 자라나야 할 아이들이 '갓깬 병아리 던지기 놀이를 하고 있다'는 것이다. '4층 아파트 창문 밖으로 병아리를 던지면 누구의 병아리가 먼저 죽을까?'라는 살생놀이는 오늘날을 살아가는 생명 경시 시대에의 전범을 보여주는 것만 같아 누우떼와 악어의 삶에서 느낀 평화로움 앞에서 갑자기 온몸이 떨리는 전율을 느끼게 된다.

이러한 전율은 곧 경악으로 바뀌게 된다. '아이들이 병아리 던지기 놀이를 즐기고 있다'는 것이다. 그것도 '손뼉 치고 깔깔대며' 살생을 아무런 거리낌 없이 마냥 즐기고 있다는 것이다.

이 시작품에서 화자가 고발하고자 하는 것은 아이들이 즐기는 살생놀이다. 하나의 생명체를 가진 나약한 '병아리'들이 마땅히 누려야 할 생존권은 여지없이 파괴되어 버린다. 아이들의 살생놀이는 현대를 살아가는 오늘날의 사회 여기저기서 발생하는 생명 경시 풍조의 한 단면이요, 생명의 멸입 현장의 모습임에 더욱 경악을 금하지 못하게 하는 것이다. 순수한 삶을 누리는 자연의 세계, 즉 악어와 누우의 삶의 모습과 대비되는 인간의 삶의 세계는 곧 현대인이 추구해야 할 삶의 자세가 무엇인지를 정확하게 보여주는 것이라 하겠다.

> ① 아버님 어머님 우린 저금통장따위는 상관을 하지 않을께요 땅문서 집문서는 더더욱 그래요 돌아가시기 전에 실컷 잡수시고 철따라 좋은 옷 갈아 입으시며 오래오래 편안히 사시기만 하셔요 만리장성도 보시고 태국으로 몸보신 여행도 하셔요 하와이 호주도 참 좋대요/ 무릎 꿇고 공손히 두손 비비며 아버님 어머님 하늘보다 높고 바다보다 깊은 은혜 발라먹으며 더더욱 고개 깊이 숙이고 저금통장 집문서 땅문서 껍데기로 남을 때까지 쪼옥쪽 다 빨아먹고 이제 늙어서 눈꼽만 덕지덕지 양지쪽에 쭈그리고 앉아 햇빛이나 구걸하는 오메아베 깊은 산에 버리기엔 산이 너무 험하고 그래도 사람 속에서 살게 해드려야지 아버님 어머님 서울공원 구경가요/ 웬 사람이 이렇게도 많으냐? 꼭 구데기 끓듯하는구나 아버님 어머님 그게 무슨 말씀이셔요 저 사람들 보셔요 얼마나 행복한가요 사람속에 있으니 좋지요? 아이구 어지럽고 숨이 막히는구나 차라리 산으로 가마 산에 가서 풀과 함께 살다가 새와 함께 살다가 토끼 노루랑 함께 살다가 물이 되어 흙이 되어 바람이 되어 그렇게 삭아 없어지마 아버님 어머님 그게 무슨 말씀이셔요 사람은 사람속에서 살아야 돼요 저 잠깐 화장실에 다녀 올께요 어디 가시지 마시고 꼭 여기 계셔야 해요 그래 그래 우리가 어린애냐 어서 어서 다녀오너라 사람들 속에 있으니 정말 좋구나 뒤돌아보지 말고 어서 가거라
>
> —「신고려장–산성비 · 81」 전문

② 개미떼가 느티나무의 밑둥을 갉아먹고 집을 짓는다. 느티나무는 웃었다. 그 개미의 새끼가 갉아먹고 집을 넓히고 그 개미의 새끼가 또 갉아먹고 집을 넓히고 또 그 개미의 새끼가 갉아먹고 집을 넓히고 느티나무는 발가락 새새 파고 들어 갠지럼치는 그 개미의 개미의 개미의 새끼들을 웃었는데 백 년 삼백 년……대대로 이어오면서 갉아먹고 집을 넓히더니 이젠 느티나무 가슴 속 심장까지 파고 올라와 개미산까지 쳐서 냠냠 갉아먹고서는 목줄기에 빨대를 대고 마지막 남은 한방울의 피까지 빨겠다고 조여오는구나 이빨까지 다 빠진 느티나무는 팥죽 먹는 소리로 허부적 대보지만 그 웃기던 개미떼한테 발등이 찍힐 줄이야// 지구의 당당한 머리통이 거미줄에 걸려 다 파먹힌 잠자리의 대갈처럼 하얗게 삭아내릴 날이

—「지구의 당당한 머리통이-산성비 · 86」 전문

③ 김장을 담고서는 무청을 엮어서 바람시원하게 춤추는 뒷곁 흙벽에 매달아 놓고 아주 잊고 살았지 기인긴 겨울 그늘이 깊을수록 선비바람이랑 흙냄새 맡으며 잘도잘도 곰삭아서 대보름께쯤 가서는 새순처럼 내리는 햇빛만큼이나 구수하고 따스했지// 산이 무너지고들판이 무너진 요즈음 사람들의 가슴엔 독이 서린 시멘트벽이 숲을 이루는데 그 벽에 걸어둔 시래기의 심장에 뛰던 구수한 피 한방울까지 바삭바삭 삭아서 시멘트가루로 날리네

—「시레기-산성비 · 102」 전문

④ 개똥밭에 호박구뎅이 파고 생똥 두서너 무데기 흙하고 햇빛 한 다발 적당히 섞어서는 잘 썩힌 뒤 호박씨 묻어두면 철 맞춰 호박꽃 피고 벌떼들 단꿀 빨고 보오얀 애호박 기름 조올졸 흘렀지 땡볕 달게달게 받아 먹고 둥그렁둥그렁 세상 시고 쓰고 틂은 바람 잘 버무려서 부우옇게 살쪄갔는데 요즈음 사람들은 팽이 마빡보다 좁은 개똥밭 자투리땅에 사는 바랭이

쇠비름 질경이까지 싹쓸이로 밀어내고 곱게 내리는 햇빛도 네모로 세모로 가위질하고 파아란 바람도 비닐주머니에 싸서 긁어묻고 호박꽃 한 송이 피울 자투리 가슴도 비워두지 않네

—「개똥밭–산성비 · 103」 전문

위의 예시된 네 작품에서도 우리는 대비되는 두 세계를 제시하여 올바른 삶의 방향을 제시하고 있는 김순일의 기지를 엿볼 수가 있다.

①의 작품에서는 고구려 때에, 늙어서 쇠약한 이를 산채로 묘실에 옮겨 두었다가, 죽은 뒤에 그곳에서 장사 지내는 고려장의 풍습과 오늘날 인면수심(人面獸心)의 불효자가 행하는 불효의 모습을, ②에서는 개미떼와 느티나무의 대비를 통하여, 하나의 생명체로 형상화한 지구의 멸망을 예고하였으며, ③의 작품에서는 과거와 현재의 삶의 대비를 통해 참삶의 잔해로 형상화된 '벽에 걸어둔 시래기'의 소멸을, 그리고 ④에서는 넉넉한 삶을 구가하며 살아왔던 과거와 '햇빛도 네모로 세모로 가위질하고' 살아가는 메마른 오늘날의 삶을 드러내 주고 있다.

이와 같은 시 작품에서 우리가 느낄 수 있는 것은 잘못된 오늘날의 삶을 고발하고 있는 데에서 새로운 삶의 가치를 추구하고 있음이다. 오늘날, 현대라는 삭막하고 어쩌면 절망스럽기까지 한 기계문명의 범람 속에서 그 사회라는 방대한 인간의 삶의 세계를 움직이면서 올바른 방향으로 바꾼다는 것이 얼마나 어려운 일인지 모른다. 그리고 모든 사람들의 의식을 갑자기 이상적(理想的)인 정의를 향하여 전진시킨다는 것 또한 얼마나 어려운 일인가도 모른다. 이러한 생각을 할 때, 우리는 오늘날의 사회에서 이상의 선(善)을 달성하려는 노력이 무위로

끝나고 만다는 두려움부터 가지게 될 수도 있다. 그것이 솔직한 오늘날의 현실이다.

그러나 인간은 아무리 현대 물질문명의 범람 속에 파묻혀 있을지라도 인간으로서의 욕구를 충족시키려는 노력을 계속한다. 인간과 동물 사이를 확연하게 구별하면서 인간만이 지닐 수 있는 반(反)물질적 욕구를 가지고 있기 때문이다. 반물질적 욕구는 인간의 모든 지적(知的)인 노력 이를테면 이상에의 추구는 물질적인 것이 아닐 뿐만 아니라, 상실된 인간성을 회복시키는 길인 것이다.

이러한 의미에서 김순일의 시는 현대 물질문명에서 오는 다양한 비인간적인 문제성을 폭로하거나 비판하면서 새로운 이상의 세계를 추구하고, 본질적 인간성의 회복을 위한 노력을 기울이고 있다고 하겠으니, 그것은 상반된 두 세계의 대비를 통한 기지의 소산으로 불거져 나온 것에서 찾아볼 수 있다고 할 수 있다.

4.

지금까지 김순일의 시세계를 살펴보면서, 필자는 그의 시가 가지는 독특한 풍자와 기지 사이에서 상반된 두 세계가 자아 성찰과 반물질적 욕구와 결과로 나타났으며, 그것은 결국 현대 물질문명의 팽배에서 상실된 인간성의 회복을 추구하고 있음이라는 것을 알았다. 이토록 김순일의 시는 김순일만이 가지는 풍자와 기지를 통하여 새로운 이상향을 그리고 있다. 그리고 그는 다음과 같은 시작품을 제시, 그가 지향하고 있는 세계가 진정 무엇인가를 보여주고 있는 것이다.

올 겨울은 세상이 다 얼어붙고 흰눈이 펑펑 쌓였지만 이웃이 함께 사니 훈훈하구나/ 칼바람 헤치고 돌리는 분이네 동지 팥죽 덕수네 무수시루떡에서는 아직도 김이 무럭무럭 순이네 쑤수엿 칠떼기네서 돌리는 찐고구마 달구달구나 순진에 도토리묵이랑 막걸리 몇 대접 얼근하고 샘골 이서방네서 이게 뭔가 지난 가을 묻어두었던 배차랑 무수 내일은 우리도 순두부 쑤어서 돌려야지/ 집집이 굴뚝에서 피어오르는 저녁 연기 한몸 되어 하늘로 오르는구나

—「이웃—산성비 · 121」 전문

차이(差異)에서 만난 동일화(同一化)의 정조(情操)

— 정명순 시집 『한 개 차이』의 시세계

1.

존재하는 모든 것에는 차이가 있다. 차이는 존재물이 가지는 최상의 것이지만, 그 차이로 인하여 최악이 되기도 한다. 그러므로 차이에는 최선의 용기라 할 수 있는 사려 깊은 시각을 필요로 한다.

시는 시적 대상이 가지는 차이에 대한 최상의 시각으로부터 시작된다. 공자는 "낚싯대로 고기를 낚되 그물질은 하지 않으며, 나는 새는 쏘되 자는 새는 쏘지 않는다(釣而不網, 弋不射宿)"고 하였다. 여기에서'낚시'와 '그물'의 차이, 그리고 '나는 새'와 '자는 새'와의 차이는 곧 대상에 대한 최선의 시각에서 비롯되는 것이 아니겠는가? 이와 같은 시각은 존재하는 두 사물의 차이에서 비롯한 동일화로부터 시를 낳게 한다. 전혀 다른, 즉 혼돈을 가지는 두 차이를 하나로 동일화하는 그 시각은 하나의 질서로 새로운 삶의 길을 모색하는 눈[目]이 된다. 다음 시를 먼저 살펴보도록 한다.

추락이

삶의 전부인 계곡도

가끔은 숨을 고른다

굽이굽이

일백 번은 삭혀야

비로소 추락은

낙화가 된다

—「백담사에서」 전문

'백담사'로 가는 길은 모두 '계곡'이다. 계곡은 구릉 또는 산의 능선 사이에서 굴곡을 이루며, 그 위로 하천을 흐르게 하고 있다. 그래서 계곡의 물줄기는 급하게 흘러내리게 마련이다. 이런 계곡이 백담사로 가는 길에 무려 7km 가량 좁은 포장도로를 따라 이어져 있다.

그렇다면 계곡이란 어떠한 곳인가? '추락이/ 삶의 전부'인 곳이다. 그러하거니와 계곡을 가려한다면 온갖 고난과 역경의 삶을 묵묵히 견디면서 '가끔은 숨을 고르'지 않으면 안 된다. 이는 현실적 삶의 고뇌를 극복해 나가는 인고의 모습이기도 하다. 그러나 인고는 이렇게 한 번으로 끝나는 것이 아니다. '백담사'의 '백(百)[5]'이 가리키듯 수없이 '굽이굽이/ 일백 번은 삭혀야' 하는 고통을 거쳐야 한다. 그 고통의 행위는 곧 '추락'의 되풀이이기도 하다. 그 '추락' 끝에 마침내 만나는 '낙화'—

5) '백(百)'이란 수는 '많다' '매우' '몹시' 등의 의미가 있다. 이러한 의미는 속담 다. 속담 「백 길 낭떠러지 우에 서 있다」「백 년을 다 살아야 삼만 육천 일」「백 리만 걸으면 눈썹조차 무겁다」「백 사람의 입맛을 다 맞출 수 없다」 등에서도 알 수 있다.

비로소 얻어지는 해탈이다. 모든 번뇌와 속세에서 벗어난 다음에서야 백담사에 이른 것이다.

백담(白潭)은 대청봉에서 구곡담을 거쳐 백담계곡으로 내려오는 곳에 담이 백 개가 있다고 해서 그렇게 이름 지어 불리워지고 있다고 한다. 시인 정명순은 끝없이 이어지는 계곡의 물이 100여개의 담(潭)으로 추락하는 것을 바라보면서 백담사에 이르렀고, 마침내 「백담사에서」 고뇌와 속박이라는 속세에서 벗어나 꽃처럼 아름답게 날리는 '낙화(洛花)'의 경지에 이르러 안존을 찾았는지 모른다.

여기에서 우리는 '추락'과 낙화'의 차이를 눈여겨보지 않으면 안 된다. 물의 '추락'과 꽃의 '낙화'가 가지는 차이는 전혀 관계가 없는 분명한 무질서 속의 혼돈이다. 전혀 다른 차이를 보이기 때문이다. 그러나 그 차이에 시인 정명순은 자신의 삶을 투영함으로써 '추락'을 '낙화'로 이르게 한다. 그 역할이란 바로 두 차이를 바라보는 시인의 시각이다. 적어도 시인 정명순에게 있어서 '추락'은 '낙화'로 가는 과정이요, 마침내 '낙화'와 동일화되는 개념일 뿐이다. 그러므로 시인의 시각은 곧 사물이나 개념을 바라보는 동일화된 눈[目]인 것이다.

2.

시인 정명순의 눈은 늘 젖어 있다. 그녀의 눈을 젖게 하는 것은 사물의 본질을 바라보는 결과로서의 감성일 수 있고, 사물을 보는 정겨움일 수도 있다. 때때로 삶의 아픔일 수도 있고, 무엇인가 새로운 의미를 발견하고자 하는 도전일 수도 있다. 그러나 무엇보다도 시인 정명순의 눈을 젖게 하는 것은 현실 속에서 마주하게 되는 필연적인 어떠한 대상 간의 차이로부터 무엇인가 새로운 삶의 활로를 모색해내고는 전혀 이질적인 대상을 동일화하면서 이룩해 놓은 내면적 울음일 수 있다.

싸니 아깝지 않고
가벼우니 힘들지 않고
반짝반짝 금빛이니 그럴듯해
빨간 범랑 제치고
주방 한 쪽 떡하니 차지한 양은 냄비
쉽게 뜨거워지고 쉽게 식어버린다고
누가 손가락질하는가
그건 오랜 세월 다져온 경륜이다
불기운이 살짝만 닿아도 벌겋게 달아오르다
떠나는 순간 얼음장이 되어버리는
순박하고 바보 같은,
찌그러질지언정 절대 깨지지는 않는
치열한 삶의 열정, 가볍다
누가 비웃을 수 있는가

괜한 성질부리며 집어던져, 내 몸 대신
찌그러진 제일 작은 냄비가
비딱허니 꼭대기에 올라앉았다
수신 공양으로 완성된
불탑 하나.

—「찌그러지지 않으면 깨진다」 전문

위 시작품에서 시인 정명순은 두 가지 대상을 만난다. '빨간 범랑'과 '양은 냄비'다. 등장에 있어서의 질량을 비교해보면 단연 '양은냄비' 쪽이 무게를 더한다. '싸니 아깝지 않고/ 가벼우니 힘들지 않고/ 반짝반짝 금빛이니 그럴 듯'한 '양은냄비'이면서도 이와는 전혀 다른 품질의 '빨간 범랑'과는 비교가 안 된다. '주방 한 쪽 떡하니 차지한 양은냄비'다. '빨간 범랑'이 등장함으로써 보잘 것 없는 '양은냄비'의 값어치가 빛난다.

일반적으로 '빨간 범랑'은 '양은냄비'보다 고가(高價)다. 그러나 그 고가의 값어치가 결국 '쉽게 뜨거워지고 쉽게 식어버린다고' 손가락질할 수 없는 '양은냄비'의 질량을 높이는 구실을 한다. 그것은 '불기운이 살짝만 닿아도 벌겋게 달아오르다/ 떠나는 순간 얼음장이 되어버리는/ 순박하고 바보 같은,/ 찌그러질지언정 절대 깨지지는 않는/ 치열한 삶의 열정'으로 '오랜 세월 다져온 경륜'을 가졌기 때문이다.

이러한 사실은 시인 정명순이 현실 속에서 마주하게 된 필연적인 어떠한 대상 간의 차이로부터 발견해낸 새로운 삶의 제시이기도 하다. '괜한 성질부리며 집어던져, 내 몸 대신/ 찌그러진 제일 작은 냄비'로 바라보게 된 것이며, 그렇게 어려운 삶의 고비를 넘겨오는 결과였으므로 '비딱허니 꼭대기에 올라앉'아 '수신 공양으로 완성된/ 불탑 하나'로 존재하게 되는 것이다. '빨간 범랑'과 '양은냄비'의 차이에서 새로운 삶의 모습으로 모색된 '불탑 하나'는 어쩌면 '쉽게 뜨거워지고 쉽게 식어버린다고/ 누가 손가락질하는' 삶의 모습으로 자신과 함께 동일화되어 자신만만하게 똑바로 서지 못한 채 조금은 슬프게스리 '비딱하게' 완성된 내면적 울음의 산물인지 모른다.

그러나 시인 정명순은 결코 내면적 울음을 비극으로 만들지 않는다. 내면적인 울음 그 자체일 뿐, 그것은 새로운 삶에 대한 확신이기 때문이다.

환갑도 못 넘긴 아버지
의식 없이 병상에 누워 있는 동안
나는 삼 시 세끼 다 챙겨 먹었다
퇴근길 병원에 들러 나무토막 같은
몸을 닦아주고 욕창을 소독하고 잠시 슬프다
돌아와 잊은 듯 잠을 잤다
욕창이 엉덩이에서 등으로 번질 무렵
임신을 했고 열 달 후 딸을 낳았다
아버지의 뼈마디가 살가죽을 밀어내며
나무뿌리처럼 불거지는 사이
아이는 뽀얀 젖살이 붙어갔고
아버지, 힘겹게 명줄 놓던 날
아이는 배고파 울어댔다
눈물 콧물 범벅된 육개장을 뜨고
아이에게 젖을 먹였다
밥 한 술 둘둘 말아 넘길 때
목구멍에 걸리던 건더기들
아픔, 후회, 두려움, 본능
얼큰하고 뜨거운
시원하게 눈물 나는 붉은 맛
가슴 뻐근하게 젖줄이 돌고

아이는 땀을 뻘뻘 흘리며
내 슬픔을 빨아대고 있었다

—「육개장에 대하여」 전문

위의 시작품에는 일가족 세 명이 등장한다. '힘겹게 명줄 놓던 날'의 '아버지'와 '나', 그리고 새로운 생명 탄생의 '배고파 울어'대는 '아이'라는 세 인물이다. 그러나 세 인물이 따로따로가 아니다. 가족이라는 동일시관(同一視觀)으로 하여금 아버지와 나, 그리고 아이로 연결되어 있다. 한 사람 한 사람이 가지는 존재의 차이 속에서도 삶과 죽음이라는 상황에서 동일시되어 슬픔의 범주에 들어온다. 먼저 '환갑도 못 넘긴 아버지/ 의식 없이 병상에 누워 있는 동안/ 나는 삼 시 세끼 다 챙겨 먹었다'.또 '퇴근길 병원에 들러 나무토막 같은/ 몸을 닦아주고 욕창을 소독하고 잠시 슬프다/ 돌아와 잊은 듯 잠을 잤다'. 이 두 삶은 확연한 차이를 보여주고 있다. 이러한 삶의 차이는 다시 '욕창이 엉덩이에서 등으로 번질 무렵/ 임신을 했고 열 달 후 딸을 낳'은 후 '나'로부터 '아이'에게로 전이되었으며, '아버지의 뼈마디가 살가죽을 밀어내며/ 나무뿌리처럼 불거지는 사이/ 아이는 뽀얀 젖살이 붙어갔고/ 아버지, 힘겹게 명줄 놓던 날/ 아이는 배고파 울어댔'다는 삶과 죽음의 상황으로 바뀌면서 아버지와 아이라는 극명한 차이를 보여주는 상황에 놓이게 된다. 이러한 차이는 선명한 슬픔을 자아내기에 충분하다.

그러나 이러한 죽음과 삶의 차이는 한 가족의 일시적인 비극적인 상황의 제시였을 뿐 가족의 슬픔으로 영원히 존재하지 않는다. '아버지'를 잃은 슬픔이 '아이'의 탄생이라는 차이에서 '아이에게 젖을 먹'이는 행위와 동일화를 이루고 '나'로 하여금 새로운 삶을 제시하게 한다. 비록 '밥 한 술 둘둘 말아 넘길 때/ 목구멍에 걸리던 건더기들/ 아픔, 후회, 두려움, 본능/ 얼큰하고 뜨거운/ 시원하게 눈물 나는 붉은 맛'으로 점철되는 '육개장'이지만 '가슴 뻐근하게 젖줄이 돌고' '아이는 땀을 뻘뻘 흘리며/ 내 슬픔을 빨아대고 있'음으로써 내 슬픔을 정화한다. '아이'라는 새로운 삶의 길을 확인하게 되는 것이다.

배가 끓는다
화풀이 당한 소주가 반기를 들었는지
안주로 씹어댄 사람이 딱 걸린 건지
창자가 뒤집힌다
비우겠다고 쏟아낸 소리가
몸 안에 독기로 번진 탓일까
던져버린 욕설들이
꾸역꾸역 생목을 타고 올라온다
게워낸 오물조차 말끔히 쓸어안고
맑은 물을 밀어 올리는
변기만도 못한 잡식성 욕망들
비운다는 것은 토해내는 것이 아닌 것을
얼마나 더 깊은 호흡이어야
뼈 속까지 맑은 바람 들까
풀잎처럼 파르르르 온몸 울릴 수 있을까
아침, 변기통 속으로 빨려 들어간다

—「욕설의 무게」 전문

어떠한 것이든지 '욕설[6]'은 자기 자신에게 가장 큰 상처를 준다. 그리고 자기 자신에의 상처로부터 새로운 자신에의 발견을 도모해주기도 한다. 이 시작품에서 '욕설'은 '소주가 반기'를 든 것이요, 그 결과로 그것을 토해내는 행위이다. 말하자면 '배가 끓'을 정도로 치솟아 오르게 한 어떠한 분노로 인하여 '화풀이 당한 소주가 반기를 들었는지/ 안주로 씹어댄 사람이 딱 걸린 건지/ 창자가 뒤집'힘으로써 '비운다는 것'과 '토해내는 것'의 차이를 드러내게 한다는 것이다. 즉 정신적인 것과 물리적인 것과의 차이가 바로 그것이다.

이런 면에서 이 시작품을 일별하여 보면 다음과 같은 논담을 이끌어낼 수 있다.

> 화자는 어느 날 속이 뒤틀리고 '배가 끓'을 정도로 심한 분노에 휩싸인다. 현실적 삶의 한 단면인, 벅찬 고뇌라 할 수 있다. 이리하여 그 고뇌를 씻어내고자 욕설을 퍼부으며 술을 엄청나게 마신다. 술을 마심으로써 그 고뇌를 씻어내려 한 것이다. 그러나 술이 고뇌를 풀어버리게 하는 것이 아니라 오히려 화자에게 독으로 돌아온다. 도저히 참을 수 없는 물리적인 괴로움에 그만 화장실의 변기를 찾는다. 모조리 속에 든 독기를 다 토해낸다. 그리고 토해낸 오물들을 일시에 깨끗이 씻어내는 변기 속의 맑은 물을 본다. 그 물을 바라보고는 술을 마심으로써 온갖 고뇌를 씻어내려 했던 화자의 욕망이 얼마나 어리석은 짓인가를 깨닫는다. 토해내고 욕설을 퍼붓는 것이야말로'맑은 물을 밀어 올리는/ 변기만도 못한 잡식성 욕망들'이 아닌가? 결국 화자는 '비운다는 것'이란 정신적인 것과 '토해내는 것'이

6) 욕설은 한꺼번에 세 사람에게 상처를 준다. 욕을 막는 사람, 욕을 전하는 사람, 그러나 가장 심하게 상처를 입은 자는 욕설을 퍼부은 그 사람 자신이다 — 〈M. 고리키〉

란 물리적인 차이를 확인하게 된 것이다. 그래서 화자는 자신을 향하여 진정한 물음을 던진다. '얼마나 더 깊은 호흡이어야/ 뼈 속까지 맑은 바람 들까/ 풀잎처럼 파르르르 온몸 울릴 수 있을까' 이러한 질문은 '비운다는 것'과 '토해내는 것' 사이에서 '나'라는 동일화의 존재 가치를 이룬다. 그리하여 '오물'이 맑고 밝고 깨끗한 '아침, 변기통 속으로 빨려 들어간다'는 것으로부터 정신적인 「욕설의 무게」가 얼마나 덧없는 것인가를 확인하면서 자신에게 돌아온다.

시는 가장 혼란스럽고 미망(迷妄)하고 이완적(弛緩的)인 존재들 사이에서 동일성을 이루는 가운데 형성된다. 위의 논담을 통하여 알 수 있듯이 시인 정명순에게 있어서의 시적 차이는 분별로 인한 최악의 것이 아니라 자신인 '나'로 귀납하여 동일화를 추구하여 냄으로써 최상의 것을 이루어낸다. 절망으로부터 자신을 구원하는 새로운 삶의 방향을 제시받고 있는 것이다.

3.

의상대사는 법성계에서 '일중일체다중일(一中一切多中一)'이라 하여, '하나 속에 모두가 있고, 모두 속에 하나가 있다'고 말한다. 어떠한 사물이나 현상을 바라보는 데에 있어서 온갖 감각과 지식을 다 동원해서 파악한다 한들 그 본진을 정확히 말할 수는 없다. 여전히 본질의 변두리에서 맴돌 뿐이다. 그러나 적어도 사상(事象)의 전체성(全體性)을 예리하고 치밀하게 분석하고 현명하게 관조할 수 있는 사람이라면, 지금까지 인식하고 있던 사상과는 전혀 다른 면을 발견해낼 수 있을 것이다. 본래부터 인식하고 있었던 사상 그 자체에 어떤 새로운 사상이 존재하고 있다는 사실을 깨닫는 순간, 그 사상은 새로운 정조(情操)로 다가오게 된다. 그 정조가 바로 두 사상의 차이를 동일화하고 있음을 말해준다.

하나의 사상이란 오직 하나로만 이루어지는 것이 아니라 그 사상을 이루고 있는 이면에는 또 다른 사상의 일면을 공유하고 있으면서, 전혀 다른 두 가지 이상의 차이를 극복하고 하나로 동일화를 이루고 있다. 시인 정명순이 가지는 정조(情操)의 눈은 이러한 동일화 앞에서 한층 새로운 빛을 더한다.

①

처음부터 쉼표는 사치였다
걸음걸음마다 채이는 마침표
아슬하게 이어가며
징검다리 호흡을 지키는

백 번을 죽고
백 번을 다시 살아
여문 씨앗을 수놓으며 살아가는
아름다운 사람이 있다

—「점자(點字)」 전문

②

노을이 붉어지는 이유가 있지

그건 낮과 밤이 합궁을 하기 때문이야
한 켜 한 켜 껍질을 벗어 던지고
붉은 심장 하나로 어둠 속에 스미는 낮
저것 좀 봐, 한껏 붉어진
거대한 바다 양수 위로 출렁이는
황톳빛 이랑들을,
초침秒針처럼 톡톡 튀어 오르는
 당찬 새날의 씨앗들을

—「이랑처럼, 우리는」 마지막 연

③

복사용지를 꺼내다가 손을 베었다
새하얀 종이 위로 번지는 핏물
매끄러운 종잇장에도
칼날이 숨어있다 순백 속에도
독기가 서려있어
붉은 피 피워 놓는다 내 속에 숨은
칼이 웃음 깊숙이 날을 들이댄다

—「날」의 앞부분

④

상조회에서 조기(弔旗)를 만드는데
서로 엇갈리는 바람에 두 개가 만들어졌는데
노인들은 그러면 안 된다구
불길하다구
젊은이들은 뭔 상관이냐고

별 걱정 다한다고
얼마 지나지 않아 진짜 쌍초상이 나서
두 개를 동시에 쓸 일이 생겼는데
노인들은 두 개 만든 탓이라구
젊은이들은 두 개가 있어 다행이라고
조기를 없애면 초상이 안 나냐고

—「한 개 차이」 전문

⑤
한 잎 한 잎 타들어 가는
여승을 본다
입술 깨물고 타올라
재로 돌아가는
연꽃의 단호한 심지를 본다
그리고
한 잎의 욕심도 태우지 못하고
몸만 뜨거워 헉헉대는
나를 본다

—「연등 앞에서」 전문

①의 시작품에서 「점자(點字)」는 맹인들이 세상을 읽어내는 기호가 아니라 끊임없이 이어지는 새로운 앞길이요, 대대로 이어가는 생명 탄생의 연속이다. '징검다리'요 '씨앗'이다. 그러므로 제 자리에서 멈추고 마는 그러한 '쉼표'가 될 수 없으며, 만약에 그렇다면 그것은 '사치'에 불과한 것이 된다. 그러므로 이 시작품에서의 차이는 「점자」와 '마침표

· 씨앗'이다. 이 모두다 외형적으로 '쉼표'의 모습과 완전 닮아 있다. 굳이 '마침표'와 '씨앗'의 〈차이〉를 말한다면 의 '점자'가 가지는 전체성으로 동일화됨을 알 수 있다.

'점자'란 무엇인가? 그것은 종이에 도드라지게 나타나 손가락 끝으로 소경들이 알게 만든 글자이다. 보통사람들에게는 무엇인가 불완전한 글자임에 틀림없다. 아니 비정상적인 글자이기도 하다. 정상적인 사람들에게 절대적인 '쉼표'는 '사치'일 수밖에 없다. '걸음걸음마다 채이는' 마침표 또한 '사치'다. 「점자」란 '아름다운 사람'인 '소경'들에게는 절대적으로 쉼 없는 삶의 길이기 때문이다. 그러므로 「점자」는 '징검다리'처럼 이어져 건너게 하는 것이요, '백 번을 죽고/ 백 번을 다시 살아/ 여문 씨앗'이다. 영원한 생명이다. 따라서 이 시작품에서의 「점자」란 소경을 위한 도드라진 글자가 아니라 '징검다리'를 건너서야 비로소 만날 수 있는 새로운 빛의 세계가 된다.

②의 시작품에서도 이와 같은 동일화의 빛을 읽어낼 수 있다. '노을이 붉어지는 이유'에서 낮과 밤의 차이를 발견할 수 있으며 그에서 바로 '당찬 새날의 씨앗'을 생산해내는 것이다. 그래서 확고한 빛이 있기 때문에 '한껏 붉어'질 수 있는 것이 아니겠는가? '거대한 바다 양수 위로 출렁이는/ 황톳빛 이랑들을'이라는 선정적인 표현에서 볼 수 있듯이'당찬 새날의 씨앗들'이 튀어오르는 것은 곧 '한 켜 한 켜 껍질을 벗어 던지고/ 붉은 심장 하나로 어둠 속에 스미는 낮', 즉 '밤'과 '낮'의 차이가 동일화를 이룸으로써 빚어낸 새로운 빛의 생산물인 것이다.

③의 시작품에서는 '복사지'로 동일화를 이루는 '순백'과 '칼날'의 차이에서 비롯한 「날」의 의미 정립을 말하고 있다. '복사용지를 꺼내다가

손을 베었다/ 새하얀 종이 위로 번지는 핏물'과 '매끄러운 종잇장에도/ 칼날이 숨어있다 순백 속에도/ 독기'의 차이에서 비롯하여 새로운 의미의 발견을 도래한다. 즉 '내 속에 숨은/ 칼이 웃음 깊숙이 날을 들이댄다'는 삶의 일면을 보여주고 있는 것이어니, 그것은 곧 「날」이 보여준 새로운 세계이기도 하다.

④「한 개 차이」란 시작품은 이 시집의 표제시가 된다. 이 시작품에서는 '조기(弔旗)'가 가지는 '불길'과 '다행'의 차이이다. 이것은 '서로 엇갈리는 바람'이라는 상황에서 만들어진 '조기' '두 개'가 '젊은 이'와 '노인들'의 생각의 차이를 여실히 드러내게 된 것이다. 그러나 정작 그 이면을 살펴보면 '노인들'은 자기 자신들의 생명에 대한 애착으로부터 비롯된 우려를 표명한 것이요, '젊은이들'에게는 자신과의 생명과는 별개의 것으로 여기는 데에서 발생한 차이이다. 「한 개 차이」란 시작품은 '조기'가 가지는 '죽음'의 상징성이라는 데에서 동일화를 이루어 노인과 젊은이의 관념을 제시해줌으로써 '조기'의 새로운 의미를 보여주고 있다.

⑤에서는 '여승=연꽃'과 '나=욕심'의 차이로부터 동일화를 이루어지는 '연등'으로부터의 새로운 의미를 제시받는다. '욕심'이란 일종의 자기 지향(指向)이며, 그 지향은 존재할 수 없는 곳으로 향한 끝없는 자신의 지향이기도 하다. 욕심을 극복해내는 일이란 한계를 넘으려는 강한 본성에 빠져들지 않는 노력이 필요하다. 따라서 아무런 욕심도 없이 '한 잎 한 잎 타들어 가는' '연꽃의 단호한 심지'를 바라보면서 이에 대비되는 것은 '한 잎의 욕심도 태우지 못하고/ 몸만 뜨거워 헉헉대는' '나를 본다'는 것이다. 곧 욕심으로부터 벗어나기 위하여 끊임없이 노

력하는 자신의 모습이다.

이상에서 살펴본 바와 같이 시에 있어서의 차이는 하나의 공동체를 형성하고 있다. 그 공동체란 바로 동일화를 이루는 가운데 하나의 시작품 속에서 이미지를 극대화하는 구실을 하고, 한 편의 시를 이루는 데에서 필연적인 어떤 의미의 사안(事案)으로 하여금 한 편의 시가 지향하고자 하는 바를 이루도록 한다. 즉 전혀 다른 차이를 가지면서도 그 차이로 구성된 조직, 다시 말하면 강한 결속력을 가지는 이미지군(群)으로 하여금 모든 이미지들을 모아 동일화함으로써 새로운 세계를 창출하게 된다.

'홍탁' 자신과 '사십대 중반'이 넘은 자신과의 차이에서 비롯한 삶의 고단함이라든지 생에 대한 회한을 시작품 「홍탁」에서 맛볼 수 있으며, '본래 소용되는 이외의 것/ 있으면 좋고 없어도 그만인 것/ 궁하면 찾는 아웃사이더'인 「여벌」과 그 '여벌'을 '낡은 주름 탁탁 털어/ 햇볕에 내'걸자 '바람 한 줄기 지나가자/ 퀘퀘한 헛웃음이 쏟아'지는 '나' 자신으로 인식되어지는 차이로부터 고단한 삶의 일변을 엿볼 수 있게 하는 것도 바로 동일화된 결과로 볼 수 있다.

애당초 반어적인 의미를 가진 「횡재」는 본능적인 물욕(物慾)과 초현실적인 무욕(無慾)의 차이에서 만나는 인식의 세계를 보여주고 있으며, 이와 같은 관점에서 '향나무'가 '하얗게 몸을 태우는/ 생목(生木)/ 마지막 순간까지/ 뿌리를 지키고 서서/ 향내음을 끌어올리고 있'는 것과 자신의 몸을 태운다는 가정에서 '남은 재마저 향기로워/ 베갯머리를 맴도는/ 고운 이름일 수 있을까' 자신을 성찰하는 차이로부터 자성의 모습을 「젖은 속이 타고 있다」라는 시작품에서 엿볼 수 있게 한다.

시에 있어서의 차이는 사안(事案)이나 사상(事象)이 다르더라도 결국 하나의 공동체를 형성하게 된다. 그 공동체란 바로 동일화를 이루는 가운데 하나의 시작품 속에서 이미지를 극대화하는 구실을 하고, 한 편의 시를 이루는 데에서 필연적인 어떤 의미를 사안으로 하여 한 편의 시가 지향하고자 하는 바를 이루도록 한다. 즉 전혀 다른 차이를 가지면서도 그 차이로 구성된 조직, 즉 강한 결속력을 가지는 이미지군(群)으로 하여금 모든 이미지들을 모아 동일화함으로써 새로운 세계를 창출하게 된다.

4.

시인 정명순을 누구보다도 나는 잘 알고 있다. 정 시인은 고등학교에서 국사를 가르치고 있는 교사이다. 나와 같은 고등학교에 근무를 하기도 하였다. 그러다가 내가 주부들을 대상으로 「주부문예교실」을 열어 시에 대한 강의를 하고 있었을 때 자신은 애당초 국어과를 전공하고 싶었으며 시를 쓰고 싶었노라는 말을 덧붙이면서 즐겨 참여하였다.

시를 강의하면서도 나는 좀처럼 등단에의 길을 말하지 않았다. 시가 무엇인가를 진실로 깨닫고 시를 쓰는 사람이라면 등단을 강요하지 않아도 스스로 길을 열어 갈 것이 아닌가? 그러나 무엇보다도 멀리 시골에서 살아보아도 그리 달갑지 않은 문단의 모습이 자주 보여짐으로 스스로 시의 길을 열지 않을 양이면 시를 진심으로 아끼고 사랑하는 '시마니아(mania)'가 되는 것이 훨씬 나을 것이라는 나의 평소 생각 때문이기도 하였다.

이러한 나에게 정면으로 반기를 든 사람은 바로 정명순이었다. 남보다 더 깊은 사슴의 눈으로 먼 산을 응시하더니 아무도 모르게 덜컥 2003년 『동강문학』에 작품을 넣어 신인상을 수상해버린 것이다. 그러나 시인 정명순은 밖으로 모습은 드러내지 않았다. 단지 시골에 묻혀 홀로 생산 작업에 부지런할 뿐이었다. 그런 그녀가 이제 드디어 첫 시집을 엮어낸다면서 나에게 해설을 부탁하여 왔다. 가까이에서 자기 시를 가장 많이 보아왔고, 그만큼 자신의 시에 대하여 잘 알 것이기 때문이란다.

그러나 정작 정시인의 시작품을 살펴보면서 평소에 잘 보였던 시가 전혀 감조차 잡히지 않았다. 너무 자주 대해왔고, 너무 가까운 곳에 정 시인의 시작품이 자리한 까닭일까? 사물을 바라보는 눈과 가장 가까운 곳에 위치한 눈썹은 보이지 않고, 이른 봄의 아지랑이도 먼 곳에서 바라보아야 한다.

결국 나의 두 눈을 자주 부비면서 정명순 시인의 시세계 속으로 파고들지 않을 수 없었다. 그 결과 정명순은 '태어나진 시인'이라는 데에 이르렀다. 다만 태어나지기 위해 시를 찾아 나섰고, 태어나지기 위해 사물들을 응시하여 왔으며, 태어나지기 위해 사물들과 자신을 한데 엮어 자신만의 세계로 시를 생산해내고 있다.

정명순 시인의 가슴에는 항상 하나의 우주가 자리하고 있다. 정시인은 그 우주 속에서 새로운 정조(情操)를 용암처럼 끊임없이 흘려 내리고 있다. 언젠가는 반드시 그 용암의 열기로 하여금 시단의 교목(喬木)으로 바로 서게 될 것이라 믿는다.

끝으로 〈차밭에서〉란 부제가 붙어있는 「하늘탑」을 다시 한 번 뇌여

본다.

절벽을 오른다
한 켜 한 켜 쌓아 올린
발걸음이 길이 된다
길 위에 길이
그 길 위에 또 하나 길이
하늘로 이어지기까지
그리하여 온 산이
하늘탑으로 서기까지
제 살 깎아 옥개석을 올린다
폐허의 허기를 말아 올려
푸른 숨길을 튼다

—「하늘탑–차밭에서」 전문

보이는 현실과 보이지 않는 현실의 존재

— 정덕채 시집 『백수의 새벽 밥상』의 시세계

1.

시는 눈에 보이는 어떠한 사실, 즉 현실에 대한 것만을 말하고 있는 것이 아니라 보이지 않는, 혹은 바라고 있는 바 그 이상 그대로를 가장 건전한 마음으로 그려낸다. 보이지 못하는, 혹은 보지 못하는 어떠한 새로운 현실 세계를 향한 끈덕진 모색의 작업으로 표현된 또 하나의 현실이요, 그 시인이 궁극적으로 추구하고 있는 가장 진실된 삶의 모습을 그린 것이 곧 한 편의 시작품이라 말할 수 있다. 이에 대하여 전봉건은 다음과 같이 말하고 있다.

> "마음 — 심리에는 우리가 눈으로 볼 수 있는 현실과 마찬가지인 짙고 억세이고 끈덕진 현실이 있습니다. 이 현실을 우리는 우리의 눈으로 보는 현실처럼 보지 못합니다. 그렇다고 해서 즉 보지 못하는, 혹은 보이지도 않는 현실이라고 해서 누가 그것을 나무래거나 업수이 여겼다면 그는 웃음거리가 될 수밖에 없습니다. 왜냐하면 사람은(고급한, 즉 양식이 있는 사람이라면 더욱) 그가 그의 눈으로 보는 현실로 해서 영향되는 그만큼 보

이지 않는 마음속에 펼쳐져 있는 현실로 해서 영향되어 있는 것이 사실이며, 보이는 현실과 아니 맺을 수 없는 관계를 지니고 있는 만큼, 마음속의 현실과도 아니 맺을 수 없는 관계를 지니고 있는 것입니다."

— 전봉건, 『시를 찾아서』(文明社, 1968. 12 .01). p.p.14-16

이러한 의미에서 시란 현실에서 그 현실의 힘과 그 현실에서 그리고 있는 상상력의 힘을 빌려 생산해낸 작업의 결과물로서 눈에 보이지 않는 즐거움과 진리를 표현해 놓은 또 하나의 현실인 것이다. 정덕채의 시집 『백수의 새벽 밥상』에 잠재되어 있는 현실과 또 다른 현실과의 관계를 살펴본다면 정덕채 시인이 말하고 긍정한 자체, 그것이야말로 보지 못하거나 보이지 않는 새로운 현실을 말하고 있다는 것을 알 수 있다. 따라서 정덕채의 시가 의미하는 것이 무엇인가를 살펴보는 것이 아니라, 정덕채의 시가 어떠한 현실 속에 어떻게 존재하고 있는가를 살펴보기로 한다.

2.

한 편의 시는 시인 자신 속에 가지고 있지 못하면 어느 곳에서도 찾아낼 수 없다. 그런 의미에서 한 편의 시는 시인 자신을 증명해 보이는 자체가 되는 것이요, 또는 그 자체를 바탕으로 하여 새로운 세계를 찾아내 보이기도 한다. 먼저 「새벽 밥상」을 살펴보기로 하자.

게 한 마리가 밥상을 차린다
모래밥 한 공기에 소금국 한 사발

그리고 거두절미된 꿈 몇 토막
나는 잠 속에서 숟가락 부딪는 소릴 듣는다
모래밥 한 술 뜨고 소금국 한 모금 마시고
삭이지 못하고 토해 낸 모래가
수북이 쌓여가는 새벽밥상
갑각류처럼 몸을 말고 앉아서
홀로 허기를 채우는
아내의 울퉁불퉁한 등껍질이 보인다
각질로 변한 아내의 집게손가락이
잠의 옆구리를 꼬집는다
일어나야지 오늘은 꼭 일어나서
저 뒤엎어 버리고 싶은 밥상머리에
숭늉으로라도 앉아야지
생각만 하면서 생각만 하면서
또 시궁창 같은 이불 속으로
머리를 쳐 박는다

—「백수일기-새벽밥상」 전문

'새벽밥상'을 앞에 놓고 전개된 두 현실 속에서 화자의 존재는 확연하게 드러난다. 즉 '새벽밥상'을 앞에 둔 현실과 '꿈 몇 토막'의 현실이 바로 그것이다.

'게 한 마리가' 차린 '밥상'에는 두 가지가 차려져 있다. 그 하나는 '모래밥 한 공기에 소금국 한 사발'이요, 또 '그리고 거두절미된 꿈 몇 토막'이 그것이다. 화자는 '잠 속에서 숟가락 부딪는 소릴' 들으면서 이러한 '새벽밥상'을 떠올린다. 비몽사몽간에 현실과 또 다른 '꿈'의 현실을

'새벽밥상'을 통하여 마주하고 있는 것이다.

'모래밥 한 공기에 소금국 한 사발'이 겨우 놓인 '새벽밥상'은 화자인 백수의 현실을 그대로 대변한다. 실제로 모래로 지은 밥 한 사발일 수 있을까마는 그만큼 이 궁핍한 밥상은 백수의 현실을 그대로 대변해 준다. 그런 백수에게 꿈마저 온전할 리 없다. 갈기갈기 찢겨져 있다. 남아 있는 것은 모든 꿈으로부터 '그리고 거두절미된 꿈 몇 토막'일 뿐이다. 결코 희망이 보이지도 아니하며, 겨우 '잠 속에서 숟가락 부딪는 소릴 듣'고 일어나 '모래밥 한 술 뜨고 소금국 한 모금 마시고' 나면 '삭이지 못하고 토해 낸 모래가/ 수북이 쌓여가는 새벽밥상'을 앞에 두고 '갑각류처럼 몸을 말고 앉아서/ 홀로 허기를 채우는/ 아내의 울퉁불퉁한 등껍질이 보'일 뿐이다.

이러한 현실을 눈앞에 두고서도 '각질로 변한 아내의 집게손가락'이 '옆구리를 꼬집'을 때에야 화자는 비로소 '꿈'으로부터 깨어나 현실을 직시한다. 그리고는 '일어나야지 오늘은 꼭 일어나서/ 저 뒤엎어 버리고 싶은 밥상머리에/ 숭늉이라도 앉아야지' 다짐하면서 현실에서 벗어난 새로운 현실을 꿈꾼다. 그것은 바로 눈앞의 현실을 벗어나 '숭늉으로라도 앉아야지'하는 아내에 대한 보시(布施)요, 이루고자 하는 새로운 현실의 모습이다.

그러나 현실은 이러한 꿈마저도 어김없이 허락하지 않는다. 도저히 '백수'로서 벗어날 길이 없다. '숭늉으로라도 앉'고자 하는 소망의 현실은 '생각만 하면서 생각만 하면서/ 또 시궁창 같은 이불 속으로/ 머리를 쳐 박'게 하고 있다. 화자는 이러한 현실의 모습을 통하여 한 '백수'의 존재를 명확하게 그려내 줌으로써 '백수'가 현실 속에서 어떻게 존재하고 있는가를 보여준다.

눈을 감아라
이 세상쯤에야
눈 감고 귀 막고 나면
거기가 거기일 뿐

가부좌 틀고 앉아서
샘을 판다
정수리에 배꼽까지
들숨과 날숨 사이에 두고 온
내 옛 이름 꺼내 들고
강기슭으로 간다

던져 넣기만 하면
나는 성마저도 없는
완전한 껍데기
배 없어도 이 강을 건너서
그 언덕에 닿으리라

눈을 감아라
손목시계만 풀어버리면
그 때가 그 때일 뿐

—「까비르 따라하기」 전문

인도의 명상가요 시인인 '까비르'의 명상법을 어떻게 따라하는가를 보여주고 있다. 이 시작품에서는 두 개의 현실이 괴리된 채 전혀 확실한 모습을 보여주지 않는다. 다만 그것은 가정으로 이루어지고 있을 뿐이며, 미래적인 상상으로 나타날 뿐이다.

이 시작품에서 우선 그 구조를 살펴보면 3부분으로 나누어 생각할 수 있다. 세상에 대한 인식과, 인식된 세상으로부터 벗어나고자 하는 명상의 자세와 명상으로부터 얻은 또 다른 현실의 세계를 제시하고, 다시 명상의 자세를 표현하고 있다. 먼저 화자는 '이 세상쯤에야/ 눈 감고 귀 막고 나면/ 거기가 거기일 뿐'이라면서 이러한 현실에서 벗어나고자 '눈을 감아라' 즉 명상으로 나아가라고 명령(?)한다. 이것은 화자가 현실을 긍정적으로 인식하고 있음이 아니라 부정의 세계로 인식하고 있다는 것을 말해주고 있음이며, 이로부터 벗어나기 위하여 「까비르 따라하기」로 명상으로 들어가라는 것이기도 하다. 즉 '가부좌 틀고 앉아서/ 샘을' 파듯 명상을 하고 '정수리에 배꼽까지/ 들숨과 날숨 사이에 두고 온' 현실로부터 '내 옛 이름 꺼내 들' 듯이 자신의 존재마저 버리고는, 자신의 존재를 송두리째 잊어버릴 참 나를 발견할 수 있는 명상의 장소인 '강기슭으로 간다'. 그리고 그 강기슭에서 화자는 현실에서 '성마저도 없는/ 완전한 껍데기'가 되어버린 자신의 존재를 '던져 넣기만 하면/ 배 없어도 이 강을 건너서/ 그 언덕에 닿으리라'고 확신을 한다. 이 '언덕'은 '손목시계만 풀어버리면/ 그 때가 그때일 뿐'인 현실에서 벗어나기 위하여 '눈을 감'음으로써 곧 바로 들 수 있는 명상의 세계요, 인도의 명상가요 시인인 '까비르'의 명상법이요, 또한 '까비르'를 따라 명상에 잠기는 일이기도 하다.

여기서 두 가지의 현실과 만날 수 있다. '눈 막고 귀 막'아 만나고 '손목시계만 풀어버리면' 만나는 '거기'와 '그때'라는 공간과 시간의 현실이요, '내 옛 이름 꺼내 들고' 찾아가는 '강기슭', 그리고 '완전한 껍데기/ 배 없어도 이 강을 건너서' 닿는 '언덕'이라는 공간은 비현실적으로 상호 마주하고 있음을 보여준다. 따라서 명상을 통하여 현실을 통절히 벗어나고자 하는 화자의 간절한 소망 의지로서의 존재를 보여주고 있는 것이라 하겠다.

정덕채의 이러한 두 가지 현실은 그의 시를 읽는 사람들로 하여금 전혀 예상하지 못한, 이를 테면 일반적인 발상이나 통속적인 개념으로의 인식에 대하여 통렬하게 뒤통수를 침으로써 즐거움을 만끽하게 한다. 「발아(發芽)」라는 시작품을 먼저 살펴보자.

아니지 사랑은
머리가 아니고
가슴이 아니고
배꼽보다도
더 아래로
거기야 사랑은
가장 낮은 곳
그림자 근처
후미진 어둠속에서
눈뜨는 거지
한 점 빛을 던져서
천 만 겹 어둠을

깨뜨리는 거지
그거야 사랑은
이 몸 흙이 되어
꽃씨 하나
품는 거지

—「발아(發芽)」 전문

이 시작품에서의 '사랑'은 통속적이고 속된 지나친 에로틱한 개념과 자기를 희생함으로써 실현되는 아가페(agape)적 사랑의 개념을 동시에 보여줌으로써 진정한 아가페적 사랑이 무엇인가를 표현하고 있다. 화자는 사랑에 있어서의 냉철함(=머리)과 뜨거움(=가슴)을 부정하고 독자로 하여금 에로소적인 사랑으로 이끌어가다가 갑자기 사랑에서의 자기 희생, 영원한 불변불멸의 사랑으로 결론한다. 이성을 잃지 않는 '머리'로 하는 사랑도 부정하고, '가슴'으로 하는 정열적인 사랑도 아니고, 마침내 육체적인 '배꼽보다도/ 더 아래로/ 거기야 사랑은/ 가장 낮은 곳/ 그림자 근처/ 후미진 어둠속에서/ 눈뜨는 거'라면서 에로틱한 사랑이라고 정의한다.

여기까지 시작품 속에서 에로틱함에 이끌려 왔던 뭇독자들은 '그거야 사랑은/ 이 몸 흙이 되어/ 꽃씨 하나/ 품는 거지'라는 데에 이르러서는 그만 뒤통수 한 대를 맞고 통렬한 즐거움을 맛보게 된다. 그리고 그 아가페적 사랑의 정의 앞에 그만 고개를 끄덕이고 만다.(필자 또한 예외가 아니다. 이러한 에로스적인 사랑에 두 눈을 점점 크게 뜨다가 그만 멋지게 뒤통수 한 방을 맞고는 피식 웃고 말았다는 것이 필자의 솔직한 고백이다.)

그러나 정작 이 시작품에서는 사랑에 대한 두 가지 현실성을 말하고 있는 것이다. 흔히 볼 수 있는, 물질문명이 팽배해지고 쾌락을 추구하는 오늘날의 타락한 인간의 에로소적인 사랑의 현실, 그리고 자기를 희생함으로써 영원한 사랑을 지키고자 하는 어쩌면 구시대적 발상의 정신적 사랑을 추구하는 비현실적 현실, 이 두 현실의 대비를 통하여 진정한 사랑의 의미를 발견해주고 나아가서는 오늘날의 사랑에 대한 경종을 엄중히 울려주고 있다고 하겠다.

작은 야생화 화단에서 잡초를 뽑는다
노루귀와 매발톱
머리에 띠를 두른 흰제비꽃
필사적으로 흙을 움켜쥐고 버틴다
5월의 풍만한 바람 비릿한 살기 속에서
뿌리 채 뽑힌 푸른 욕망들이
마지막 광합성을 한다
사직서 한 장 써 던져보지도 못하고
돌아와 벗어놓은 구두처럼
단내를 풍기며 시들어간다
헐거워진 지심 쪽으로 범의꼬리 며느리밥풀
잠시 기울었다가 다시 선다
새벽이 되면 여전히 눈을 부비며
세상의 문을 열고 얼굴을 내밀 메꽃 당굴도
책상다리에 목을 매고 오늘을 버티는

살생부 속의 넥타이들처럼

바닥에 깔고 닥치는 대로 붙잡고 본다

—「풀뽑기」 전문

'작은 야생화 화단에서 잡초를 뽑'으면서 화자는 두 가지의 현실을 만난다. 뽑으려면 뽑으려할수록 '필사적으로 흙을 움켜쥐고 버'티고 있는 잡초들의 모습과 그 모습에서 비롯되어 그려본 '책상다리에 목을 매고 오늘을 버티는/ 살생부 속의 넥타이들' 의 현실이 바로 그것이다. 뽑히지 않으려는 잡초의 현실이 보이는 것이라면, '살생부 속의 넥타이들'에 처한 현실은 보이지 않는, 보이지 않으면서도 그려볼 수 있는 현실의 모습이다.

이 두 현실에서 화자는 실제적으로 보이지 않은 채 떠오르는 '넥타이들'의 한 사람이 되어 생존을 위한 필사적인 모습을 보여준다. '5월의 풍만한 바람 비릿한 살기 속에서/ 뿌리 채 뽑힌 푸른 욕망들이/ 마지막 광합성을' 하는 모습과, 떠오르는 '사직서 한 장 써 던져보지도 못하고/ 돌아와 벗어놓은 구두처럼/ 단내를 풍기며 시들어' 가는 '넥타이들'의 모습은 완전한 동일화를 이룬다. 동병상련(同病相憐)의 그 모습, 바로 그것이다.

무엇보다도 '사직서 한 장 써 던져보지도 못하고/ 돌아와 벗어놓은 구두처럼/ 단내를 풍기며 시들어' 가는 현실은 오늘날의 치열한 생존경쟁을 펼치면서 이에서 이겨야만 온전한 삶을 누릴 수 있다는 현실의 힘겨운 경쟁의 모습이 뽑히지 않으려는 잡초와 버금한다는 것이다. '단내를 풍기며 시들어가'는 것이야말로 얼마나 치열하게 살아나가야

하는가를 가일층 적나라하게 보여주고 있음이다. 특히 잡초들이 보여주는 '푸른 욕망'과 '살생부속의 넥타이들'이 보여주는 대비는 '넥타이 부대'라 일컬어지고 있는 사무금융종사자들의 치열한 삶의 모습으로 강열하게 비추어져 처연하기까지 하다.

그러나 '살생부 속의 넥타이들처럼/ 바닥에 깔고 닥치는 대로 붙잡고 본다'는 것은 보이지 않는 현실, 즉 '잡초를 뽑는' 현실에서 이상과 결합하는 가장 위대한 의지의 표현이기도 하다.

3.

현실은 동기나 재료로서 시(詩)에 부여한다. 아무리 고단하고 고통스럽고 괴로운 현실이라 하더라도 시인에게 부여하고 나면 보편적인 것이 되며, 또한 이상적으로 변한다. 따라서 시인은 가장 중대하고 긴요한 현실을 시인 자신이라고 믿는다. 그것은 바로 현실이 시인의 영혼을 통하여 나타나기 때문이다. 비록 존재하지 않고 보이지 않는 현실이라 하더라도 그 현실은 화자의 영혼에 의하여 다듬어지고 닦아짐으로써 참된 의미를 가진 새로운 현실로 나타나게 마련이다. 참된 것은 모두 현실에서 발견될 수 있는 것도 이러한 화자의 영혼에서 비롯되는 것이라고 말할 수 있는 것이다. 정덕채가 한 편의 시를 통하여 현실이란 또 하나의 현실을 증명하고 있음을 보여주는 데에서 이러한 의미를 찾아볼 수 있다.

①

노인이 버스를 기다린다

주인보다 깡마른 지팡이의 종아리가
힘겹게 그의 무게를 떠받치고 있다
벼락을 맞아도 몇 번은 맞았을 법한 노구
나무에 지팡이를 기대 놓고 앉아서
사탕을 까 넣는다 습관처럼
입안의 갈증을 굴리는 노인
옹이처럼 움푹한 볼우물이 드러난다
머언 길 돌아와 반환점에 서서
달그락달그락 가는 버스는 만원이다
또 한 대의 버스가 떠나간다
버스가 노인을 외면한 건지
노인이 승차를 거부하는 건지 알 수 없다
비행운처럼 멀어지는 버스 긴 꼬리가
노인의 시선을 매달고 간다
노인의 어깨 위에서
시월의 석양이 말갛게 흘러내리고 있다

―「풍경 속으로-버스를 기다리는 노인」 전문

②

산사의 법당 앞 댓돌 위에
털북숭이 부처가 앉아서
법문을 편다
무심히 꼬리를 흔들며
스님보다 먼저 중생들을 맞는
산사의 개 낮은 어깨너머로
대웅전 처마 끝에서 반사된 노을이

금빛 후광으로 서린다
어느 고승의 가르침을 입었을까
많은 사람들 죄다 마다하고
삼척동자 앞으로 달려가 꼬리친다
저 키를 낮춘 조우 앞에
일주문 옆 늙은 배롱나무가
드디어 무릎을 친다
개꼬리가 쓸어주는 삐뚤삐뚤한 길로
또 하나의 좁은 문이 열리고
세상의 한 쪽 구석이 화안해진다

—「견불(犬佛)」 전문

③

무씨는 까만 주먹을 꽁꽁 그러쥐고
농부의 발자국 소리를 들었을 것이다
그러다가
나는 언제, 요 아기 손톱 같은 쌍떡잎을
쏙 밀어 올려야 하나, 고민하던 씨앗은
어느 순간 쥐었던 손가락을 쫙 펴면서
야앗, 만세를 불렀을 것이다
느닷없이 배꼽을 찔린 하늘이 움찔하는 순간
바야흐로 첫 싹을 발견한 농부는
화들짝 놀라면서 맞장구를 쳐줬을 것이다
그때 무꽃처럼 환해지던 농부의 마음을
처음으로 허공에 길을 내고 나온 것들은 안다
처음으로 비를 맞고

처음으로 벌레에게 몸을 주고
마지막까지 된서리를 맞으며 밭고랑을 지킨
시래기로 끓인 장맛은 그래서 더 깊고 향기롭다
김장김치, 총각김치 죄다 소용없고
입맛 밥맛 몽땅 잃었을 때 쓰겠다는,
농부의 아내가 챙겨둔 비장의 무기다

—「시래기」 전문

④
뒤도 돌아보지 않고
은행잎들 화라락 땅으로 뛰어 내릴 때
온 몸에 구멍이 숭숭 뚫린 은행나무의
난망한 눈빛을 본다

우루루 몰려 왔던 자식들
하나 둘 떠나보내고 마지막으로
우리 네 식구가 짐을 챙길 때 보았던
어머니의 휑 뚫린 시선
그렇게 한 해 두 해 명절을 치르면서
어머니의 가슴엔 구멍이 늘어간다

가을이 자나면서 은
행나무가 몸을 움츠리는 까닭은
살을 에는 칼바람 때문이 아니다
여미고 여며도 가슴을 파고드는 공허
잎이 떠나간 자리의 구멍 때문이다

노모의 몸이 점점 가벼워지는 것도

우리가 빠져나온 빈집 때문이다

—「구멍」 전문

①의 시작품은 머언 길을 걸어 버스 정류장에서 버스를 기다리며 또 다른 길을 가려는 '노인', 그리고 '반환점에 서서 달그락달그락 가는 버스'는 묘한 조화를 이루면서 연민의 정을 느끼게 한다. 고달픈 삶을 서로 위로해주는 듯한 버스와 노인의 모습에서 〈동병상련(同病相憐)〉이란 말을 떠올리게 한다.

그러나 버스는 만원이어서 노인의 승차를 거부한다. '또 한 대의 버스가 떠나'가지만 그냥 지나가버린다. '버스가 노인을 외면한 건지/ 노인이 승차를 거부하는 건지 알 수 없다'. 노인은 힘겹게 노인의 무게를 떠받치고 있는 '깡마른 지팡이'와 함께할 수밖에 없다. 동행을 잃은 노인은 하루의 끝인 '시월의 석양이 말갛게 흘러내리고 있'을 뿐이다. 오직 '비행운처럼 멀어지는 버스 긴 꼬리가/ 노인의 시선을 매달고' 가면서도 동행을 거부하는 버스와 '벼락을 맞아도 몇 번은 맞았을 법한 노구' '사탕을 까 넣'으면서 '습관처럼 입안의 갈증을 굴리는' 노인의 쓸쓸한 풍경과 함께 두 모습이 오버랩으로 전개된다. 현실에서 보이는 풍경이 보이지 않는 노구의 인생을 고즈넉한 정경으로 감지하게 한다.

②의 시작품에서는 산사의 개 한 마리가 '무심히 꼬리를 흔들며/ 스님보다 먼저 중생들을 맞' 음으로써 '법문을' 펼치고 있는 모습을 보인다. '많은 사람들 죄다 마다하고/ 삼척동자 앞으로 달려가 꼬리'치는 것이 바로 '견불(犬佛)'이 보이는 법문이다. 그러므로 '대웅전 처마 끝

에서 반사된 노을이/ 금빛 후광으로 서'리고, '저 키를 낮춘 조우 앞에/ 일주문 옆 늙은 배롱나무가/ 드디어 무릎을'치며 법문을 깨닫는다. 따라서 이 시작품에서 '견불'이 펼치는 법문이 현실에서 여실히 보여주면서 보이지 않는 또 다른 법문의 세계, 즉 '개꼬리가 쓸어주는 삐뚤삐뚤한 길로/ 또 하나의 좁은 문이 열리고/ 세상의 한 쪽 구석이 화안해'지는 모습을 그리게 한다.

③의 시작품에서는 '까만 주먹을 꽁꽁 그러'쥔 '무씨'가 '아기 손톱 같은 쌍떡잎을/ 쏙 밀어 올'리고 나서 결국에는 '처음으로 비를 맞고/ 처음으로 벌레에게 몸을 주고/ 마지막까지 된서리를 맞으며 밭고랑을 지킨/ 시래기로' 변해버린 시래기의 축약된 일생을 보여준다. 그러나 결국에는 그러한 시래기로 '끓인 장맛은 그래서 더 깊고 향기'로울 뿐만 아니라 '김장김치, 총각김치 죄다 소용없고/ 입맛 밥맛 몽땅 잃었을 때 쓰겠다는,/농부의 아내가 챙겨둔 비장의 무기'가 되었음을 말해준다. 보이는 '사래기'와 볼 수 없는 '아내의 비장한 무기'가 되어버린 '시래기' 사이에서 삶의 한 모습을 경건하게 바라볼 수 있게 한다.

④의 시작품에서도 뚜렷한 두 가지의 현실이 나타난다. 즉 '뒤도 돌아보지 않고/ 은행잎들 화라락 땅으로 뛰어 내릴 때/ 온 몸에 구멍이 숭숭 뚫린 은행나무의/ 난망한 눈빛을' 보면서 보이지 않는 어머니의 가슴을 떠올리는 것이다. '우루루 몰려 왔던 자식들/ 하나 둘 떠나보내고 마지막으로/ 우리 네 식구가 짐을 챙길 때 보았던/ 어머니의 휑 뚫린 시선/ 그렇게 한 해 두 해 명절을 치르면서/ 어머니의 가슴엔 구멍이 늘어'간 것을 상기하면서 어머니에 대한 애잔한 마음을 보여준다. 그러나 정작 보여주는 것은 은행잎이요, 보여주지 못하는 것은 어머니

의 '가슴'이다.

이상 4편의 시작품에서 살펴볼 수 있는 바와 같이 한 편의 시 속에는 보이는 현실과 보이지 않는 현실이 공존하면서 새로운 현실을 낳게 하고 있다. 그 현실 속에서는 언제나 현실에서 감지하지 못한 새로운 현실로서 화자의 의미를 부여받음으로써 새로운 삶의 의미를 창출함은 물론, 그 창출된 의미로부터 삶의 진실 혹은 진리를 발견하게 하고 있는 것이다.

이와 같은 두 가지의 현실은 '아주 오래 전에는 이 땅이 들짐승과 잡초들의 영토였을' 곳에서 '신은 금빛 은빛 부러진 손톱 조각들을/ 밤하늘에 뿌려 불 켜진 창마다 축복을 내린다'(「풍경속으로-땅뺏기 놀이」 중에서)거나 '선인장 위를 애벌레가 기어가고 있'는 것에서 '가시는 선인장의 맨살'이라는 것을 깨닫고 '의심병으로 군살 박힌 내 발바닥도/ 저 맨살들처럼 말랑해졌으면 좋겠'(「맨살」 중에서)다는 것, 그리고 '소나무도 참나무도 사라지고/ 이제는 산만 남았다'는 현실로부터 '하늘의 뜻은 아직도 모호하고/ 새벽 꿈자리만 점점 명료해진다'는 '쉰 내 풀풀 나는 나이'(「원시안(遠視眼)」 중에서)를 보여준 것도, '베란다 한 켠/ 난 화분 옆에 놓아둔 소나무 분재'를 보고는 '여린 소나무가지에 철사를 감으며/ 이것도 사랑이다/ 사랑이다 되뇌는 입안 구석구석에/ 솔잎 같은 혓바늘이 돋는다'(「분재」 중에서)에서도 보이는 것과 보이지 않는 현실에서 새로운 존재를 찾아볼 수 있다.

4.

오늘날의 현실은 언제나 생각을 굳어버리게 한다. 생각을 무시하게 함으로써 삶에 대한 감수성뿐만이 아니라 진리에 대한 감수성마저도 멍들게 하고 있다. 그런 기운데 이러한 현실과 마주하고 현실과 더불어 살아가면서 시인은 감수성을 꾸준히 불어 일으킨다. 그리고 그 감수성으로 한 편의 시를 낚아 올린다. 그럼으로써 시인은 현실을 현실에서 구하고, 그 현실에게 감수성을 북돋워주어 삶의 진실과 진리를 모색하게 한다. 현실은 언제나 사고멸시로 충만되어 있기 때문에 시인은 언제나 이러한 현실과 사고적으로 충돌하게 되고, 그 충돌이 강하면 강할수록 시인의 감수성은 더욱 부풀어 올라 한 편을 시를 쓰고자 하는 욕구를 불러일으킨다. 그러므로 시인은 결코 현실을 벗어날 수가 없다.

그럼에도 불구하고 오늘날의 시인들은 보이는 현실과는 마주하지도 않고 오히려 외면한 채 보이지 않는 현실만을 강조하면서 순전히 누구나 가질 수 있는, 그래서 철저하게 진부해져버린 감성으로만 한 편의 시를 엮어 내놓기 일쑤다. 그 시가 진부한 감성으로 진부해진 것조차도 모른다. 오늘날 시인은 많지만 시인은 없다고 흔히 말하게 하는 것도 바로 이러한 까닭이다.

정덕채 또한 분명 감수성이 충만하고 넘치는 시인이다. 그러나 그는 그를 에워싸고 있는 눈에 보이는 현실을 무시하거나 외면하지 않고 오히려 그 속에 철저하게 뛰어든다. 그리고 그 현실을 마주하고 직시하면서 보이지 않는 새로운 현실을 설계하고 그러한 가운데에서 새로운 존재를 세워놓는다. 그것은 정덕채만이 가지는 새로운 삶에의 자세요, 삶의 진리이기도 하다. 현실의 주변이 아무리 해체되어가고 있다 하더라도, 극히 어두운 미래가 무서운 속도로 예감되고 있다 하더라도, 그는 결코 흔들리지 않는 자세로 현실을 바로 바라보면서 새로운 현실을 더욱 견고하게 견지하고 있다. 그가, 그의 시가 냉정한 눈[眼]을 가지고 있는 한 오늘날의 시단에 중요한 의의를 가지게 할 것이라 확신한다.

제3부

삶의 진성(眞性)과 그 발견(發見)

시(詩)가 가지는 역사(歷史)의 진정한 의미

— 진명희 시집 『여정(旅情)』의 시세계

진명희 시인은 충청남도의 역사의 현장과 그 유적과 유물과 함께 생활하여 왔다. 그녀가 뒤늦게 공주대학교 문화유산대학원에 다니게 되면서부터 충청남도의 역사문화 유적과 유물에 관심을 가지고 직접 발걸음하여 보고 듣고 느낀 것이다. 그리고는 역사적 사실에 문학적 창조 정신을 가미하여 한 편 한 편을 시작품으로 써오더니 마침내 한 권의 시집으로 엮어낸 것이다. 역사 탐방의 긴 발걸음을 역사기행시집으로 집약한 것이다.

시인 진명희는 그 동안 평소 짧은 시에 관심을 갖고 호흡이 짧다는 둘레의 지적을 의식하지 않으면서 꾸준히 그 작업을 계속해 왔다. 그러나 오래 전의 역사가 남겨놓은 유적과 유물에 숨어있는 오랜 세월의 경과를 대부분 짧은 시로 압축하여 형상화해 내는 작업을 계속해 올 줄은 미처 생각지 못한 일이었다. 그 작업이 그리 녹녹한 일이라 할 수 없을 진데 진명희 시인은 그 작업을 무사히 마쳤다. 그리고 한 권의 역사기행시집으로 엮어낸 것이다.

기행시는 여행으로부터 시작된다. 여행이란 생활 반경에서 벗어나

새로운 세계로의 진출을 의미한다. 그 새로운 세계에 대한 기록을 시라는 형식을 빌려 표현하게 된 것이다.

흔히 여행(旅行)의 진수는 자유에 있다고들 말한다. 발걸음 닿는 대로 걷고, 멈춘 자리에서 만나는 새로움 속에서 마음대로 생각하고, 느끼고, 행동할 수 있을 뿐만이 아니라 마음대로 상상할 수 있는 완전한 자유는 여행에서만이 가질 수 있는 시간적 공간적 여유로움에 있다. 무엇보다도 장소의 변화에 따라 무한으로 바뀌어가는 생각과 그에 따른 의견이나 감정에 의한 자신만의 세계를 구축할 수 있다는 것이다.

그러나 이러한 여행에 목적성이 있을 때에는 그 목적에 맞는 상상력이 동원되어야 한다. 상상력은 소기의 목적 안에서 때로는 확산하고 때로는 응축함으로써 새로운 사실을 창조해내는 역할까지 담당하게 된다. 역사 여행일 경우에는 더욱 그렇다. 특히 그 여행을 기록하는 기행(紀行)일 때는 여행하는 동안에 보고, 듣고, 느끼고, 겪은 것을 적는 것이라서 여행에 있어서의 새로운 시각에 따른 창조성이 강조되지 않으면 안 된다. 로마 제국의 수사학자인 M.F.퀸틸리아누스의 말대로 역사는 기록되는 것을 얘기하기 위해서이지 증명하기 위한 것은 아니기 때문에 사실에만 굳이 매달릴 필요는 없다. 역사의 숨결을 느끼고, 역사적인 시간을 다시 깨우며, 역사의 숨소리를 새김은 물론, 발길이 머무는 곳에 따른 감회를 말하면서 자신의 내면 이야기를 기록하는 것이 곧 기행이라 하겠다.

무릇 역사는 영원히 되풀이 된다고 말한다. 역사는 오래된 시간을 두고 계속 진행되는 것이기 때문에 그 오랜 시간들의 경과로써 어두워질 대로 어두워지는 것이므로 쉽게 그 진실을 밝혀낼 수가 없다. 또한 그 진실이 밝혀진다 하더라도 각 시대마다 혹은 개인마다 바라보는 시각의 차이로 인하여 자칫 사실이 왜곡되거나 흐려질 염려가 상존하고 있다.

그러나 기행시(紀行詩)는 사실을 밝혀내는 작업이 아니라 시인의 보고 듣고 생각한 바대로 상상력을 발휘하여 새로운 진실을 창조하여 보여주는 것이기 때문에 역사적 진실과는 자못 다르다고 말할 수 있다. 무엇보다도 기행시는 이미 존재했던 역사적 사실을 새로운 세계를 만나는 것과 같은 새로운 만남을 통하여 내면적인 상상을 도모하면서 영원한 모습을 그려내는 데에 그 의미가 있는 것이라 하겠다. 즉 기행시야말로 시대에 따라 굴절될 수 있는 역사적인 사실을 그대로 바라보는 것이 아니라 영원히 존속하고 있는 역사를 바라보는 것이 아니겠는가?

역사는 현 시점에서 그 가치를 부여하는 데에서 찾아야 할 것이지만 기행시는 경험되고 기록될 수 있는 사실에 상상의 결과를 덧씌우면서 이루는 새로운 창조적 진실이라 할 수 있다. 이러한 의미에서 진명희의 기행시집 『여정(旅情)』은 전체 4부로 나누어져 있거니와, 제1부 〈숨결, 느끼다〉, 제2부 〈시간, 깨우다〉, 제3부 〈소리, 새기다〉, 제4부 〈발길 머물다〉로 구성되어 있음은 바로 역사에 대한 시인의 인식을 집약하여 보여준 것이라 말할 수 있다. 각 부의 가름에서도 누구나 역사성을 바탕으로 하여 이루어진 내용의 시작품들이라는 것을 쉽게 엿볼 수 있기 때문이다. 이러한 관점에서 진명희의 기행시 모음집 『여정(旅情)』의 시세계를 살펴보기로 한다.

1. 역사의 〈숨결, 느끼다〉

제1부에는 '금동미륵보살반가사유상'을 비롯하여 '은진미륵' '서산마애삼존불' '예산화전리석조사면불상' '무령왕비 은팔찌' 등 국보와 '필경사' '금강' '공산성' '추사고택' 등 유적지 등에 역사의 숨결을 느끼면서 시로 표현하고 있다.

'금동미륵보살반가사유상'은 국보와 보물로 지정되어 있는 우리나라 대표적인 문화유산으로 '금동미륵보살반가사유상(국보 제78호)' '금동미륵보살반가사유상(국보 제83호)' '금동미륵보살반가사유상(보물 제331호)' 등 3점이 국립중앙박물관에 소장되어 있고, '금동미륵보살반가사유상(국보 제118호)'이 리움미술관에, '금동미륵보살반가사유상(보물 제643호)'이 호암미술관에 소장되어 있다.

이 중에서 국보 제 78호를 예로 하여 살펴보면 '늘씬한 체구, 어깨의 새 깃 같은 옷자락, X자형의 천의 자락, 규칙적인 옷주름 등은 중국 북위 양식을 계승한 동 · 서위 말 내지 북제(北齊) · 북주(北周) 초기 양식의 반가사유상과 매우 친연성(親緣性)이 강한 것으로 생각된다. 이 보살상은 한국적 보살상을 성공적으로 완성시킨 6세기 중엽 내지 그 직후의 작품으로 생각되며, 우리나라 최초의 반가사유상이라는 점에서 더욱 주목된다. 돈자형(墩子形) 의자 위에 앉아 왼발은 내리고, 오른발은 왼쪽 다리 위에 걸쳤으며 오른쪽 팔꿈치를 무릎 위에 올려놓고 손가락을 뺨에 댄 채 명상에 잠긴 이른바 반가사유의 자세를 취하고 있다. 금동으로 만든 이러한 반가사유상은 삼국시대에 걸쳐 크게 유행하였는데 이것이 가장 최초의 예로 주목된다.'(『한국민족문화대백과사전』

에서. 이하 해설 중 인용은 생략함)는 조각 작품이다. 이 작품을 「고백」이라는 제목에 '금동미륵보살반가사유상'이란 부제를 붙여 다음과 같이 노래한다.

처음 본 순간
한 눈에 반했다

용광로보다
더 뜨거워진 가슴

마침내 토해낸
첫 고백

—「고백-금동미륵보살반가사유상」 전문

불과 3연 6행으로 이루어진 이 시에서의 '금동미륵보살반가사유상'은 그 모습을 전혀 생각할 수조차 없게 한다. 다만 이 시를 읽는 독자는 머릿속에 금동미륵보살반가사유상을 상상으로 그려볼 수밖에 없다. 경험을 통하여 보아온 것을 상상하여 그려보거나 설혹 본 경험이 없더라도 명상에 잠긴 이른바 반가사유의 자세를 취하고 있는 모습을 상상으로 그려볼 수밖에 없다.

눈과 뺨이 두드러져 강인한 인상을 풍기는 네모꼴에 가까운 얼굴 모습에서, 그러나 눈을 가늘게 반쯤 뜬 모습을 하고 콧날을 오뚝하게 하고 광대뼈를 나오게 하면서 입가를 들어가게 하여 얼굴 가득히 나타내고 있는 자연스러운 미소와 함께 개성이 뚜렷한 한국적인 보살의 얼굴을 성공적으로 보여주고 있는 모습에서 도대체 무엇을 고백하고 있다고 숨결을 느낀다는 것일까? 보살은 말이 없다. 오직 사유의 모습만을 보여준다. 그것도 자연스러운 미소로만 보여준다. 그 속에서 화자는 무언가 새로운 미소로써 숨결까지 느끼게 된다. 잔잔한 미소 속에 감추어진 무언(無言). 그것은 무엇일까? 말을 말하지 않는 것, 이른바 '말로 나타내기 어렵다. 언어를 떠났다'는 것이거니와 이는 곧 진리는 말로는 표현할 수 없는 것을 말하고 있는 것이 아닐까? 화자는 금동미륵보살반가사유상의 깊은 침묵 속에서 '용광로보다/ 더 뜨거워진 가슴' 속에 웅크려있던 수많은 진리의 말씀을 '마침내 토해낸/ 첫 고백'의 목소리를 마음속으로 들었으며, 말 없는 말 속의 진리를 문득 깨닫고는 금동미륵보살반가사유상을 '처음 본 순간/ 한 눈에 반했다'는 화자의 고백까지도 스스로 토해내고 말았다. 따라서 「고백」은 금동미륵보살반가사유상을 첫 대면한 화자의 고백이자, 금동미륵보살반가사유상의 말없는 미소속의 가슴이기도 하다. 화자는 금동미륵보살반가사유상과 끊임없는 대화를 상상으로 그려내 놓음으로써 물아일체(物我一體)의 경지를 토로해놓고 있다.

무령왕비의 은제 팔찌를 보고 있으면
눈물이 난다
눈부신 아름다움을
탐해서가 아니라
팔찌 사이로 흐르는
뜨거운 혈관, 그 혈관 속의 핏줄기처럼 번지는

오랜 침묵의 끝,
지상의 햇살과 마주하는 순간부터
온통 눈물이었다, 아마
생(生)과 사(死)
그리고 신분의 상(上)과 하(下)
시간 사이로 하여 만나는 순간
가느다란 팔목에 금제 팔찌를 끼고 있는, 나는
일순 당당하고 싶어진다

왕비의 은제 팔찌를 보고 있으면
경중(輕重)의 눈물이 솟는다

—「무령왕비 은팔찌」 전문

1971년 송산리 5호 무덤과 6호 무덤 사이의 배수로를 정비하는 과정에서 우연히 발견된 무령왕릉은 무령왕과 왕비의 무덤이었음을 알리는 묘지석과 함께 모두 108종 2,900여 점이 넘는 유물이 출토되었는데, 그 중 5쌍의 팔찌가 모두 왕비 쪽에서 발견되었다. 이 중 금팔찌 1쌍과 은팔찌 1쌍이 왕비의 팔목 위치에 놓여 있었는데 국보 제160호로 지정된 것은 왼쪽 손목에 끼워졌던 것으로 알려진 은팔찌 1쌍이다. 현재 국립공주박물관에 소장되어 있는 이 팔찌 앞에서 화자는 '경중(輕重)의 눈물이 솟는'다고 말한다. '눈부신 아름다움을/ 탐해서가 아니라/ 팔찌 사이로 흐르는/ 뜨거운 혈관, 그 혈관 속의 핏줄기처럼 번지는/ 오랜 침묵의 끝,/ 지상의 햇살과 마주하는 순간부터/ 온통 눈물이었다' 고 깨달았기 때문이란다. 그것은 왕비로서 삶의 고통스러움은 '혈관 속의 핏줄기처럼 번지'고 있음에도 불구하고 묵묵히 인내하면서 아무 말도 하지 못하고 살아왔다가, 비로소 1971년 출토되어 지상에 나타나 있는 왕비의 신분 높은 삶의 애환의 모습으로 비로소 햇살 앞에 드러나고 만다. 그러나 드러난 것은 이러한 삶의 고통은 '생(生)과 사(死)/ 그리고 신분의 상(上)과 하(下)/ 시간 사이로 하여 만나는 순간'은 화자에게 자각의 순간으로 다가온다. 신분 높은 왕비의 삶이 '사(死)'와 '신분의 상(上)' 으로 여지없이 드러난 애환에 견주어 화자의 삶은 '생(生)'과 '하(下)'라는 신분을 가진 화자는 '가느다란 팔목에 금제 팔찌를 끼고 있는, 나는/ 일순 당당하고 싶어'지는 삶의 기쁨을 느낀다. 그런 가운데에서 화자는 또한 삶의 근원으로 돌아가 '왕비의 은제 팔찌를 보고 있으면/ 경중(輕重)의 눈물이 솟는다' 고 말한다. 역사적인 긴 시간을 사이에 두고 만난 해후(邂逅)의 가슴을 느끼게 한다.

얼굴 가득
겨울바람을 담은 채
산성을 밟는다
조용한 돌 사이의 눈도 밟는다
무엇인가 자꾸만 발목에 차인다
차가운 바람 한 줌
앞서가는 나를 멈추게 한다

성을 밟던 내 발자국이
금강 물결 속으로 흔들리며 떨어진다
가볍게 꽃잎처럼 떨어진다

강물은

말없이 흐르는 긴 세월

꽃잎은 강물 깊숙이 내려 앉는다

말이 살아있는 듯 없는 듯

산성은 여전히 돌처럼 침묵이다

—「공산성에 올라1」 전문

공산성(公山城)은 2015년 7월 4일 독일 본에서 열린 제39차 유네스코 세계유산위원회(WHC)에서 세계유산 등재 심사를 최종 통과하여 공주시, 부여군, 익산시에 있는 백제 관련 백제역사유적지구(공주시에 2곳: 공산성, 송산리 고분군, 부여군 4곳: 관북리 유적과 부소산성, 능산리 고분군, 정림사지, 부여 나성, 익산시 2곳: 왕궁리 유적, 미륵사지를 포함) 총 8개의 유적을 포함한 연속유산 중의 하나로 대한민국의 12번째 세계유산으로 등재되어 있다. 충청남도 공주시 웅진로 280(금성동)에 자리 잡고 있는 사적 제12호. 둘레 2,200m 로 '웅진성 · 쌍수산성'이라고도 불린다.

이 공산성에 오르는 화자에게는 단절된 역사의 숨소리를 느끼게 한다. 그러나 그 느낌이란 무어라 형용할 수 없는 '침묵'일 뿐이다. 현실의 삶 속에서 '얼굴 가득/ 겨울바람을 담은 채/산성을 밟는다'지만 실은 '조용한 돌 사이의 눈도 밟는다/ 무엇인가 자꾸만 발목에 차인다'는 것을 느낀다. 화자에게 다가선 현대적인 뜻을 지닌 역사 인식의 결과이다. 역사의 참 의미는 과거의 사실에 있는 것이 아니라 현재의 사실에 있다. 화자의 '얼굴 가득/ 겨울바람을 담은 채/ 산성을 밟는다'는 것은 곧 현실에서 역사 속으로의 걸음이다. '차가운 바람 한 줌/앞서가는 나를 멈추게' 한다. 뿐만 아니라 '성을 밟던 내 발자국이/ 금강 물결 속으로 흔들리며 떨어진다/ 가볍게 꽃잎처럼 떨어진다'는 것이다. 그 동안 긴 시간의 '강물은/ 말없이 흐르는 긴 세월'속에 묻혀있기 때문에 괴리감을 느끼지 않을 수 없다. 결국 역사(꽃잎)는 '강물 깊숙이 내려앉는다/ 말이 살아있는 듯 없는 듯/산성은 여전히 돌처럼 침묵'일 뿐인 것이다. T.S. 엘리엇의 말대로 '역사는 언제나 동떨어진 원인에서 기묘한 결과를 가져오는 것'이기 때문이다. 다만 지나간 역사는 정적처럼 깊은 침묵에 쌓이는 것이라는 것을 화자는 이미 느끼고 있었는지도 모른다.

그렇다면 화자가 역사 속에서 무엇을 말하고 있는 것일까? 화자는 먼저 '말하지 말자/시비 걸지도 말자// 손을 펼치면/닿을 듯// 치미는/ 숨결'(「무령왕릉 1」 전문)을 느끼면서도 '침묵'을 강요한다. '한꺼번에 듣고 또 듣다가/아직도 잠들지 못하셨나요? /지금까지 살아 있었던 것인가요?'(「무령왕릉 2」 중에서)라면서 되묻기도 한다. '많은 사람들이 같은 길을 걷는다/ 등을 내주고도/ 미소를 머금은 돌들처럼/ 나뭇잎 사이 비친 햇살마저/환한 미소를 띠우는'(「서산마애삼존불 가는 길」 중에서) 것을 느끼게도 하며, '아무리 꾹꾹 밟아도/ 잔디는 여전히 살아 꿈틀거리고// 세월이 이만큼 지났으면/ 이쯤에서 잊혀 질만도 하건만// 빛깔 잃지 못하는 소나무처럼/ 늘 푸르른 웃음 가득 나를 만난다'(「해후—필경사(筆耕舍)에서」 중에서)는 등 역사 속에서 자신을 느끼기도 한다. 화자는 역사로부터 지나간 시간, 즉 과거에서 이미 벗어난 자기 지신을 노래하고 있었던 것이다.

2. 역사의 〈시간, 깨우다〉

흘러간 역사를 앞에 놓고 새로운 가능성을 말한다는 것은 부질없는 짓이다. 시간은 이미 흘러 돌이킬 수 없는 것이며, 가능성이란 앞으로의 시간에서만이 이루어질 수 있는 것이기 때문이다. 그러나 시에서는 부질없는 일이 아니라 가능성이 존재하게 된다. 화자는 바로 이런 가능성을 역사에서 끊임없이 추구하고 있음을 보여준다.

제2부에서 역사의 〈시간, 깨우다〉는 시세계를 살펴보기로 한다.

이제
그만 오르자
더 이상 오를 데 없다

귀를 세우고
세상의 소리 다 듣지 말자
슬퍼하지 말자

너에게 감추어진 말들을
내 눈물로 어루만져
웃음을 잃게 하고 싶지 않다

유월, 그 뜨거운 햇살에
온몸을 달구어댄
짓푸른 모습의

네 의지와 만나고 싶다

—「왕궁리 오층석탑」 전문

왕궁리 오층석탑은 전북 익산시 왕궁면 궁성로 666(왕궁리)에 자리 잡고 있는 국보 제289호. 높이 약 8.5m.의 돌탑이다. 1965년에 보수 공사를 진행하면서 받침돌의 구성 방식이나 사리장엄구의 양식 등이 확인한 뒤에는 후대까지 유행하였던 백제계 석탑 양식에 신라 석탑의 양식을 더하여 고려 초기에 건립된 것으로 보기도 한다. 화자는 이 석탑 앞에서 역사와 지금의 현재와 동일시하고자 노래한다. '유월, 그 뜨거운 햇살에/ 온몸을 달구어낸/ 짓푸른 모습의/ 네 의지와 만나고 싶다'고 외쳐댄다. '유월, 그 뜨거운 햇살'이라는 시간적 공간적 배경 속에서 몸부림하고 있는 화자와 '온몸을 달구어낸/ 짓푸른 모습 의' 석탑 '의지'와 현재에 마주하고 있는 것이다.

그렇다면 화자가 석탑의 의지와 만나고 싶어하는 그 현실 속에서 구가하고 있는 것은 무엇인가? 화자는 석탑을 향하여 '이제/ 그만 오르자/ 더 이상 오를 데 없다// 귀를 세우고/ 세상의 소리 다 듣지 말자/ 슬퍼하지 말자'고 한다. 오르고자 하나 오를 데도 없는 절망의 현실, 세상의 소리조차 들을 수 없는 현실, 슬픔이 있어도 슬퍼할 수 없는 현실은 화자에게 주어진 절박한 상황이다. 그러나 이러한 현실에서 화자는 석탑에게 '너에게 감추어진 말들을/ 내 눈물로 어루만져/ 웃음을 잃게 하고 싶지 않다'고 한다. 석탑에게 화자의 절망적 현실을 부응하도록 하고 싶지 않는 것이다. 그야말로 석탑과 함께 공존하고 있는 현실에서 화자만이 각고(刻苦)를 견뎌내고 싶을 뿐이다. 그러면서도 한 편으로는 그러한 각고의 아픔을 묵묵히 견디어내고 있는 석탑의 의지, 즉 힘을 얻고자 한다. 이는 곧 역사의 시간을 깨워 역사 속에 자리한 삶의 지혜를 터득하고자 하는 삶의 자세라고 할 수 있다. 이러한 삶의 자세는 시의 소재가 되어 있는 역사 속의 현실적 고통을 인내하고 있는 현장에서 삶의 지혜를 발견해내는 데에서 찾아볼 수 있다.

부여군 외산면 만수산 자락에
무량사가 있다
퇴색된 겨울 빛깔만큼이나
을씨년스러운 모습이다
그 옛날의 영화(榮華)는
역사 속에서 잠이 들었고
흔적만이 대신해 줄 뿐
날아가는 철새조차 아무 말이 없다
멀리 산도 나무도 입을 다물었다
가끔씩 소스라치게 놀라며
겨우 숨 쉬고 있는
고요한 뜰에 눈발이 나부낀다

영원히 변하지 않을
사진을 찍어본다, 꾹꾹
무량사의 회색빛 몸체를 곁에 세운다
이듬해 봄, 다음해에 다시 돋아날까
누런 잔디를 자근자근 밟으며
*해밀을 꿈꾸어본다

*해밀: 비온 뒤의 맑게 갠 하늘

—「흔적—무량사에서」 전문

무량사는 현존하는 당우로는 보물 제356호로 지정된 무량사극락전(無量寺極樂殿)에 동양최대의 불좌상이라 하는 아미타여래삼존상이 봉안되어 있으며, 신라 말기의 고승 무염(無染)이 일시 머물렀던 곳으로 고려시대에 크게 중창하였다. 김시습(金時習)이 이 절에서 말년을 보내다가 입적하였을 뿐만 아니라 이곳에 시비(詩碑)가 세워져 있으며, 조선 중기의 고승 진묵(震默)이 아미타불을 점안하고 나무 열매로 술을 빚어서 마시면서 도도한 시심(詩心)을 펼쳤던 사찰이라서 뭇 시인들에게 남다른 감회를 안겨주는 사찰이기도 하다.

화자는 이 시에서 먼저 '부여군 외산면 만수산 자락에' 있는 무량사를 보고 '퇴색된 겨울 빛깔만큼이나/을씨년스러운 모습'으로부터 '그 옛날의 영화(榮華)는/ 역사 속에서 잠이 들었고/ 흔적만이 대신해 줄 뿐'이라면서 긴 세월의 역사적 흐름을 보여준다. 그리고 그 무량사를 이제는 '날아가는 철새조차 아무 말이 없다/ 멀리 산도 나무도 입을 다 물었다/ 가끔씩 소스라치게 놀라며/ 겨우 숨 쉬고 있는/ 고요한 뜰에 눈발이 나부낀다' 면서 무량사가 '날아가는 철새'나 '멀리 산도 나무도 입을 다물'어 버리는 역사의 무관심 속에 존재하고 있다. 그러한 사실에 무량사의 존재를 알고 있는 침묵속의 무량사 '고요한 뜰'만이 '가끔씩 소스라치게 놀라며/ 겨우 숨 쉬고 있'으며 하늘에서 내리는 '눈발'만이 역사 속에서 나부끼고 있을 뿐이다. 그것은 화자의 무량사에 대한 옛 시절을 다시 일깨우는 것이 아니다. 오직 눈앞에 펼쳐진 역사를 그

대로 보여주는 것일 뿐이다. 역사는 가능성을 고려할 수 없다는 것을 단적으로 보여준 사례라고 할 수 있다.

그러나 화자는 이 역사적 현실을 바탕으로 하여 삶의 지혜를 발견해 낸다. '영원히 변하지 않을/ 사진을 찍어본다, 꾹꾹/ 무량사의 회색빛 몸체를 곁에 세운다' 는 것이다. 사진을 찍는다는 것은 역사의 현재를 결코 잊지 않겠다는 화자의 다짐이다. 특히 화자는 사진을 찍을 때 '꾹꾹'이라는 상징어를 활용하고, 그 상징어를 강조하기 위하여 쉼표(,)를 활용함으로써 그 의지를 강하게 나타내고 있다. 그러하거니와 '이듬해 봄, 다음해에 다시 돋아날까/ 누런 잔디를 자근자근 밟으며/ 해밀을 꿈꾸어본다' 는 것이다. 이미 잠들어버린 '누런 잔디'를 밟아 일깨우면서 비 온 뒤의 맑게 갠 하늘을 소망하는 화자의 자세는 역사의 현실적 고통 속에서도 희망을 잃지 않는 삶의 지혜로움이기도 하다. 이러한 화자의 역사 속 삶의 자세는 곳곳에서 발견된다.

'주인 없는 뜰은/서럽도록 고요하다// 서녘하늘 빛만큼이나/붉어지는 눈가에// 눈물 한 점,' 속에서 '차가운 바람에도/ 꿋꿋하게 서서// 흐르는 시간들을/ 깁고 또 깁는다'(「보원사지 당간지주」 전문)는 것이나, '바람이/ 앉은 자리/ 하늘도 앉았다' 는데, '향기, /퐁퐁퐁퐁 쏟아지는/ 꽃잎,/ 망울망울 피어나는// … 소리'(「궁남지의 수련」 전문)는 화자가 가지는 삶의 지혜로움이라 말할 수 있다. 특히 이 시에서는 '퐁퐁퐁퐁—망울망울'로 청각과 시각을 통한 생기 있는 모습을 보여주고 있을 뿐만 아니라 '… 소리'라 하여 '향기'라는 후각적 감각을 '소리'라는 청각화로 도모하여 후각의 청각화라는 공감각적 효과를 크게 도모한 것도 시적 효과를 두드러지게 나타내기도 하였다. '다시는 돌아볼 수 없는/

점 하나만큼 아픔을 심어준다/ 꽃잎조차 아파야 했다// 수많은 발걸음들이/ 나를 향해 저벅거리며 다가왔다' 면서도 '말없이 손 내미는/ 궁남지의 연꽃/ 비 온 뒤의 햇살처럼 쏟아졌다'(「연, 꽃이여」 중에서) 것 또한 삶의 의지적 표현이라 하겠다.

그러나 화자는 역사로부터 삶의 지혜만을 얻어내는 것은 아니다. 역사 속에서 당당히 역사의 큰 그릇을 지켜온 삶 앞에서는 찬양하는 마음에서 감탄하기를 주저하지 않는다.

금빛보다 더
빛나는, 천년의 은행나무

가을이면 황금빛
온 산을 물들이고

세월도 비껴가듯
당당한 모습

우람한 자태에
절로 고개 떨구는데

대웅전 뜨락에
살짝, 고개 내민 노란 소국

그래, 너마저 금빛이로구나

—「보석사, 빛나다」 전문

충남 금산군 남이면 석동리 진악산에 있는 신라시대의 절인 보석사는 절 앞산에서 채굴한 금으로 불상을 주조하여 보석사라 하였다는데, 이곳에는 공주의 청련암(靑蓮庵)과 보석사에서 무예를 익힌 뒤 임진왜란 때 왜병과 싸우다가 전사한 승병장 영규의 순절비인 의병승장비(義兵僧將碑)가 있으며, 입구에는 둘레 11m의 큰 은행나무가 있다. 이 나무는 창건주 조구가 제자 5인과 더불어 육바라밀(六波羅蜜)을 상징하는 뜻에서 둥글게 여섯 그루를 심은 것이 하나로 합해졌다고 하며, 나라에 이변이 있을 때는 24시간을 운다고 한다. 이 은행나무는 높이 40m, 둘레가 10.4m나 되는 1,100년 수령을 자랑하고 있는데, 천연기념물 365호로 보호를 받고 있기도 한다.

화자는 이 은행나무 앞에 발걸음을 멈추고 그 자태에 감동을 멈추지 못한다. '금빛보다 더/ 빛나는, 천년의 은행나무'가 '가을이면 황금빛/ 온 산을 물들이고// 세월도 비껴가듯/ 당당한 모습'으로 서 있는 모습에 그만 그 '우람한 자태에/ 절로 고개 떨구는데' 언뜻 바라보니 '대웅전 뜨락에/ 살짝, 고개 내민 노란 소국小菊'이 '그래, 너마저 금빛이로구나'하고 감탄을 금하지 못한다.

역사는 잠들어 있지만 그 역사를 탐하는 시각(視覺)에 의하여 영원한 잠 속으로 묻히기도 하고 되살아나기도 한다. 그것은 역사가 가지는 시간을 어떻게 일깨우느냐에 달려 있는 삶의 지혜로움의 시각에 의하여 이루어진다. 곧 역사적인 시간을 어떻게 깨우느냐에 따라 현재의 삶을 풍요롭게 할 수 있느냐는 문제를 해결할 수 있거니와. 이는 그 성패나 추이를 가름하는 가장 중요한 요인이 되기도 한다.

3. 역사의 〈소리, 새기다〉

제 3부에서는 역사의 〈소리, 새기다〉라는 데에서 살펴보기로 한다. '새기다'라는 시어는 '오래 잊혀 지지 않도록 마음속 깊이 간직하다'는 의미를 가진다. 뿐만 아니라 '잊히지 않게 깊이 기억하다'는 의미도 된다. 그 뿐 아니라 '실로 박거나 날카로운 끝을 가진 도구로 조각하다'는 의미까지 불러온다면 추상적인 의미만이 아니라 구체적인 의미도 포함하고 있다 하겠다. 따라서 역사 속에서 '소리, 새기다' 함은 역사가 보여주는 삶의 의미를 오늘날의 지표로 하겠다는 의미의 표현이기도 하다.

그런데 왜 '계룡산 남매탑'이라는 부제를 붙인 시에서 '침묵'이라는 제목을 붙였을까? 우선 우리나라의 대표적인 현대수필 중의 하나인 이상보의 『갑사로 가는 길』의 내용에서 남매탑의 전설을 알아보자.

> 토요일 오후 함박눈이 내린 동학사에 등산복 차림의 일행 넷이 들어선다. 이들은 절 주변을 보고 갑사로 오른다. 일행의 눈에 비친 갑사 가는 길은 설국의 풍경을 연출하고 있다. 갑사에 이르자 한일자로 세워 놓은 계명정사가 보였고 뜰 좌편 가에는 남매탑이 보였다. 남매탑에는 신묘한 전설이 전해지고 있다. 신라 선덕여왕 원년에 당승 상원대사가 이곳에서 움막을 치고 수도하고 있있다. 어느 날 밤, 큰 범 한 마리가 움십 앞에 나타나 아가리를 벌리기에 상원대사는 죽기를 각오하고 범 아가리에 걸린 인골을 뽑아 주었다. 여러 날이 지난 뒤, 그 범이 처녀 하나를 물어다 놓고 가버렸다. 그 처녀는 경상도 김화공의 딸이었다. 대사는 김화공의 딸을 집으로 데려다 주었으나 상원대사의 인격에 반한 처녀는 부부의 인연이 이

뤄지기를 소망한다. 그러나 상원대사의 불심은 변하지 않았고 이에 처녀는 상원대사와 의남매를 맺는다. 그들은 서로 불도에 힘쓰다 서방정토로 떠난다. 이 신묘하고 감동적인 남매탑의 전설은 언제나 등산객의 심금을 울린다.

이 수필은 남녀와 금수가 경계를 초월해 만들어낸 신묘한 전설을 바탕으로 갑사의 아름다운 풍경을 묘사하고 있는 작품이다. 이러한 남매탑을 소재로 한 다음의 시에서도 신묘하고 감동적인 남매탑의 전설을 깊은 「침묵」으로 묘사하여 그 남녀와 금수의 경계를 초월한 감동을 그려 넣고 있다. 그 「침묵」은 너무나 '미소'와 '눈송이'와 '산새'와 '바람깃'에 이르기까지 깊은 감동을 이루고 있다.

산길에 번지는
침묵의 미소

어깨에 내려앉는
정겨운 눈송이

젖은 날개를 접는
산새들

탑을 에워싼
저 깊은 바람깃

—「침묵–계룡산 남매탑」 전문

이 시에서 '남매탑'은 하나의 미소로 먼저 그려놓고 있다. '산길에 번지는/ 침묵의 미소'가 바로 남매탑이 서 있는 모습이다. 그리고 남매탑에 얽힌 전설에 깊고 강하게 느껴 움직이는 마음은 때마침 남매탑의 어깨에 내리는 듯 정겨움을 느끼게 한다. 산 속에 산새가 나는 것은 말할 필요도 없지마는 이 감동 속에서는 산새는 젖은 날개를 접어 화자의 감동에 버금한다. '침묵의 미소'앞에 감동하는 바는 눈송이이거나 산새들이거나 정도나 수준이 서로 비슷하여 별 차이가 없다. 그러하거니와 '탑을 에워싼/ 저 깊은 바람깃'일 수밖에 없다. 잠시도 쉬지 아니하고 움직이지 않을 수 없는 '바람'조차도 '남매탑'을 에워싸면서 깊어지는 감동의 영역을 구축해놓고 있는 것이다.

①

충남 서산시 해미읍 상왕산 기슭
일락사란 절이
바위처럼 앉아있다
크지도 작지도 않은 절
사시사철 부처님의 자비가
고요를 닦고 있다
고양이 이마 같은 마당에는
은행나무가 석불처럼 서서
대웅전에 그늘을 내리고
미처 녹아내리지 못한 잔설을 털어
불탑의 지붕을 덮는다
지금은 겨울,

추위에 떠는 배롱나무가
몸을 비튼 채 서 있다
산새 한 마리 앉았다 날아갈 때마다
흔들리는 배롱나무
법당에는 아무도 없고
겨울꽃 같은 단청의 현란한 빛이
부처님 앞에
짙은 향을 피워 올리고 있다

—「일락사 1」 전문

②

눈물이
쌓여
무너지지 않을 만큼

영롱한
돌이 되어
하늘로 향할 만큼

봄비에
온몸을
적시네

—「탑-갑사의 승탑」 전문

③

발이 젖어 온다
어느 새 물길은
또 밀려들고
어깨를 감싸주기엔 너무 먼 거리,
목소리라도 정겨워야지
물소리 바람소리보다
더 감미로운
수평선 너머
노을이 얼굴 붉힌다

—「그리움–할매 할아비바위」 전문

④

고요히
고개 숙인
사람의 어깨 위에
수줍게 내려앉은

새 한 마리

—「무량사, 노을 지다」 전문

위에 예시한 시에서 ①은 시적 소재에 화자의 몰입을 그려냄으로 감흥에 따른 화자의 움직임을, 그리고 ②③④는 앞에서 살펴본 「침묵」에서와 같은 감동을 표현한 작품으로 볼 수 있다.

먼저 ①의 시의 구성을 통하여 살펴보면 전체 5부분으로 나누어 생각할 수 있다. 첫 부분은 '~바위처럼 앉아있다'까지로 일락사가 위치한 배경을 말해준다. 둘째 부분은 '~고요를 닦고 있다'까지로 일락사의 규모와 일락사 정취를, 셋째 부분은 '~불탑의 지붕을 덮는다'까지로 일락사의 분위기를, 넷째 부분 또한 '~몸을 비튼 채 서 있다'까지로 일락사의 분위기를, 마지막으로 '~짙은 향을 피워 올리고 있다'까지로 일락사에서 화자가 가지는 마음가짐을 '배롱나무'와 '산새'를 빌어 '법당에는 아무도 없고/ 겨울꽃 같은 단청의 현란한 빛이/ 부처님 앞에/ 짙은 향을 피워 올리고 있다'고 한다. 특히 마지막 부분에서 '단청의 현란한 빛'은 곧 화자의 심성으로 이미 '부처님 앞에/ 짙은 향을 피워 올리고 있'는 자신을 발견해낸다.

②는 보물 제257호인 '갑사 승탑'을 바라보면서 얻는 감흥을 그려놓고 있다. '눈물이/ 쌓여/ 무너지지 않을 만큼// 영롱한/ 돌이 되어/ 하늘로 향할 만큼// 봄비에/ 온몸을/ 적시네'라 노래하였거니와, 도대체 '눈물'이 쌓일 만큼, 돌이 '하늘로 향할 만큼' 내리는 '봄비'란 어떠한가? 도저히 이루어질 수 없는 일에 눈물은 쌓이고 돌은 하늘을 향하고 있다. 이루어질 수 없는 일에는 언제나 슬픔이 더해진다. 그 '탑'은 곧 '갑사의 승탑이다. 봄비가 슬픔처럼 내려 적시고 있으니 이는 곧 화자의 슬픈 감흥이 이입되어 있는 모습이다.

③은 명승 제69호로 지정된 충남 태안군 안면읍 승언리에 있는 안면도 꽃지 할미할아비바위를 일컫는다. 수려한 할미, 할아비 바위를 배경으로 붉은 태양이 바다 속으로 빨려 들어가며 빚어내는 황홀한 저녁놀 풍경은 서해안 최고의 낙조를 보여주는 곳이기도 하다. 바닷속에 두 바위가 나란히 서로 마주보며 서 있다. 하루 종일 바닷물에 발을 적

시면서 가까이 다가가 '어깨를 감싸주기엔 너무 먼 거리'다. 그러므로 '목소리라도 정겨워야'한다. 갈 수 없는 거리를 두고 목소리로 정을 나누고 있는 애틋한 할미할아비 바위의 정은 깊을 대로 깊다. 그래서일까. 수평선 너머로 지는 석양빛이 자못 부끄러움까지 느낄 정도로 할미할아비 바위의 정(情)은 화자의 벅찬 감흥으로 하여금 얼굴을 붉히게 한다.

다음의 시는 생(生)과 사(死)의 갈림길에서 바라본 화자의 삶에 대한 인식을 보여준다.

뭉게구름 몇 조각
하늘에 떠 있다. 떠 있다는 것은
언제나 밀려나는 것
밀려나고 있는 것이 구름임을 알았다
사는 것이란 이렇게
세상의 어디쯤에 둥둥 떠 있다가
세상의 어디쯤에서 홀로
그렇게 밀려나는 것이 아닐까
살아 있는 골골에서
상여소리가 울려 피어올랐다
한 목소리로 이어지는 달공소리
–나는 죽어서도 밀려난 것일까
–나는 죽어서도 금침(衾枕)을 부러워할까
구름 몇 채
짐이 되는가 싶더니

내 몸은 어느 새
상여소리를 배어들고 있었다
구름처럼 밀려나고 있었다

—「상여소리–공주 봉현리」 전문

시 · 도 무형문화재 제23호 공주(公州) 봉현리(鳳峴里) 상여(喪輿) 소리는 상여를 메고 갈 때 하는 소리로, '달공소리'라고도 한다. 공주 상여소리는 상여소리, 축문소리, 성분가래질소리, 달공소리로 구성되어 있다. 상여소리는 메김소리와 후렴을 함께하는 짝소리, 충청도 사투리의 처량하고 긴 진소리 등 8가지이며 민요조의 서정 넘치는 가사가 주를 이룬다. 성분가래질소리는 묘의 흙을 모으는 가래질을 하며 내는 소리로 진소리와 빠른 상여소리인 잦은소리가 있다. 달공소리는 기부르는 소리, 진달공, 잦은달공, 안장소리 등 4가지로 구성되어 있다. 공주 봉현리 상여소리는 200여 년 전부터 변함없이 전승되어 온 소리로 중요한 의미를 가지고 있는 문화재이다.

화자는 이 달공소리 앞에서 생(生)과 사(死)의 길을 상상적으로 그려낸다. 화자는 먼저 달공소리를 들으면서 생(生)의 모습을 그려본다. '뭉게구름 몇 조각/ 하늘에 떠 있다. 떠 있다는 것은/ 언제나 밀려나는 것/ 밀려나고 있는 것이 구름임을 알았다'는 것이다. 그렇게 살아가고 살아있는 것이 생이 아니겠는가? '사는 것이란 이렇게/ 세상의 어디쯤에 둥둥 떠 있다가/ 세상의 어디쯤에서 홀로/그렇게 밀려나는 것이 아닐까'라고 자문해본다. 그러다가 '살아 있는 골골에서/ 상여소리가 울려 피어올랐다/ 한 목소리로 이어지는 달공소리'로 들려온다. '—나는 죽어서도 밀려난 것일까/—나는 죽어서도 금침(衾枕)을 부러워할까'라며 생과 사의 갈림길에 선 화자 자신을 비추어 본다. 그리고는 마침내 '구름 몇 채/ 짐이 되는가 싶더니/ 내 몸은 어느 새/ 상여소리를 배어 들고 있었다' 이는 곧 덧없는 삶에의 깊은 깨달음이요, 바지막으로 '구름처럼 밀려나고 있었다' 는 자신의 깨달음이다. 이것은 곧 200여 년 전부터 변함없이 전승되어 온 역사의 소리요, 역사의 되새김이라 할 수 있다.

4. 역사의 〈발길, 머물다〉

끝으로 제4부는 역사의 〈발길, 머물다〉에서 그 시세계를 살펴보기로 한다.

무릇 언어의 역사성을 말할 때는 얼어붙은 강물에 비유하기도 한다. 일상의 언어 사용에서는 얼어붙은 강물처럼 흐르고 있다는 사실을 전혀 모르지만 긴 세월의 흐름 뒤에는 언어의 변화를 알 수 있거니와 역사도 또한 이와 같은 것이 아닐까? 역사의 흐름은 보이지 않지만 알게 모르게 끊임없이 변화하는 것이 역사라는 것이다. 화자는 「임존성1」에서 다음과 같이 역사를 말하고 있다.

역사도 흐르고

강물도 흐르고

시간도 흐르고

그 속에

살아가는 나

예까지 왔다

—「임존성1」 전문

화자는 이 시에서 불과 6행으로 유구한 역사를 간단하게 정의하고 있다. '흐르고'라는 움직임으로 말하고 있다. 그러나 그 흐름 자체만으로 그치지 않는다. '그 속에// 살아가는 나// 예까지 왔다'고 말한다. 그렇다. 역사는 우리가 만들어 내는 것이지만 우리가 그 흐름에 편승하여 이루어지는 것이기도 하다. 각 연을 1행으로 짜여진 이 시에서 문득 긴 세월의 역사성을 전해주는 듯 느끼게 되는 것도 바로 그러한 까닭이라 하겠다. 다음의 시를 살펴보자.

석탑에 걸린
노을

노을보다
더 빛나는 자태

국보라 하고
보물이라 하고

또 어떤 이들은
돌덩이라 한다는데

그래도
어쩌랴, 돌 층층 마디마다
거센 숨결이 울리고 있는 걸

—「정림사지 오층석탑」 전문

충남 부여군 정림로 83(동남리)에 위치한 정림사지박물관에 자리한 국보 제9호 부여 정림사지 오층석탑은 국보 제11호인 미륵사지석탑(彌勒寺址石塔)과 더불어 백제석탑이 목탑의 번안(飜案)이라고 하는 근거를 보여 주고 있다는 점에서 우리나라 석탑양식의 계보를 정립하는데 귀중한 자료이다. 세부수법에 있어서는 맹목적인 목조양식의 모방에서 탈피하여 정돈된 형태에서 세련되고 창의적인 조형을 보이고 있으며 전체적으로 장중하고 명쾌하여 격조 높은 기품을 보이고 있는 이 탑은 초층탑신에 당나라의 장수 소정방(蘇定方)이 백제를 평정한 공을 기리는 글이 해서(楷書)로 새겨져 있어서 한때 '평제탑(平濟塔)'이라고 불리기도 한 역사적 비극을 안고 있기도 하다.

역사는 과거의 실례를 통하여 현재를 살아가는 데에 있어서 어떠한 소망을 행동으로 이끌어가는 데에 있다. 그렇기 때문에 역사의 현장에서 발길을 멈추게 된다. '석탑에 걸린/ 노을// 노을보다/ 더 빛나는 자태// 국보라 하고/ 보물이라 하고// 또 어떤 이들은/ 돌덩이라 한다는 데// 그래도/ 어쩌랴, 돌 층층 마디마다/ 거센 숨결이 울리고 있는 걸' 피할 수는 없다. 역사가 남겨준 위대한 교훈은 그래서 발걸음을 멈추게 하고, 멈춘 자리에서 그 역사적 의의를 되새김함으로써 화자의 보이지 않는 소망을 간직할 수 있다. 화자 자신이 역사의 대상자가 되어 있기 때문이다.

천안 광덕사 호두나무 밑에 앉아
원조 호두과자를 먹는다
원조가 아니면 호두과자가 아닌 것도 아닌데
각각 원조라고 한다
호두나무 푸른 잎사귀 찡끗 웃는다
그냥 눈감아 주자고 한다
그냥 못들은 체 하자고 한다

말없이 호두과자만 먹었다

—「원조 호두나무 밑에서」 전문

천안 광덕면 광덕리 광덕사에 있는 호도나무는 수령 약 400년이나 되고 나무 높이 20m, 가슴높이 줄기둘레는 3.7m나 되는 노거수로 천연기념물 제398호로 지정된 보호수이다. 약 700년 전 고려 충렬왕 16(1290년) 9월에 유청신(柳淸臣)이 원나라에 임금을 수행 해갔다가 돌아오는 길에 호두나무 묘목과 열매를 가져와 묘목은 광덕사 경내에 심고, 열매는 유청신의 고향집 뜰 앞에 심었다고 전한다. 이 호두나무의 시조가 천안에 서 있는 까닭일가? 천안의 호두과자가 천안의 상징처럼 전국적으로 명성을 떨치고 있다.

그런데 그 호두과자를 두고 호두과자를 제조하는 사람들끼리 서로가 자기의 제품이 '호두과자의가 원조'라고 우긴다. 화자는 '천안 광덕사 호두나무 밑에 앉아/ 원조 호두과자를 먹'으면서 그러한 사람들의 모습을 떠올린다. '원조가 아니면 호두과자가 아닌 것도 아닌데/ 각각 원조라고 한다'는 것이다. 역사 앞에서 역사 전체에 관련시키는 것이 아니라 소재의 한 토막을 역사적으로 다루고 있는 왜곡적인 역사관을 비판한다. 그 모습을 상기하면서 화자는 호두나무를 바라본다. 화자와 마음이 통하기라도 한 것일까? '호두나무 푸른 잎사귀 찡끗 웃는다/ 그냥 눈감아 주자고 한다/ 그냥 못들은 체 하자고 한다'고 무언(無言)의 말을 나눈다. 역사를 말할 수 있지만 역사를 바로 보는 것은 쉽지 않다. 화자는 곧 관찰자이기 전에 '말없이 호두과자만 먹었다'는 어엿한 역사적 존재감을 가진다.

백마강 물살이
빨랐다 느렸다 하며 흐르고 있다
걸음걸이가 자꾸만 물살을 닮아간다
계백의 외침과
성충의 눈물이
높아졌다가 낮아지곤 한다
해 저문 저녁 길
어둠 속의 길은
그저 낯선 바람으로 맴도는데

소나무 잔가지에 걸린 어둠
갑자기 사람들의 목소리가 그리워진다
지금 걷고 있는 곳은
백제의 땅
가는 곳마다 즐비한 어둠의 발자국
아직도 밝혀질 일이 많은 흔적 속에서
잠시 눈을 밝히고자 하늘을 보는데
저만큼 백제대교를 건너는
자동차의 불빛이 느닷없이
연이어 하늘로 치솟아 오른다

―「백마강변」 전문

일반적으로 금강변 부여읍(扶餘邑) 정동리의 앞 범바위「호암(虎岩)」에서부터 부여읍 현북리 파진산 모퉁이까지의 약 16㎞ 구간을 백마강이라 한다. 백마강은 소정방이 백마의 머리를 미끼로 하여 용을 낚았던 바위를 '조룡대(釣龍台)'라 하고 강의 이름도 사하(泗河)에서 백마강(白馬江)으로 바뀌었다고 하나, 백제 말기보다 160여년 앞선 무령왕시대의 기록에 이미 금강을 '白江(백강)'으로 표기했던 사실이 있고 역사적으로 말[馬]을 '크다'는 뜻으로 써온 것을 감안할 때 백마강은 곧 '백제에서 가장 큰 강'이기에 붙여진 이름으로 보아야 할 것이다. 아무튼 이 백마강은 백제 역사의 산 증인이다. 백제의 서울이 웅진에서 사비로 옮겨 왔을 때에도 바라보았던 강이요, 백제가 나당연합군에게 패망한 모습도 바로 본 한(恨)서린 강이기도 하다. 그러나 백마강은 말이 없다. 역사가 말없이 흐르듯 그저 흐를 뿐이다. 이 한의 백마강을 바라보는 화자는 백제의 역사를 바라보는 시각을 여기에 멈추고 만다. 역사와의 동질성을 가진 결과이다.

역사의 강물이 흐르듯이 '백마강 물살이/ 빨랐다 느렸다 하며 흐르고 있다' 따라서 역사를 바라보고 있는 화자의 '걸음걸이가 자꾸만 물살을 닮아간다'는 것은 당연한 일이다. 화자는 개인이면서도 역사의 관찰자이며 역사의 동행자이기도 하다. 그러면서도 화자는 역사를 만들 수는 없지만 역사를 기록할 수 있는 능력을 가진다. 역사를 만들어낸 '계백의 외침과/ 성충의 눈물이' 백마강처럼 '높아졌다가 낮아지곤' 하는데 '해 저문 저녁 길' 보이지 않는 역사의 '어둠 속의 길은/ 그저 낯선 바람으로 맴도는데/ 소나무 잔가지에 걸린 어둠/ 갑자기 사람들의 목소리가 그리워진다'고 한다. 역사에서 진실을 말하는 사람을 기다리고 있는 화자의 심정일까? 화자가 '지금 걷고 있는 곳은/ 백제의 땅'이 분명하나 '가는 곳마다 즐비한 어둠의 발자국'뿐이요, '아직도 밝혀질 일이 많은 흔적 속에서/ 잠시 눈을 밝히고자 하늘을 보는데' 역사의 현장을 건너가고 있는 '저만큼 백제대교를 건너는/ 자동차의 불빛이 느닷없이/ 연이어 하늘로 치솟아 오른다'고 함은 곧 역사에 대한 올바른 길을 하늘에 잇대고 싶은 화자의 심정이라 여겨진다.

역사에 있어서 진정한 의미를 찾아내기란 그리 쉬운 일은 아니다. 그래서 피상적일 수밖에 없는 일이지만 한 시작품을 통하여 나타난 역사란 한 개인의 진실성에 있다. 그 진실성은 한 순간의 일이 아니라 영원성을 가진다. 김형석은 「오늘을 사는 지혜」라는 글을 통하여 '역사는 말을 하지 않는다. 그러나 역사 속에는 무한의 진리가 내포되어 있기 때문에 지혜의 눈과 용기의 입을 가진 모든 사람들로 하여금 언제나 말하게 한다. 그리고 그들의 음성이 역사를 지켜온 것이다'고 말한다. 시인 진명희가 시로서 말하고 있는 역사는 바로 이런 특성을 대변해주고 있다고 하겠다.

그러나 시(詩)라는 측면에서 진명희의 시는 너무 지나치다 할 정도로 감정에 치우쳐 있다. 전광석화처럼 인식된 감정의 실마리를 풀어 시작(詩作)에 의존하고 있다. 그렇기 때문에 더더욱 시가 짧아지는 것이 아닐까? 시가 짧다는 얘기는 어떤 의미에서 호흡이 짧다는 말도 된다. 이를 극복하기 위한 각별한 노력이 필요하다고 본다. 시에 대한 진명희의 부단한 노력이 새로운 시작(詩作)의 자세에서 나타나게 되기를 기대해본다.

포말(泡沫)의 시학(詩學), 그 생성(生成)과 소멸(消滅)의 기억들

— 유금숙 시집 『해변의 식사』의 시세계

1.

인간의 기본적인 감정(感情, feeling)은 쾌(快, pleasentness)와 불쾌(不快, unpleasentness)로 나누어 생각할 수 있다고 한다. 이른바 주관적인 흥분 상태라 할 수 있는 정적 상태(情的 狀態)에서부터 비롯된다는 것이다. 이와 같은 정적 상태는 신체적인 흥분까지 수반되어 단순한 감정에 이르렀음에도 불구하고 신체적 변화를 일으켜 주기도 한다. 그러나 이러한 신체적 변화에는 아주 미미한 성질의 것이 대부분이어서 일상생활에서 거의 의식하지도 못한 채 일시적인 감정만을 느끼게 되는 것이 대부분이다.

그러나 이와는 다르게 외연적인 자극에 의하여 이루어지는 신체적 흥분이 고조되기도 한다. 이때의 신체적 흥분은 행동적인 반응을 불러일으키면서 정적인 경험에 이르게 한다. 이 정적 경험은 인간의 기본적인 단순한 쾌나 불쾌가 아닌 새로운 경험을 불러일으키게 하는데, 이것이 바로 바로 정서(情緖, emotion) 경험이다.

이와 같은 정서의 경험은 끊임없이 이어지는 일상의 경험에 의하여 무엇인가를 알아차리는 기억(記憶, memory)의 과정을 거쳐 축적된다. 이전에 경험한 바와 새로이 경험하여 얻은 기억이 대조하면서 다시 새롭게 인식하게 될 뿐 만 아니라, 이때에 재인(再認, recognition)의 과정을 거쳐 유발된 정서는 기호화(記號化, encoding)된다. 이 기호화란 모든 경험의 자료를 기억할 수 있는 부호로 바뀌는 것을 뜻하며, 이러한 경험 내용이 영구적으로 보존되는 기억의 저장 속에 기호화되면서 비로소 일상생활에 유용한 정보적 기능을 한다.

따라서 언제든지 기억 속에 저장된, 이른바 과거의 경험을 통하여 축적된 정보를 끄집어내어 필요할 때마다 새롭게 재생시키곤 한다. 그러나 모든 기억이 재생되는 것은 아니다. 저장된 기억 속에서 인출에 실패하는 경우가 있다. 이른바 망각이 그러하다. 과거의 경험이 기억으로 축적되어 있는 곳에서 정상적 기능을 다하고, 한편으로는 인출될 때에 정서 경험이 수반되어 나타난다. 이 정서 경험은 기호화되어 저장된 기억의 인출 과정을 통하여 나타나는 것으로, 이것은 한 편의 시작품으로 탄생하기도 한다. 한 편의 시는 이와 같은 기억을 재생시키는 과정과 그 정서를 통하여 이루어진다.

우금숙의 시세계는 축적된 경험으로부터 비롯한 기억을 재생시키는 가운데 연이어 수반되는 정서의 밝은 빛으로 빚어내는 데에서 찾아볼 수 있다. 그러한 정서는 마치 저 무한의 바다에서 끊임없이 밀려오는 물결의 포말(泡沫)로부터 발견해낼 수 있다. 바다에서 뭍으로 밀려오는 포말은 쉽게 사라진다. 그러나 밀려오는 행위는 단 한 순간도 정지하는 일이 없다. 그러므로 포말은 사라지는 것이 아니라 순간의 정지를 소멸과 재생으로 반복하고 있을 뿐이다.

2.

포말(泡沫)은 거품이다. 물 따위에 생기는 거품을 말한다. 일반적으로 거품은 쉽게 사라지는 것으로 알려져 있다. 노력이나 시간의 축적이 한순간에 흔적 없이 사라져 헛되게 된 상태를 비유적으로 이르는 말로 쓰이기도 한다. 그러나 우금숙의 시에 나타난 포말은 여러 시간이 지나도 좀처럼 꺼지지 않는 거품이다. 이른바 안정포말(安定泡沫)이라는 것이 있다. 이 안전포말은 비누, 색소, 단백질 따위의 수용액(水溶液)에서 흔히 볼 수 있다. 그러나 우금속의 시가 가지는 포말은 어떤 측면에서 수용액이라는 공해적(公害的) 요소가 전혀 없는 안정포말이다. 그야말로 순수하여 맑고 투명하여 단 한 점의 티끌도 함께 할 수 없는 정서의 포말이다. 그러므로 무릇 포말이 그러하듯 쉽게 꺼지는 거품이라 하더라도 전혀 그침의 행위가 없는 정서의 가능을 보여준다. 한 편의 시 속에 틈입(闖入. 기회를 엿보다가 느닷없이 들어감)하여 시 속 깊이에서 순간순간 찬란한 빛을 발(發)하곤 한다. 그 포말 속에서 무지갯빛 정서를 인출해 내고 있음을 보여주고 있는 것이다. 우선 이 시집의 표제가 되어 있는 시 「해변의 식사」부터 살펴보기로 한다.

바닷가 작은 식당에 홀로 앉아
푸른 하늘과 흰 구름과 초록빛 바다를 먹네
창틀에 걸린 수평선 물결 위로
나른한 햇살이 눕는데
우리가 함께 쌓아 올리던 금빛 신화들
햇살을 밟으며 서운하게 떠나가네

무지개 같은 오후가 수평선에 걸리네
당신의 시간이 손가락 틈새로 찰랑이고
내 발을 적시던 바다가 조금씩 멀어지고 있네
붉은 노을 속으로 우리가 쌓아 올리던
한 계절, 그대와 나의 소문나도 좋을 시간이
아쉽게 사라지고 있네

—「해변의 식사」 전문

이 시는 전체 4부분으로 나누어 생각할 수 있다.

먼저 화자는 「헤변의 식사」를 하면서 창밖으로 보이는 바다를 바라보고 있다. 그러면서 눈앞에 펼쳐지는 외연적인 바다의 풍경에 신체적 흥분을 보인다. 그리고 행동적인 반응을 불러일으키면서 정적인 경험에 이르게 된다. 바다의 풍경 속에서 이미 인지되어 경험에 의하여 축적된 기억을 끊임없이 인출하기 시작한다. 화자는 지금 '바닷가 작은 식당에 홀로 앉아/ 푸른 하늘과 흰 구름과 초록빛 바다를 먹'고 있다. '식당'과 '먹네'와의 동위적(同位的)인 가운데 '푸른 하늘과 흰 구름과 초록빛 바다'를 기억 속에서 연이어 인출해내면서 정서의 동일화(同一化)를 이루는 요소들, 이른바 하늘과 구름과 바다를 열거함으로써 정서를 환기해놓고 있다.

이와 같은 정서의 표출은 다음으로도 계속 이어진다. '창틀에 걸린 수평선 물결 위로/ 나른한 햇살이 눕는데/ 우리가 함께 쌓아 올리던 금빛 신화들/ 햇살을 밟으며 서운하게 떠나가네/ 무지개 같은 오후가 수평선에 걸리네'가 그렇다. '창틀에 걸린 수평선 물결 위로/ 나른

한 햇살이 눕'는 외연적인 팩트(fact)에서 '우리가 함께 쌓아 올리던 금빛 신화들'이란 기억으로부터의 인출이 조화를 이루어 '햇살을 밟으며 서운하게 떠나가'는 기억의 포말 속에서 무지개와 같은 정서를 이끌어 준다.

그리고 셋째 부분에서 '무지개 같은 오후가 수평선에 걸리네/ 당신의 시간이 손가락 틈새로 찰랑이고/ 내 발을 적시던 바다가 조금씩 멀어지고 있네' 로 이어진다. 외연적인 것과 기억 속의 것으로 보이고 있는 '무지개 같은 오후'와 '당신의 시간', 그리고 '수평선'과 '손가락 틈새로 찰랑'이는 것의 대비를 통하여 이루어지는 새로운 정서는 '내 발을 적시던 바다가 조금씩 멀어지고 있'는 정서의 팩트를 엿보이고 있다.

끝부분 '붉은 노을 속으로 우리가 쌓아 올리던/ 한 계절, 그대와 나의 소문나도 좋을 시간이/ 아쉽게 사라지고 있네'를 살펴보면 '붉은 노을 속으로' '아쉽게 사라지고 있'는 '우리가 쌓아 올리던/한 계절'이 '그대와 나의 소문나도 좋은 시간'이 기억으로부터의 인출 과정을 통하여 '아쉽게 사라지'는 연민스러운 감정을 엿보이게 한다.

때때로 기억은 언뜻 단기적인 포말로 이루어지고 있는 것으로 착각하게 한다. 어떠한 경험적 사실이 내포되어 있는 정보의 기억을 넘어서 아주 쉽게 외연화되어 나타나는 경우가 있기 때문이다. 그러나 그렇다고 해서 그것이 단기적 기억의 인출이 아니다. 오히려 오랜 기억의 축적에서 숙성될 대로 숙성되어 이제는 더 이상 숙성될 수 없을 만큼 육화되어 절로 인출되는 것이기 때문이다. 그러므로 인출의 기억은 즉물적인 대상으로 화(化)하여 시각화(視覺化)해준다. 이른바 심상(心

像, image)을 말하는 것으로 기억에서 유로(流露)되면서 직관상(直觀像, idetic)을 정립해준다.

그들이 부지런해지자 마당이 다시 살아났다
꽃들이 봄을 피워 올리고 멀리 떠났던 새들이 돌아왔다
매화가 피고 살구꽃이 피었다
마당이 초록으로 물드는 이른 여름
그녀는 마당 한 켠에서 살구를 주웠고
그는 더욱 부지런하게 마당을 가꾸었다
가으내 아이들은 종달새처럼 푸른 웃음들을
마당에 가득하게 펼쳐 놓곤 했다
그 겨울 마당은 흰 눈으로 만든 솜이불을 덥고
깊고 더운 잠을 잤다
— 다시 몇 번의 계절이 지나갔다
길고 어두운 터널을 지나온 아이들이
해맑은 웃음을 날리며 푸른 마당으로 모여들었다

—「에필로그」 전문

'에필로그'란 시, 소설 등에서 내용이 완결된 후 작가가 자신의 주장, 해석 또는 최종적인 결말 등을 진술하는 종결 부분, 즉 주제에 의거한 종결부를 말한다. 어떠한 글에서 필자가 하고자 하는 말을 총체적으로 집약하여 한 말이 바로 에필로그이다. 그러나 이 시에서의 화자는 그러한「에필로그」에 이르지 않는다. 내포된 기억의 적층(積層)으로부터 조화롭고 화해로운 심상을 추출해내어 그려놓고 제시해놓고 있다. 시 속에서 '그들 · 그 · 그녀 · 아이들'이라는 인물들이라든가 즉

물적인 대상인 '꽃 · 새 · 매화 · 살구꽃' 등은 물론 심지어 '마당'에 이르기까지 어느 것 하나 슬프고 불행한 감정에 놓여 있지 않고 있을 뿐만 아니라 암울하거나 침울함을 전혀 보이지 않는다. '겨울마당'은 '흰 눈으로 만든 솜이불을 덥고/ 깊고 더운 잠을 잤'으며, '아이들'은 '다시 몇 번의 계절이 지나'는 동안 '길고 어두운 터널을 지나'와서 '해맑은 웃음을 날리며 푸른 마당으로 모여들었다'. 이에 따라 '마당'은 가옥구조상 부수적으로 생활의 공간이 아니다. 삶에서 기쁨과 만족감을 흐뭇하게 느끼게 함으로써 이루어놓은 정신적이고 관념적인 삶의 공간이다.

독일의 속담에 '끝이 좋아야 모든 게 좋은 것이다(Ende gut, alles gut)'라는 속담이 있다. '부지런함 끝'에 '마당이 다시 살아'나고, '흰 눈으로 만든 솜이불을 덥고/ 깊고 더운 잠을'을 자자 '길고 어두운 터널을 지나온 아이들이/ 해맑은 웃음을 날리며 푸른 마당으로 모여들었'거니와 「에필로그」에 이르러 꽃을 피우고 새들이 날아오고, '초록으로 물드는 이른 여름'의 '아침 마당'을 이룬다. 그야말로 삶의 아름다움이 그대로 펼쳐진 공간이 된다.

내포된 기억의 축적에서부터 유출된 심상이 외연적인 팩트와의 만남에서 비롯한 화해(和解)로운 삶의 '마당'은 저 유럽의 성당 벽화에서처럼 한 조각 한 조각씩 모아 그려진 프레스코화를 연상하게 한다.

시에 있어서의 정서란 어떠한 자극에 하여 유발된 정적 상태를 말한다. 그러나 정적 상태를 유지하기 이전에 이미 정적 상태를 유지하기 위한 준비는 장기간에 걸쳐 쌓이게 마련이다. 그리고 그 정서는 어떤 외연적이고 즉물적인 상태에 이르게 되면 끊임없는 인출에 의하여 기호화를 이룬다. 마치 너른 바다로부터 뭍으로 이어지는 포말처럼 말이다. 포말처럼 사라지는가 하면 다시 밀려오는 새로운 포말과 만나고, 그 사이에서 인출되는 정서는 정신적 프리즘의 역할을 함으로써 가장 빛나는 빛깔을 얻어낸다. 즉 정서의 의식적인 느낌과 그 기호화는 인과 관계를 가지는 것이 아니라 두 요소의 결합하는 데에서 이루어진다. 바로 정서를 일으키는 외연적인 자극에 의하여 내재적인 요소와 더불어 동시적으로 나타나는 동반적인 새로운 성분으로 결정된다고 할 수 있다.

푸르고도 우울했던 시절 그곳은 숱한 사람들의 만남의 장소였다. 무거운 배낭을 짊어지고 시계탑 아래서 만나 삼삼오오 강촌으로 대성리로 MT를 가던 곳, 삐삐도 휴대폰도 없어 누군가 늦어지면 툴툴거리면서도 한없이 기다려주던 곳이었고 최루탄 냄새에 쫓겨 남으로 내려가는 밤기차를 발 구르며 기다리던, 따스함과 초조함이 공존하던 곳이었다. 대전발 0시 50분 기차를 갈아타고 더러는 목포로 더러는 대둔산 푸른 계곡으로 비장하게 숨어들던 시간, 깊고 아찔한 계곡을 가로지르며 흔들리던 구름다리에서 기꺼이 손잡아 주던 남자와 다시 만난 곳도 광장 시계탑 아래였다. 건너편 모퉁이 별다방 어둑한 구석에서 까만 올림푸스카메라에서 꺼낸 흑백사진 몇 장을 주고받으며 구름다리의 우연을 인연이고 필연이라 믿었던 순수의 시절이었다. 쓰디쓴 커피를 함께 마시며 시간을 빠르게 건너 금세 다정해지기도 했지만 여전히 불안한 눈빛으로, 긴 머리를 빗으로 빗어 넘기곤 하던 별빛 반짝이는 박스 속 DJ 오빠에게 '푸른 파도여 언제까지나'를 몇 번이고 신청해 듣곤 했었다. 시간을 나르는 일을 쉬어 본 적 없는 광장 시계탑은 이제 휴대폰을 손에 든 사람들이 더 이상 그곳에서 누군가를 기다리지 않는다는 걸 알고 있다. 다만 파도에 실려 떠나간 남자를, 그때를 잊지 못하는 여자를 가끔 떠올릴 뿐.

—「청량리역 시계탑」 전문

위 시는「청량리역 시계탑」을 둘러싼 시간의 흐름에 따라 시대의 변천과 그에 더불어 온 보편적 정서가 개별적 정서로 변화하는 과정을 비교적 섬세하게 보여주고 있다. '푸르고 우울했던 시절'과 '순수의 시절', 그리고 '시간을 나르는 일을 쉬어본 적 없는' 오늘날의 '시절'을 소멸과 생성의 반복으로 연이어 밀려오는 포말처럼 펼쳐진 인간의 변화를 보여주고 있다.「청량리 역 시계탑」은 '만남의 장소로' 'MT가던 곳, 한없이 기다려 주던 곳'이며, 격변적인 시대의 산물인 '최루탄 냄새'로 점철되어 있는 시대고의 아픔과 함께 한편으로는 '따스함과 초조함이 공존하'여 머물러 있는 곳이기도 하다. 또한 '비장하게 숨어들던 시간'에 '아찔한 계곡을 가로지르며 흔들리던 구름다리에서 기꺼이 손을 잡아주던 남자와 다시 만난 곳'으로 낭만적이기도 하다. 그 '순수의 시절'을 지나 이제는 꿈과 낭만의 시대는 지나가고 '시간을 나르는 일을 쉬어 본 적 없'는 메마른 시대에 이르러 '광장 시계탑'은 '누군가를 기다리지 않는다는 걸' 알게 된다. 시대고로 인하여 인간들은 이미 모질고 메말라버렸음은 물론이요, 황폐하고 쓸쓸하다 못해 거칠어버린 시간에「청량리역 시계탑」만이 따뜻한 인정의 시절을 그리면서 '다만 파도에 실려 떠나간 남자를, 그때를 잊지 못하는 여자를 가끔 떠올릴 뿐'이다.

이 시에서 볼 수 있는 바와 같이 모든 인간이 일상생활을 영위하기 위하여 보편적으로 존재하는 욕구에 따라 형성되는 정서는 본능적으로 일반적인 수준에 이르게 마련이다. 이런 경우 정서의 보편적인 회귀(回歸)라 하겠다. 또한 인간 상호간의 교류에 따라 형성되어 있는 모든 속성들 사이에서 유발된 정서는 보편적 관계를 유지하면서 일상 생활 속에서 회자되는 가운데 하나의 정보 속에 자리하게 되며, 마침내 일반적인 정서가 개개인의 행동 기준과 원칙을 생성함으로써 새로운 정서를 낳게 한다. 인간의 보편적인 정서가 곧 개별적 정서의 생성 요인으로 작용하기 때문이다. 따라서 인간의 정서는 포말처럼 숱하게 생성되고 소멸되는 과정의 반복을 통하여 보편적이면서도 개별적으로 생성되는 요인을 가진다. 절망과 희망, 갈등과 화해로부터 인간적인 보편적 정서를 갈구하는 시대고의 아픔과 함께 방황하고 슬픔과 서러움을 인고할 수밖에 없던 한 젊은 시절이 「청량리역 시계탑」을 중심으로 인간 본연의 정서적 회귀 모습을 보여주고 있다.

나는 맥국의 왕이었다
저 무례한 무리들에게 쫓겨 험한 산등성이 몇 개씩 넘어
이름 모를 골짜기에 숨어들어 슬픈 성벽을 쌓고
다시 돌아갈 날을 기다리다 끝내 놓아버린 한 서린 생의 끈
먼 시간을 접고 나는 태기산 골짜기를 누비는
바람이 되었다
바람이 되어 깊고 차가운 시간에 기대
지나는 사람들의 무심한 이야기를 듣는다
용맹했던 왕과 충성스럽던 군사들 그리고
얼굴이 희던 다정한 왕비의 이야기를

나는 또 가끔 산자락 무너진 성벽 햇살 맑은 곳에 기대
산꾼들과 구름이 전해주는 세상 이야기를 듣고
산의 능선을 베고 누워 계절이 바뀌는 소리를 또 오래도록 듣고
묵은 시간들 켜켜이 쌓이는 소리를 공들여 듣는다
어느 날 나의 이야기 마침내 우주로 돌아가리
태기성이라 불렸던 빛나는 별 하나가
태기산자락 어디쯤 머물다
하늘로 돌아갔다는 소문을
누군가 묵은 시간들 켜켜이 쌓여 있는
어느 페이지에 공들여 기록하리

—「태기산에 잠들다」 전문

태기산(泰岐山)은 강원도 횡성군 둔내면과 평창군 봉평면에 걸쳐 있는 높이 1,261m의 산으로 태백산맥의 한 줄기인 중앙산맥(中央山脈)에 속하는 산이다. 이곳을 중심으로한 옛날의 맥(貊)이라는 나라를 떠올린다. 원래 맥은 예(濊) · 한(韓)과 더불어 우리 민족의 주된 구성체로서, 『시경(詩經)』『서경(書經)』 등을 보면 중국 주대(周代)에 주나라의 동북방에 거주하고 있었다고 한다. 고구려의 남동쪽 예의 서쪽이 옛 맥의 땅인데 지금 신라의 북쪽이 삭주(朔州: 지금의 강원도 춘천)이며, 선덕여왕(善德女王) 6년(637)에 우수주(牛首州)로 삼아 군주(軍主)를 두었다고 하였다고 하니 신라와의 갈등을 짐작할 수 있게 한다. 실제로 태기산은 신라에 망한 진한의 태기왕(泰岐王)이 1.8km의 태기산성(泰岐山城)을 쌓고 패배를 만회하기 위하여 항전하던 곳이라 하여 그 성터가 아직도 남아 있다고 한다.

이 시에서 화자는 맥국의 왕으로 존재한다. 그러나 '저 무례한 무리들(=신라군)에게 쫓겨/ 험한 산등성이 몇 개씩 넘어/ 이름 모를 골짜기에 숨어들어 슬픈 성벽을 쌓고/ 다시 돌아갈 날을 기다리다 끝내 놓아버린 한 서린 생'을 맞는다. 그러나 사라진 것이 아니다. 다만 꿈꾸어 온 '먼 시간을 접고' '태기산 골짜기를 누비는/ 바람'으로 되살아날 뿐이다.

'바람'은 무한의 자유를 가진 초월의 능력도 가지고 있다. 거칠 것이 없다. 그러나 패망국의 왕으로서는 바람이 되어도 '깊고 차가운 시간에 기대'어 살아갈 수밖에 없다. 이루지 못한 한으로 '지나는 사람들의 무심한 이야기를' 듣는다. '용맹했던 왕과 충성스럽던 군사들 그리고/ 얼굴이 희던 다정한 왕비의 이야기를' 듣는다. 못다 이룬 희망의 이야기를 지나간 일을 돌이켜 생각하게 된다. 끊임없이 밀려와 포말처럼 인출되어 나오는 기억 속의 수많은 정서에 묻혀 화자는 비록 '산자락 무너진 성벽'일망정 '햇살 맑은 곳에 기대/ 산꾼들과 구름이 전해주는 세상 이야기를 듣고' '바람'으로 '산의 능선을 베고 누워' 머물면서 '계절이 바뀌는 소리를 또 오래도록 듣'기도 한다. 모든 것이 지나가버리고, 놓아버린 왕으로서의 '바람'으로 지난날들의 '묵은 시간들 켜켜이 쌓이는 소리를 공들여' 들으면서 못다 이룬 꿈을 그려보는 것이다.

①
청송아파트 담벼락에 아침 햇살 걸리면
노인들, 두런두런 좌판을 펼친다
정문 오른쪽 J은행은 오늘도 아침 일찍

꿈 빛 무지개를 문에 걸어 놓았다
건너편 희망약국의 진열대엔 활명수와 박카스가
막 사열을 끝낸 채 열을 맞추고 있다
온종일 방언들이 오가는 담벼락
물결처럼 흔들리던 시간들이 담벼락에
꼼꼼하게 기록되는 오후 4시
꼬깃꼬깃한 지폐들을 일렬로 세운 거친 손들이
하나둘 J은행의 무지개문을 밀고 있다

—「꿈꾸는 담벼락」 전문

②

눈물만 총량의 법칙이 있는 게 아니야
술도 총량의 법칙이 있지
술독에 빠져 살던 남편이 기어이 먼저 하늘로 떠나고
그 술맛이 하도 궁금해 조금씩 마신 술이 어느새
눈 속까지 차올라서 눈 속에 강 하나 들어앉았는데
차오르다 넘쳐 이젠 또 막무가내로 쏟아지려 해
조금씩 조금씩 쏟아내다 보니 술이 약해진 거라고
막걸리 한잔을 앞에 놓고 오래오래 들여다보며
혼잣말하던 여자는 밤이면
겨울밤 설해목처럼 울었다

—「막걸리 총량의 법칙」 전문

③

너는
부서지는 안개 같아서

맨발로 땅을 구르기만 할 뿐
끝내 강을 건널 수는 없구나
봉순아
너는 아직 그 자리에 선 채
섬진강 푸른 물 안에 갇혀있느냐
간도 땅 마른 숲을 지나
서러운 강가에 서면
발 구르던 너
눈빛, 음성 쟁쟁하게 들려와
돌아서면
캄캄한 어둠
해란강엔 여윈 그리움 가득하구나

—「해란강에서-길상이의 노래」 전문

④

남해 금산 바위 속 암자에 앉아
푸른 새벽이 언덕을 올라오는 걸 보고 있네
안개가 새벽보다 더 푸른 옷자락을 끌며
함께 오르는 걸 보고 있네
관음보살을 부르며 꼬박 밤을 밝힌
정갈한 마음들이 푸른 새벽의 품에 안기네
도량석을 돌던 안개가 돌탑 속으로 사라지고
우리들 무릎에서 아득하게 종소리 들리네
문빛 푸른 비구니가
남해 금산 보리암, 보광전 문턱을 사뿐히 넘고 있네
남해 금산 푸른 바다에서

오래전에 떠나보낸 기별 하나가 돌아오고 있네

―「보리암」 전문

인간의 경험에서 심층에 축적된 기억은 거의 일생을 통하여 보존됨으로써 언제든지 필요에 따라 유출되어진다. 그리고 그 기억들은 정서 속에 충실하게 기호화되어 처리된다. 이러한 기호화는 곧 어의(語義)로 표출되기도 하며, 어의를 가진 심상(心象)으로 나타나기도 한다. 일상생활에서 이 어의와 심상이 기호화되어 쓰이는 기억의 사용 빈도를 보면 어의가 훨씬 많이 쓰이고 있음을 알 수 있다. 추상적인 개념이나 사전적인 정의는 심상으로 기호화되기가 자못 어렵기 때문이다.

그러나 시에 있어서의 심상은 감각기관을 통하여 재생되기 때문에 곧잘 경험의 인출에 의하여 쉽게 심상화 되어 나타난다. 예를 들어 '총량'이란 낱말의 심상화는 경험 속에서 축적되어진 모든 기억을 총동원하여 재생산함으로써 전체적 상황으로 그려지며, 다양한 육체적인 감각이나 마음속에서 생성되어 언어로 표출되는 이미지의 통합체를 이루면서 이미저리화(imagery化)되기 때문이다. 이러한 이미저리화의 과정에서 끊임없이 밀려오는 경험의 팩트와 그로 인하여 생산된 이미지들이 한 편의 시에서는 포말처럼 계속적으로 부풀어 오르며 인출되어진다. 이 시집의 모든 시작품 전체의 4부 중에서 비교적 짧은 시를 한 편씩 골라 살펴보기로 한다.

먼저 ① 「꿈꾸는 담벼락」을 살펴보면 하루의 삶을 여는 '아침 햇살 걸'릴 때부터 하루가 마감되는 '오후 4시'까지의 '담벼락'에 비친 삶의 모습이 그려져 있음을 엿볼 수 있다. '청송아파트 담벼락에 아침 햇살

걸리면' '좌판'이 펼쳐지고, '오른쪽 J은행'이 '꿈 빛 무지개'를 걸어놓고, '약국'도 '희망'의 하루를 연다. 마치 한 폭의 골목 풍경을 그려놓은 듯하다. 그러한 각양각색의 삶의 모습들이 '온종일 방언들이 오가는' '물결처럼 흔들리던 시간들'로 '꼼꼼하게 기록'되어 있다. 그러한 결과로 하루가 끝나는 '오후 4시' '꼬깃꼬깃한 지폐들을 일렬로 세운 거친 손들이/ 하나둘 J은행의 무지개문을 밀고 있'다. 그렇게 하루는 생활은 모든 꿈들을 지켜보는 '담벼락'과 같은 기억 안에서 이루어지고 있는 것이다.

②의 「막걸리 총량의 법칙」은 다분히 추상적이다. 그러므로 '막걸리'라는 구체적인 어의보다는 '총량의 법칙'이라는 추상적인 개념부터 정의해보기로 한다. 이 말의 어의를 알아내기 위해 프랑스의 화학자인 A.L. 라부아지에에 의해서 1774년에 발견된 질량보존의 법칙부터 살펴본다. 화학 반응에서 반응물 전체의 질량과 생성물 전체의 질량은 동일하다는 법칙이라는 것이다. 이 법칙에 따르면 '막걸리'는 '막걸리 총량' 안에서 모든 변화가 일어난다. 그러므로 화자는 '물만 총량의 법칙이 있는 게 아니야/ 술도 총량의 법칙이 있지'라고 단언한다. 막걸리 '술둑에 빠져' 남편은 죽고, 그 마음으로 술을 못 먹는 막걸리를 마시다 보니 스스로도 막걸리에 빠져 '강 하나 들어앉'아 버리고 말았으니 '막걸리 한잔을 앞에 놓고 오래오래 들여다보며/ 혼잣말하던 여자는 밤이면/ 겨울밤 설해목처럼 울었다'는 비극적인 '막걸리의 총량' 속에 갇혀 버린 모습을 보여주고 있다. '막걸리'의 총량 속에서 점점 변화되어 마침내 '설해목(雪害木)' 과 같은 기억으로 재생되어 있다.

'길상이의 노래'라는 부재가 붙어 있는 ③의 「해란강에서」는 '해란강'

이라는 넘을 수 없는 공간을 사이에 두고 이루어진 이별과 그리움을 노래한 작품이다. 그 그리움의 모습이 강으로 가로막힌 안타까움으로 인하여 '맨발로 땅을 구르기만 할 뿐'이며 '아직 그 자리에 선 채/ 섬진강 푸른 물 안에 갇혀있느냐'는 외침에도 불구하고 '발 구르던 너/ 눈빛, 음성 쟁쟁하게 들려와/ 돌아서면/ 캄캄한 어둠' 속에 갇혀 그리워하는 안타까운 모습을 절로 그려준다. 이별의 아픔과 만나지 못하여 한이 된 안타까움이 절절히 연속된 심상으로 그려져 있다.

끝으로 구체적 심상을 소재로 한 ④의 「보리암」이란 작품을 살펴보자. 이 시작품은 모두 시각적 심상으로 정서를 표출해놓고 있다. 모든 심상들이 '~네'라는 어미의 처리로 문장을 종결하면서 마치 한 폭의 그림을 보여주듯 묘사해놓고 있음을 볼 수 있다. 특히 '푸른 새벽 · 안개 · 정갈한 마음 · 새벽의 품 · 무릎에서의 종소리 · 문빛 푸른 비구니' 등의 추상적인 심상들이 '남해 금산 푸른 바다에서/ 오래전에 떠나보낸 기별 하나'로 추상적 심상으로 귀결된다. 이 시작품에서 한 편의 시작품이 보여주는 모든 심상들이 어떻게 하여 기억 속에서 새롭게 재생되어 인출되어지는가를 일별해볼 수 있는 것이다.

3.

경험에 의한 기억은 때때로 소멸되고 만다. 이른바 망각이 그것이다. 그러나 일상의 생활이 바로 곧 경험 그 자체요, 그 경험에서 기억은 끊임없이 이어져 축적되어지고 있거니와 기억에 있어서의 완전한 소멸은 있을 수 없다. 그러한 기억 속에서 시인은 시를 인출해낸다. 연속된 기억의 축적 속에서 재생산해낸 창조물이 한 편의 시작품이다.

이때에 시인은 찰나의 머무름 없이 이어져 나오는 경험 속의 기억을 더듬어 간다. 그러므로 경험은 부단(不斷)의 기억에서 생산과 소멸을 거듭하는 가운데 부풀어 오르는 포말에 휩싸일 수밖에 없다. 좀처럼 소멸되지 않는 포말 속에서 찬란한 무지개를 발견해낸다. 자세히 살펴보라. 거칠게 부풀어 오르는 거품(=포말泡沫) 속을 가만히 들여다보면 언뜻언뜻 보이는 무지개를 발견해낼 수 있지 아니한가. 모든 경험이 시를 이루는 경험이 되는 것이 아니라 포말 속에 찰나로 나투어 엿보이는 무지개야말로 한 편을 시를 이끌어낸다.

유금숙은 '세상으로 향하는 모든 길을 닫고/ 벽 안에 갇힌 밤/ 부유하던 생각들이 방황을 내려놓고 누'(「먼밤」 중에서)워 있는 자신을 발견하기도 한다. '시월 푸르디푸른 하늘에/ 아이의 발자국이/ 지그재그로 길을 내고 있'는 '아이의 어깨에'(「우주」 중에서)서 '우주'를 이끌어내기도 하고, '한평생 수평선과 눈을 맞추던/ 늙은 어부'가 '뱃전에 기댄 채 깊은 눈빛으로/ 손바닥을 들여다보며 청춘을 되새김질하고 있'(「늙은 배」 중에서)는 모습을 만나며 스스로 시적 정서의 확산을 도모하고 있다. 또한 '떨어져 나간 문짝에 매달려 문풍지 외롭게 우는 밤/ 흰 눈이 사무치도록 내리는 걸 보니/ 오늘 밤 그 집 또 폭설에 갇히겠'(「빈 집.2」 중에서)다는 예지, '위태로운 한 생이/ 거미줄 위의 세상을 조율하고 있다'(「인도 일기 · 4-영불탑 아래서」 중에서)는 삶에의 관조, 그리고 '더 이상 뱉어낼 울음이 없는 뻐꾸기가 마침내/ 벽 속을 탈출해 숲으로 날아가고 있'(「보물찾기」 중에서)다는 자유에의 의지는 유금숙의 작품 세계를 가일층 돋보이게 한다.

이러한 의미에서 유금숙의 시집 『해변의 식사』는 축적된 경험이 끊임없이 밀려오는 포말 속의 무지개로 이룩해낸 아름다운 삶, 그 명확한 인출의 결과물이라고 하겠다. 전기 충격처럼 어떠한 장애를 받지 아니하고 오래오래 갈무리된 경험이 유금숙에게서 새로운 삶의 의미로 체계화되고 있음은 우리 시단의 새로운 빛으로 돋보이게 될 것이라는 기대를 포말처럼 부풀게 한다.

빈 자리를 위한 시학(詩學)

— 최명규 시집 『빈 새장의 문을 열어놓다』의 시세계

처음에

'2018 서예 · 문인화 부문 명인'으로 등극한 천산 최명규 시인의 시서화집(詩書畫集)을 낸다. 필생 서화에 매진하던 그가 이번에는 시를 써서 어엿한 시집을 낸다. 시(詩)가 언어 속에 살짝 숨어서 피는 꽃을 보여주는 예술이라면 서화(書畫)는 피어서 곧장 보여주는 꽃이다. 천산 최명규 명인의 시집 『빈 새장의 문을 열어놓다』는 그의 모든 것을 바라보게 하고, 또 보여주기도 한다. 그야말로 천산 최명규의 모든 것이 예술이라는 명제 아래 명명백백 드러내주고 있다. 무릇 예술이란 이 세상에 땅으로 디딤을 삼고 하늘을 우러름으로 하여 살아가는 사람에게는 참다운 정신의 산물이 될 것이요, 자기를 대상으로 삼는 진실한 삶의 거울이다. 뿐만 아니라 나로부터 시작하여 세상의 모든 사람들로 하여금 새로운 삶의 맛을 안겨주고 궁극적인 정신을 합일하게 함으로써 이상적 세계를 구현하는 촉매적 역할을 하게 한다. 이러한 의미에서 천산 최명규가 그 동안 추구하는 정신적인 산물에 이제 시를 앞세워 놓는 것은 다름 아닌 그가 추구하는 세계에 대한 새로운 합일(合一)이라고 말할 수 있다. 그것을 무엇인가 행동하는 모습으로 보여준다. 그렇게 시속에 드러나 있다.

전체 4부로 나누어진 시서화집 속에는 제1부 〈은유(隱喻)와 번짐〉 16편, 제2부 〈묵향(墨香)에 기대어〉 16편, 제3부 〈시중유화 화중유시(詩中有畵 畵中有詩)〉 15편, 제4부 〈녹슬어가는 것은 망각(忘却)〉 13편 등 모두 60편의 시작품이 수록되어 있다. 전체 4부에서 취하고 있는 소제목만 보더라도 이 시서화집에서 무엇을 추구할 것인가를 잘 보여주고 있다. 삶과 예술의 한 호흡 속에서 이루어지고 일구어지는 가운데 새롭게 변신하여 엿보인 그의 시세계는 과연 어떠한 행동 양상이 배어있는가를 살펴보기로 한다.

1. 은유(隱喻)의 효과와 그 번짐

제1부 제목을 최명규는 〈은유(隱喻)와 번짐〉이라고 했다. 은유는 시에 있어서 가장 기본적인 언어 표현이다. 언어가 가지는 일정한 수준과는 전혀 관계가 없다. 모든 언어에서 쉽게 쓰이는 것이 바로 은유이다. 그러나 은유에는 반드시 2가지 대상이 동일시되거나 서로 융합하되 그 2가지의 특성이 모두 들어있는 새로운 의미를 만들어 낸다. 그러므로 은유는 합리적일 뿐만 아니라 산문적인 비교에서 벗어나 질적인 도약을 이루어준다. 합리적으로 쓰이는 예술 기법이 된다. 모든 예술은 이 은유를 기반으로 하여 이루어진다. 또한 많은 비평가들은

이 은유가 논리적인 측면에 앞서 에둘러 표현하는 사고의 한 양식이라고도 말한다.

따라서 은유는 어떤 의도나 조건이나 제한 따위가 없이 서로 비슷한 성질, 즉 유사성만을 나타내는 것으로부터 하나의 관념이 다른 관념을 불러일으키는 일련의 연상을 일으키는 데까지 여러 역할을 수행할 수 있다. 다음 시작품을 살펴보자.

가로로 찢어진 틈새로
차곡차곡 몸 구겨 넣고
빼꼼히 밖을 본다

한줄기 밝은 기다림보다
차례의 기다림이 절실해가고

아무도 손대지 않은
하나 남은 자존

타인의 청결 위해
하얀 순결을 준비해 놓는다

보드라운 희생
끝이 더 거룩하다

―「곽휴지」 전문

일반적으로 곽휴지는 직육면체의 내부에 연속하여 뽑아질 수 있도록 휴지가 준비되어 있다. 곽휴지를 사용하고자 하는 사람은 그저 위에 곽 휴지통의 입구에 살짝 드러난 휴지를 잡아당기기만 하면 연이어 따라 나오도록 되어 있는 휴지를 쉽게 뽑아 쓸 수가 있다. 화자는 이 곽휴지를 '가로로 찢어진 틈새로/ 차곡차곡 몸 구겨 넣고/ 빼꼼히 밖을 본다'고 표현해놓고 있다. 어둠의 곽 속에서 휴지가 밖으로 나오게 되기를 '한줄기 밝은 기다림보다'는 '차례의 기다림이 절실해가고' 있다고 말한다. 그것은 누구의 손에도 닿지 않은 '아무도 손대지 않은/ 하나 남은 자존' 때문이다. 그 자존이란 무엇인가? 말할 것도 없이 '타인의 청결 위해' '준비해 놓은' '하얀 순결'이다. 곽휴지통 속의 휴지는 무엇인가 더러운 것을 닦는다든지 불결한 것을 청결하게 해주는 것이 삶 전체요 그 자체이다. 그 삶이란 곧 휴지의 자존심이기도 하다. 따라서 자존심을 지키기 위해 곽의 찢어진 틈새로 '빼꼼히 밖을 보'면서 세상의 모든 '청결을 위해' 뽑혀지는 순서를 기다린다.

여기에서 은유는 휴지와 청결 그 두 가지만이 아니라 그 이상의 요소가 연결되어 있음을 읽어낼 수 있다. 오로지 '아무도 손대지 않은/ 하나 남은 자존'과 '타인의 청결 위해' 준비해 놓은 '하얀 순결'이다. 어느덧 은유는 이 시작품의 중심 개념을 이루고, 지배적인 상징이 되어 있다. 이 시작품에서 부수적인 삶의 아름다움을 체득할 수 있게 한다. '보드라운 희생/끝이 더 거룩하다'고 말한다. 비교적 엉뚱한 은유가 뜻밖에도 두 가지이거나 그 이상의 요소가 보여주는 견줌이 새로운 효과를 보여준 것이다.

내 뱃가죽처럼 탄력을 잃고
납작 엎드린 바퀴 한 짝
부러진 발목 끌 듯
카센터에 눕히고는
보호자가 되었다

갈 길은 구만리인데
꾸물꾸물 게으른 정비사
지렁이 한 마리
송곳에 끼워 몸에 박고
따라나서는 메움의 날카로움

여유 없이 걸어온
내 발바닥 어디
저 날카로움으로
새어나가는 자신을 틀어막고
후회 없이 살아가고 싶다

젊음이 새어나간 허무
내 삶의 한쪽을 보았다

—「펑크난 차」 전문

위 시작품에 나타난 은유에서 두 대상을 먼저 살펴본다. 첫 연에서 '탄력을 잃고' 있는 '내 뱃가죽'과 '납작 엎드린 바퀴 한 짝'으로부터 유사성은 쉽게 발견된다. 둘째 연에서는 '갈 길은 구만리인데/ 꾸물꾸물

게으른 정비사'와 '지렁이 한 마리'가 서로 유사성을 보여준다. 화자는 지금 갈 길이 구만리여서 급하기만 하고, 차바퀴의 펑크가 어서 때워지기만을 바란다. 그만큼 화자의 마음은 몹시 급해진다. 그럼에도 불구하고 '정비사'는 마치 '지렁이 한 마리'의 느릿느릿한 행동처럼 꾸물대기만 한다. 행동이 보통 느린 게 아니다. '정비사'와 '지렁이'라는 두 대상이 동일시되어진 은유는 그 행동으로서의 유사성을 통하여 이루어진다. 그러나 사실은 '지렁이'는 바퀴 펑크를 때우게 되는 '끈끈이지렁이'를 말한다. 전혀 새로운 의미가 된다. 정비사는 날카로운 끈끈이 지렁이를 '송곳에 끼워 몸에 박고' 새로운 의미로서의 '따라나서는 메움의 날카로움'을 느끼게 한다. 그러면서 문득 화자 자신에게로 돌아와 '여유 없이 걸어온/ 내 발바닥 어디/ 저 날카로움으로/ 새어나가는 자신을 틀어막고/ 후회 없이 살아가고 싶다'는 삶에 대한 새로운 각오를 피력한다. '뱃가죽처럼 탄력을 잃고/ 납작 엎드린 바퀴 한 짝'으로부터 '젊음이 새어나간 허무/ 내 삶의 한쪽을 보았다'면서 '새어나가는 자신을 틀어막고/ 후회 없이 살아가고 싶다'는 은유의 효과를 얻어낸 것이다.

이와 같은 은유의 효과는 '지켜온/ 자리 하나에도/ 결코 흔들리지 않는/ 지루한 긴장에도 빨간 자존 잃지 않는다'(「소화기」 중에서)거나 '이빨 사이에 낀 이끼조차/ 서낭당의 애환으로 남아/ 하나 둘 떨어져나간 전설이 되어가고/ 장군이란 몸값/ 절실한 바램으로 성황당에 깊이 박혔다'(「장승」 중에서)는 데에서, '또 다른 생존을 위해/ 죽임을 서슴지 않는다// 양봉가의 자존이다'(「거미」 중에서)라는 데에서도 그 은유의 효과가 새롭게 번짐로써 나타나고 있음을 보여준다.

2. 묵향(墨香)과 같은 삶의 향기

제2부에서는 〈묵향(墨香)에 기대어〉라는 제하에 16편의 시작품을 모아놓고 있다. 2부에서는 선뜻 먹이나 먹물을 이용하여 그린 그림이라든지 글씨가 떠오르기도 하고, 먹에서 풍기는 은은한 향기를 연상하게 된다. 특히 수묵화가 연상된다. 수묵화는 주로 동양화에서 많이 볼 수 있는 기법으로 채색을 쓰지 않고 먹으로만 그린 그림을 말한다. 먹의 짙고 옅음만으로 그려져 있으므로 화려한 색감의 그림보다 은은한 멋이라든가 움직임이 없이 조용하고 고요한 느낌을 주기도 한다. 그래서일까, 묵향이라 하면 허브(herb)나 로즈마리(rosemary)처럼 슬쩍 스치기라도 하면 코를 찌르는 듯한 향기가 아니라 있는 듯 없는 듯 실바람에 은근슬쩍 묻혀오는 설중매(雪中梅)나 소심란(素心蘭)처럼 암향부동(暗香浮動)의 향기, 바로 그러한 향을 떠올리게 된다. 동양화에서의 사군자(四君子), 즉 매화, 난초, 국화, 대나무를 이르는 데에 있어서도 난과 매화가 앞자리를 차지하고 있는 까닭도 바로 묵향에서의 느낌과 일맥상통하는 것이 아닌가 하는 생각이 든다.

아무튼 이러한 느낌들은 〈2018 서예 · 문인화 부문 명인〉의 심성으로부터 묵향에 기대면서 시와 함께 하고자 하는 데에서 지극히 자연스럽게 다가오는 것임을 부정할 수 없다. 시작품부터 살펴보기로 한다.

어디서 부르는 소리에도
귀가 번쩍 뜨이던
아버지가 지어주신 이름 석 자

오십 여년 질기게 따라다닌
도꼬마리 같은 나의 그림자

붓질을 한다하여
다른 모습 아닐진대
아버지 바램 앞에 '천산(芊山)'이란 두 글자
호(號)를 받아들고

바람처럼 지나온 나날
두 글자 더하여
짭조름한 삶 위에 햇소금 채워
옴방진 새 삶 살아질까

질척질척하게 걸어온 숱한 길
먹물 듬뿍 찍어 화선지에 쓸어내려
고졸(古拙)한 글씨에
'천산(芊山)'이란 낙관을 찍으며
살아온 길로 되돌아가고 싶다

—「호(號)를 받고」 전문

'호(號)'란 주로 우리나라나 중국에서 본명이나 자(字) 외에 허물없이 부르기 위해 그 대신 쓰는 이름을 통틀어 이르는 말인데, '아호(雅號)'라 하여 문인, 학자, 예술가 등은 본이름 외에 따로 지어 부르기도 한다. 일반적으로 호를 지을 때는 살았거나 살고 있거나 인연이 있는 지역명을 호로 삼기도 하고(所處以號), 이룬 뜻이나 이루고자 하는 뜻을(所志以號), 처한 환경이나 여건을 호로 삼기도 하며(所遇以號), 쌓아 온 것이나 좋아하는 것을 호로 삼기(所蓄以號)도 한다. 이에 따르면 호는 자연스럽게 자기 자신과의 연(緣)을 저버릴 수 없다.

우선은 화자는 자신의 이름에 대한 끈질긴 연(緣)을 생각한다. '어디서 부르는 소리에도/ 귀가 번쩍 뜨이던/ 아버지가 지어주신 이름 석 자/ 오십 여년 질기게 따라다닌/ 도꼬마리 같은 나의 그림자'라는 것이다. 자기 이름-아버지-오십 여년의 삶-동행자로서의 이름 앞에 호를 붙이게 된다. '붓질을 한다하여/ 다른 모습 아닐 진데' 동양화와 함께 하는 예술인으로서 접두사처럼 '호(號)를 받아들'었으니 그것은 아버지 바램의 뜻이 새겨진 이름 앞에 붙이게 된 호(號)인 것이다.

그러나 그런 호를 앞세우고 살아왔어도 '바람처럼 지나온 나날' 이름 앞에 호라는 '두 글자를 더하여' 살아왔지만 결코 '짭쪼름한 삶 위에 햇소금 채워/ 옴방진 새 삶 살아'오지 못하였음을 안다. 그래서 '질척질척하게 걸어온 숱한 길/ 먹물 듬뿍 찍어 화선지에 쓸어내려/ 고졸(古拙)한 글씨에/ 천산(芋山)이란 낙관을 찍으며/ 살아온 길로 되돌아가고 싶다'는, 평범한 삶을 누릴 수 있게 되기를 기대한다. 그것은 격정의 삶에 대한 소박한 자위(自慰)의 모습이며 마치 묵향과도 같은 '오십 여년 질기게 따라다닌/ 도꼬마리 같은' '그림자'로 살아가고자 하는 삶에의 바램이기도 하다.

그러한 화자의 삶의 추구는 시작품「털신」에서도 찾아볼 수 있다.

삼 년을 신은
오천 원짜리 털신

쓰레기통에 거꾸로 처박혀 있다

아직도 남아 있는
온기가 너무나 애절하다

한때 정 붙여 발 디디고
냅다 던져 버린 몰인정도 그립다

낡음낡음 빠져가는 털 올 사이로
새록새록 온기가 남아 있는 입동의 아침

—「털신」 전문

쓰레기통에 거꾸로 처박혀 있는 '털신'을 보고는 화자는 '아직도 남아있는/ 온기가 너무나 애절하다'는 연민을 느낀다. 이는 '삼 년을 신은/ 오천 원짜리 털신'에 대한 화자의 은은하게 풍겨오는 삶의 향기로 다가온다. 묵향과 같은 고요한 삶에서 우러나오는 의지의 소산이기도 하다. '한때 정 붙여 발 디디고/ 냅다 던져 버린 몰인정도 그립다'는 한 멋이라든가 정적이고 고요한 느낌을 주기도 한다. 묵향처럼 풍겨오듯 '낡음낡음 빠져가는 털 올 사이로/ 새록새록 온기가 남아 있는 입동의 아침'에 '털신'은 화자로 하여금 삶이 '낡음낡음' '새록새록'이 돋보여주는 심성의 산물이기도 하다.

언뜻 김종삼의 「묵화(墨畵)」를 연상하게 하는 「아버지의 소」 중에서 '아버지의 휴식은/ 누렁이의 목덜미에 두 손을 얹어/ 멍에자리를 열심히 주물러댈 때였다/ 그럴 때마다 지그시 두 눈을 감고/ 가난에 달구어진/ 지치고 끈적해진 침을 줄줄 흘렸다'는 것은 고즈넉한 삶의 진정성을 보여주고 있으며, '판교장날/ 아버지는 소를 팔고/ 방울 달린 목대만 지게에 지고 와/ 처마 밑 흙벽에 걸어놓고/ 소 입에서 떨어지는 침같이/ 느른한 눈물을 흘리셨다'(「아버지 냄새」 중에서)는 데로부터 한적하고 아늑한, 그러면서도 조용하고 다소곳한 삶의 향기를 느끼게 해준다.

3. 시(詩)와 화(畵) 사이에

일찍이 남송의 동파(東坡) 소식(蘇軾),은 「동파지림(東坡之林)」에서 당의 왕유(王維)에 대해 '마힐(摩詰)의 시를 보면 시 속에 그림이 있고, 마힐의 그림을 보면 그림 속에 시가 있다. 시와 그림은 원래 하나이며 자연스럽고 청신해야 한다(味摩詰之詩 詩中有畵 觀摩詰之畵 畵中有詩 及詩畵本一律 天工與淸新)'고 평했다. 이와 같이 소동파가 왕유의 시와 그림을 함축적으로 정의한 것은 왕유의 산수화 〈남전연우도(藍田煙雨圖)〉를 평한 것에서 비롯된 것이다.

한편 북송의 곽희(郭熙)는 '그림은 소리 없는 시이고 시는 형상 없는 그림이다(畵是無聲詩 詩是無形畵)'라고 말하여 시는 소리로, 그림은 형상으로 일체화하였다. 시가 소리라 함은 율격과 리듬에 맞게 표현된 것을 말하고, 형상은 이미지가 음영과 색조로 표현된 것을 말함이다. 이 모든 것은 시화일체(詩畵一體), 시화동원(詩畵同源)을 의미하며, 시가 풍경을 단지 사실적으로만 표현한 것이 아니라 시가 표현한 풍경에 의경(擬景), 의상(擬象), 운미(韻味)가 끝이 없다는 뜻이고, 그림의 정취가 사실적으로 표현된 것보다 그림이 표현한 정취에 의경과 의상이 깊고 한이 없다는 뜻이다. 따라서 시속에는 그림과 같은 요소가 있으며 그림 속에는 시와 같은 요소가 포함되어 있다는 의미이다. 이와 같은 시화일체(詩畵一體), 시화동원(詩畵同源)의 모습을 시작품 속에 잘 나타나 있음을 볼 수 있다.

갈목 해변, 숱하게
들락거리던 발걸음을 멈추고
붉게 물드는 노을을 보면
젊지 않은 영혼을 만날 수 있다

어느덧 육십여 년
쉽게 따라온 그림자 위에
애절한 시나위 가락을 내려 놓으면
질펀한 갯벌에는
한숨어린 간기가 가득 배어 있다

갯벌은 여전히 짱뚱어가 기웃거리는데
누덕누덕 기운 옷 한 벌 걸치고
동행을 포기하고 돌아긴 그림자
붉게 삭아 떨어지는 석양에
시럽지 않은 이가 어느 누구인가

바우지 엄지발가락은

여기저기에 떨어져 뒹굴고
아직도 애잔히 머물러 있는 위엄 위에
시린 노을이 노근히 내려앉는다

―「갈목항에서」 전문

'갈목항'은 화자의 거주지역에 있는 조그마한 포구이다. 배가 드나드는 개의 어귀를 말한다. 그러므로 갈목이라는 지명에 위치해 있는 자연스럽게 나가고 들어오는 두 가지의 사실을 가지게 된다. 이러한 '개'의 특성에서 볼 수 있듯이 화자는 두 가지 사실과 자연스럽게 견주면서 삶의 이야기를 펼쳐놓는다. 우선 첫 연에서 살펴보면 '붉게 물드는 노을'과 '젊지 않은 영혼'을 만난다. '노을'은 '갈목 해변, 숱하게/ 들락거리던 발걸음을 멈추'어야만 만나는 것이거니와 긴 세월의 살아온 '발걸음' 후에야 만나게 되는 것이며, 그 '노을'로부터 지금의 '젊지 않은 영혼'과 함께 하고 있음을 화자는 깨닫는다. 따라서 살아온 '발걸음'속에는 '노을'과 '영혼'이 공존하고 있는 것이며, 이는 곧 '노을'이 영혼이요, '영혼'이 곧 노을이라는 등가치가 된다.

둘째 연에서도 마찬가지이다. '어느덧 육십여 년/ 쉽게 따라온/ 그림자 위에' 내려놓여진 '애절한 시나위 가락'이나 '질펀한 갯벌' 에 가득 배어있는 '한숨어린 간기'가 일체화를 이루면서 삶의 모습을 엿보이게 한다. 이 같은 사실은 셋째 연에서도 마찬가지이거니와 '여전히 짱뚱어가 기웃거리는' '갯벌'에서의 '누덕누덕 기운 옷 한 벌 걸치고/ 동행을 포기하고 돌아간 그림자'와 함께 '붉게 삭아 떨어지는 석양에' 서러운 이가 바로 그것이다. 그리고 마지막 연에서 '여기저기에 떨어져 뒹굴고' 있는 '바우지 엄지발가락'과 '아직도 애잔히 머물러 있는 위엄 위에'에 '노근히 내려앉는' '시린 노을'과 일체를 이룬다.

이와 같은 상황에서 화자는 자신의 지나온 시간들을 '갈목항'에서 직접적이고 명료한 말이나 행동이 없이 은근히 자신의 뜻을 나타내 보이는 묵시(默示)의 자세를 취한다. 즉 배가 들어오고 나가는 '갈목항'이라는 지리적 특성에 자신의 삶을 일체화시킨다. '어느덧 육십여 년'의 세월을 보내놓은 이순(耳順)에 이르러 어떤 일이 있더라도 결코 감정에 얽매여 흔들리지 않고 이해할 수밖에 없는 나이에 이르러(六十而耳順. 『論語』의 「爲政篇」) 버린 삶을 고요한 마음으로 '개'의 현상을 비추어 본다. 즉 어느덧 귀가 순해져버림으로써 모든 걸 순리대로 들리게 되었음에 이르고 있거니와 '갈목항'에서 화자는 스스로의 삶에 대한 관조적 모습을 엿보이게 된 것이다.

이뿐만이 아니다. 화자는 '길쭉한 놈은/ 도둑괭이 털에 붙었다가/ 동그란 놈은/ 너구리 배를 단단히 움켜쥐고'(「도둑놈가시」 중에서) 있는 '도둑놈가시'를 보고는 아직도 '망백(望百)에 이른 어머니의 치마폭'에서 벗어나지 못한 채로 움켜주고 있는 '두 손'을 인지하기도 한다. '도둑놈가시'는 곧 화자가 놓지 못하고 백세를 바라보는 어머니의 '차마폭'을 쥐고 있는 '두 손'이 되어 있는 것이다.

4. 기억(記憶)은 망각(忘却)과 함께

어떤 일이나 사실을 되살려내는 것이 '기억(記憶)'이라면, 어떤 일이나 사실을 잊어버리는 것이 망각(忘却)이다. 마음을 평온하게 하고 편안하게 하고자 하려면 불쾌한 기억들을 모두 망각해버리는 것처럼 좋은 일은 없다. 인간은 지금 이 순간이 불행하다거나 안 좋다는 것은 어찌 보면 불쾌하고 슬픈 기억들을 망각하지 못하는 데에서 찾아볼 수 있다. 그러나 그게 어디 쉽게 잊어버려야 한다고 하여 잊어버려지는 것이겠는가. 기억이라는 것은 쉽게 비워버릴 수 없는 지속성을 가진다. 그러므로 망각 없이 새로운 것이란 있을 수 없다. 망각을 원하는 것만큼 기억에 강하게 남는 것이기 때문이다. 기억은 언제나 망각과 함께 한다. 망각은 기억 속에서 이루어진다. 기억은 망각으로의 과정에서 살아남는 유일한 정신적 산물이기도 하다.

늙은 해오라기는
너무 일찍 논가로 나왔다
삭정가지 같은 정강이에
이글대던 태양도 소화시켰던 젊음도

말라붙은 살과 함께 떨어져 나갔다

젊은 해오라기와 눈 맞아 떠난
암컷을 잊은 지는 오래다.
좀 더 깊은 곳을 가보고 싶지만
시원찮은 눈으로 얕은 물가만 거닌다

송사리 한 마리 낚아내기도 어렵다

왜가리 만나면
시끄러워 거북하고
옛 동지를 만나면
절로 고개가 숙여진다

어디가도
늙은이는 환영하지 않는
이별은 소외되는 것
나이를 먹어감에 비로소 알았다

—「늙은 해오라기」 전문

이 시작품에서 '늙다'란 의미는 과연 무엇일까. 기억과 망각을 놓고 보면 여기에서의 '늙다'의 의미는 기억에서 점차 망각으로의 과정에 나타나는 결핍된 정신 작용으로 보인다. 나이에 들어감에 따라 점점 어떤 일이나 사실을 잊어버려지는 망각은 분명 늙음과 깊은 관련을 맺고 있다. 과거의 사물에 대한 것이나 이미 인식되어진 것 따위를 머릿속에 새겨 두어 지금에 이르러 보존하거나 되살려 생각해 내는 것이 기억이라면 망각에는 그것을 전혀 되살려낼 수 있는 능력이 없다.

그러나 이 시작품에서는 망각의 단계에 아직 이르지 않고 있다. 굳이 망각이라면 다만 다른 해오라기에 비해 '늙은 해오라기는/ 너무 일찍 논가로 나왔다'고 하는 것뿐이다. 이는 정상적인 삶의 상태에서 조금 벗어나고 있음이다. 정상적인 상태에서 벗어난 행동이다. 이미 '삭정가지 같은 정강이에/ 이글대던 태양도 소화시켰던 젊음도// 말라붙은 살과 함께 떨어져 나'가 버리고만 '늙음'에 이른 것이다. 망각에로 점점 다사가서는 도중임을 말해준다.

그러나 화자는 '젊은 해오라기와 눈 맞아 떠난/ 암컷을 잊은 지는 오래다'라고 말한다. 그것은 망각이 아니라 기억이다. 기억의 역설적인 표현일 뿐이다. 오래오래 기억됨으로써 결국에는 가슴 깊이 맺혀있는 한(恨)으로 남아 있다. 이런 기억으로 말미암아 늙은 해오라기는 일군(一群)으로부터 스스로 소외된다. 소외되고 나니 저절로 홀로가 된다. '좀 더 깊은 곳을 가보고 싶지만' 이미 몸마저 늙어버려 '시원찮은 눈으로 얕은 물가만 거'닐 수밖에 없다. 아픈 과거에의 기억과 늙음으로 인하여 '송사리 한 마리 낚아내기도 어'려운 신세로 전락해버린 늙은 해오라기는 '왜가리 만나면/ 시끄러워 거북하고/ 옛 동지를 만나면/ 절로 고개가 숙여진다'. 자신의 뜻을 굽혀 스스로 자신을 비굴하게 만들어버리게 한 지난날의 기억과 늙음은 스스로 '어디가도/ 늙은이는 환영하지 않는/ 이별은 소외되는 것/ 나이를 먹어감에 비로소 알'게 한다. 기억은 삶 속의 소외와 포기로 하여금 죽음을 예고하며, 그것을 하나의 숙명처럼 받아들이게 함으로써 슬프고 외롭고 억울하기까지 한 기억의 상처를 북돋워주고 있다.

하늘은 깊고 시렸다
코스모스 꽃잎 하나 떨어지고
가뜩이나 바람 맞던 가을 잎들이
새빨가니 출혈된 얼굴로 떨어졌다

망각에 기댈
아무것도 남아있지 않은 가을밤
녹 슬은 양철지붕 위로
감 하나 툭, 떨어져도
짐짓 놀랄 가슴마저 남아있지 않았다

삐거덕거리는
낡은 시어(詩語) 하나
가을 문턱을 넘지 못한 채로
이리저리 서성거릴 무렵

한 움큼 눈물조차 거두지도 못하고
들쫓기듯이 떠나버린 영혼 하나가
벌건 녹슨 함석처럼 가슴은 타고
감 하나 떨어지며 흐느낀다

—「낡은 시어(詩語)」 전문

망각의 과거와 기억의 현재가 공존하고 있는 이 시작품에서 '하늘은 깊고 시렸다'는 것은 망각의 세계에 머물고 있었던 정황이라 할 수 있다. 따라서 '코스모스 꽃잎 하나 떨어지고/ 가뜩이나 바람 맞던 가을 잎들이/ 새빨가니 출혈된 얼굴로 떨어졌다'는 것은 망각에 따라 아무것도 없이 텅 비어있는, 이른바 어떤 사물이 처해 있는 상태이기도 하다. 아무 쓸모가 없음은 물론 어떠한 의미가 없이 급격하게 심리적 불안 상태에 이르렀음을 말한다. 기억 속에서 모든 걸 잊혀진다. 그러므로 '망각에 기댈/ 아무것도 남아있지 않은 가을밤'이 된다. 어느 것 하나도 남지 않은 상황, '녹 슬은 양철지붕 위로/ 감 하나 툭, 떨어져도/ 짐짓 놀랄 가슴마저 남아있지 않'은 정신적 공허함이 나타난다.

이러한 상황에서 겨우 기억 속에 남아 있는 것은 겨우 '삐거덕거리는/ 낡은 시어(詩語) 하나'뿐이다. 그것은 '가을 문턱을 넘지 못한 채로/ 이리저리 서성거릴 무렵' 무지막지할 정도로 아주 세차게 마구 쫓기어 '한 움큼 눈물조차 거두지도 못하고/ 들쫓기듯이 떠나버린 영혼 하나'를 말하는 것이기도 하다. '시어(詩語) 하나'와 '영혼 하나'는 곧 망각 속에서 되살아난 기억이다. 만지기라도 하면 푸석푸석 부서지고 말 '벌건 녹슨 함석처럼 가슴은 타'서 뭉그러뜨려지고, '감 하나 떨어지며 흐느끼'는 기억 속에서 거의 사라지고 말 정신적인 영혼인 '시어(詩語) 하나'를 소생시키고 있다.

이와 같은 망각 속에서 되살려낸 기억은 '서슬 퍼런 사랑인가/ 살점 뜯기우는/ 아픔을 견뎌 내면서// 하고 싶은 말 대신/ 검은 혓바닥을 부벼대며/ 점점 닳아 없어지는 흑심(黑心)'(「도둑놈가시」 중에서) 일으킬 수 있으며, '서해를 바라보며/ 외로이 서 있는 산'이 '역사는 전설처럼 전해질 뿐/ 묵은 잡지의 표지처럼 돌아앉아 있'는 데에서도 '백제의 한을 품은/ 처연한 생을 살아온 전설이건만/ 패망의 후손임을 말하면서도/ 옛이야기쯤으로만 즐기며 듣고 있'(「천방산(千房山)」 중에서)는 것이다.

끝맺으며

지금까지 필자는 '2018 서예 · 문인화 부문 명인'으로 등극한 천산 최명규 시인의 작품세계를 전체 4부의 소제목으로 이름한 〈은유(隱喩)와 번짐〉 〈묵향(墨香)〉 〈시중유화 화중유시(詩中有畵 花中有詩)〉 〈망각(忘却)〉을 중심으로 일별하여 보았다. 이는 어쩌면 최 시인의 시에 대한 인식과 서화(書畵)로부터 얻은 시적인 감각의 활성화로부터 무엇인가를 의도하고 있는 모습이라 하겠다. 바로 최명규의 삶에서 오는 빈자리를 위한 시학(詩學)의 결과이다. 삶이 주는 공허함, 시간의 흐름에 따른 망각 속의 작은 기억 하나, 그런 가운데 화선지에 번지는 먹물의 낮은 숨소리 같이 배어나오는 농담(濃淡)의 향기, 낯선 사물과 사물 사이에서 일체화(一體化)를 이루는 의미 전달은 빈 자리를 철철 넘치게 하는 충만의 세계를 이루고 있다는 것이다.

시는 결국에 언어를 어떻게 활용하느냐에 달려 있다. 그런 의미에서 최명규가 시작품에서 의도하는 바는 실로 바람직하다고 아니 말할 수 없다. 시는 언어의 활용하는 데에서 시작하고, 시는 결정된다. 시상(詩想)이 아무리 언어에서 비롯하여 저절로 떠오르는 것이라 하더라도 이에 따른 언어의 활용이 저절로 함께 하지 않으면 안 된다. 그러므로 절묘한 언어 활용에 따라 한 편의 시작품이 이루어지도록 해야 함은 물론이다.

그러나 시가 언어를 활용하여 표현되는 것이라 하지만 천의무봉(天衣無縫)으로 이루어질 수는 없다. 북송의 시인이며 정치가인 왕안석(王安石)은 그의 시작품 「박선과주(泊船瓜洲)」 중 '춘풍우록강남안(春風又

綠江南岸: 봄바람 또 강남 기슭 푸르게 물들이는데)'이라는 데에서 처음엔 '綠'자를 '到'라로 고쳤다가 다시 '過'자로 고치고, '過'자를 다시 '入'자로 고치고, '入'자를 '滿'자로 고쳤다가 열 번째 만에야 '綠'자로 다시 고쳤다는 이야기는 잘 알려진 사실이다. 이것은 시상과 언어 활용의 절묘한 조화를 말하고 있는 것이 아니겠는가.

이런 의미에서 서화(書畵)의 명인인 최명규의 다음 시집을 지금부터 기다려지는 것은 어쩔 수 없다. 모쪼록 시인으로서도 명인에 이르게 되기를 기원한다.

새로운 의미찾기로의 시학(詩學)

— 이희영 시집 『숨어사는 그리움』의 시세계

시는 언어로 쓰여진 문학작품 중의 하나라는 것은 분명하지만, '시가 무엇이냐'라는 데에 이르고 나면 자못 당혹스럽기까지 하다. 그렇다면 '어떠한 언어라도 다 시로 쓸 수 있는 것일까?' 하고 생각해 본다면 다소 고개를 갸웃거리지 않을 수 없다. 시는 일반적으로 일상적인 언어로서의 표현이 불가능한 대상을 그 대상에 가장 적합한 언어를 통하여 표현되기 때문이다. 시는 어떤 대상을 표현하는 데에 있어서 완전하다고 믿는 언어만으로 새로운 의미를 부여한 또 다른 대상이다. 따라서 일상적인 대상이 비록 시 속의 대상과 동일하다 하더라도 그 의미는 전혀 다른 의미를 가지게 된다. 그러하기 때문에 일상적인 언어는 시에 있어서의 언어로서는 불완전하다고 할 수밖에 없다. 시에 있어서 일상적인 언어를 사용하지 아니하고 보다 더 완전한 언어만으로 실현하기 위하여 꾸준한 노력을 기울이지 않으면 안 되는 것도 바로 그러한 까닭이다.

그렇다면 일상적인 언어와 시의 언어는 어떻게 구분되어지는 것일까? 일상적 언어는 어떤 대상에 대하여 보이는 사실 그 자체를 묘사하는 데 그친다면, 시의 언어는 그 대상 그 자체에 대한 시인의 마음을 그리는 표현이다. 그러므로 시는 어떤 대상이나 사실 그 자체만을 전달하는 것이 아니요 그에 따른 지식을 전달하는 것도 아니다. 시인의 마음이 찰나에도 수없이 출렁이듯 그 미묘하고 동적인 감정으로 한 편의 시는 이루어진다. 시는 어떠한 사실을 제시해주는 것이 아니라 감정적인 반응을 중시하는 문학의 한 양식이라는 것이다.

시 속에는 수많은 감정이 하나의 대상을 향하여 집착되어 있음을 볼 수 있다. 사람의 마음에 일어나는 여러 가지 감정이 끊임없이 불러 일으켜지는 데에서부터 시작된다. 즉 정서의 환기(喚起)에서 기인된다. 시는 적확하고 논리적이고 객관적이지 아니하고, 사실과는 달리 애매하고 비논리적이고 주관적이고 직관성을 가진다. 말하자면 일상적이 아니라 상상력을 중심으로 이루어질 수밖에 없다는 것이다. 따라서 시인의 상상력이 시작품 속에 얼마나 원용(援用)되어 있는가를 살펴본다면 그것은 한 시인의 작품세계를 일별할 수 있는 것이기도 하다.

이희영의 시 「모자6」을 살펴보기로 하자.

> 내 머릿속이 휑하니 빈 것이 부끄러워
> 모자를 쓰기 시작했다
>
> 아내는 쓰지 말라 성화였고
> 친구는 바꿔 쓰라 참견했고
>
> 거리를 헤집고 다녀도

쓴 건지, 가린 건지 아무도 알지 못했다
이발사도, 고물장사도 그냥 지나갔다

손주 딸년 어린 것이
용케도 알아채고
박박 머리위에 모자만 씌어 놓고
할애비를 그렸다고 자랑이다

—「모자6」 전문

'모자(帽子)'는 '갓에서 위로 우뚝 솟은 원통 모양의 부분'을 말하기도 하지만 일상적으로 '머리에 쓰는 것을 통틀어 이르는 말'이기도 하다. 그런데 이 시작품을 살펴보면 화자는 '머릿속이 휑하니 빈 것이 부끄러워' 일상적으로 '머리에 쓰는 물건'으로서 모자를 활용하고 있음을 말한다. 그러자 '아내는 쓰지 말라 성화였고/ 친구는 바꿔 쓰라 참견했고/ (중략)/ 이발사도, 고물장사도 그냥 지나갔다'는 것이다. 아내는 가족구성원의 일원으로서 '모자'를 쓴 겉모습이 마음에 안 들어 '쓰지 말라 성화였고', 친구는 또 우의(友誼)의 심정으로 '친구는 바꿔 쓰라 참견했'다. 그런데 '이발사도, 고물장사도 그냥 지나갔다'는 것이다. 화자가 '모자'를 쓴 결과를 일상적으로 일어나는 사실 그대로 전달하고 있다. 그 속에서 화자는 문득 깨닫는다. '거리를 헤집고 다녀도/ 쓴 건지, 가린 건지 아무도 알지 못했다'는 것이다. 화자가 '모자'를 쓰게 된 까닭을 분명히 하는데도 그것을 알아차리는 사람은 전혀 없다.

그렇다면 왜 화자는 모자를 쓰게 된 것일까? '내 머릿속이 휑하니 빈 것이 부끄러워/모자를 쓰기 시작했다'고 밝힌다. '머리'가 다 빠져

비어있는 것(=대머리)이 부끄러워서가 아니라 '머릿속이 휑하니 빈 것이 부끄러워/ 모자를 쓰기 시작했다'는 것이다. 보통 모자를 쓴 까닭이란 머리가 빠져 쓰는 사람이 대부분이요, 그렇게 인식하면서 이 시작품을 읽은 사람이라면 화자만의 진술에 그만 멋지게 뒤통수를 맞은 꼴이 된다. '머리가 비다'라는 의미는 '사람이 충격 등으로 인해 아무 생각 없이 멍하다'라는 뜻도 있지만 '사람으로서의 어떤 수준이 낮다'라는 의미도 있다. 화자는 후자의 의미를 멋지게 원용함으로써 일상의 '모자'에 대한 의미를 창조해낸 것이다.

이러한 화자의 뜻도 모르면서 '거리를 헤집고 다녀도/ 쓴 건지, 가린 건지 아무도 알지 못했'을 뿐이다. 다만 '손주 딸년 어린 것이/ 용케도 알아채고' 있다. 실로 놀라운 일이다. 화자의 '머릿속이 휑하니 빈 것이 부끄러워'하는 까닭을 알아차린 사람은 오직 어린 '손주 딸년'일 뿐이다. 이는 세상에의 편견에 대한 멋진 일격(一擊)이 아닐 수 없다. 오직 어린 '손주 딸년'은 할애비의 '머릿속이 휑하니 빈 것이 부끄러워/ 모자를 쓰기 시작했다'는 사실을 깨닫고 그린 그림에 '박박 머리 위에 모자만 씌어 놓고/ 할애비를 그렸다고 자랑'하고 있는 것이다. 그것을 알아차리지 못하는 사람('아내'와 '친구')과 세상(머리를 가장 정확하게 볼 수 있는 '이발사'와 '할애비'라는 인생길의 노년을 연상시키는 '고물장사')과 대비되는 '손주 딸년'을 통하여 '머리에 쓰는 물건'이라는 '모자'의 일상적인 의미를 '머릿속이 휑하니 빈 것'을 가리기 위해서 쓴 모자로 환기(喚起)시킴으로써 또 하나의 새로운 세계를 만들어 낸 것이다.

하나의 '모자'가 가지는 의미를 통하여 보여준 두 세계, 즉 세상의 일상과 어린 '손주 딸년'이 극명하게 보여준 이미지의 이원적 대립은 시가 아름다운 언어, 특히 시만의 언어가 따로 있는 것이 아니라는 것을 잘 보여주고 있다. 특히 '모자만 쒸어 놓고'에서와 같이 사투리 그대로 '쒸어 놓고'라면서 '손주 딸년'이라는 비속어의 사용과 함께 화자의 마음을 진솔하게 나타냄으로써 시에 생명력을 불어 넣기도 하여 이 또한 그냥 지나칠 수만은 없는 일이다.

시는 시인이 어떻게 대상을 바라보느냐에 달려 있다. 대상을 상식적으로나 일반적으로나 지시적으로 바라본다면 자칫 그 대상인 사물의 사전적인 의미 해석에 불과하게 된다. 이미 상식화되어 있는 일반사회의 기본적인 상식과 과학적인 틀 속에서, 혹은 일상생활에서 흔히 바라보는 의미의 범주 안에서 사물을 바라본다면 시의 언어로 적당하지 못한 언어가 선택될 뿐만 아니라 이것이 사물을 표현하게 되는 작용을 함으로써 개성적인 시작품을 만들어 내지 못하게 되는 수도 있다. 이희영의 시는 이러한 요소들을 잘 극복해내고 있다.

누가 꽃이라 했나
논두렁 밭두렁 지천에 널린 것을,

개의 눈에나 꽃인 줄 알고
꽃숲 누벼 한바딩 놀디 갔으니
풀이 꽃이 된 꽃풀,
개망초

울 어머니 산소 가는 길

산자락 묵정밭에
밤새 쉬던, 쉰 달이
달빛 내려놓고 몸만 떠나갔네

질편히 널린 달빛
물결처럼 흔드는 것은
바람인가
낮달인가

그리운 얼굴 하나
낮달같이 아득하여

—「개망초」 전문

'개망초'는 북아메리카 원산이며 꽃의 모양이 계란과 비슷하다 하여 일명 '계란꽃'이라고 하는 사람도 있다. 그러나 개망초는 우리나라에서 맨 처음 철도가 건설될 때 사용되는 철도 침목을 미국에서 수입해 올 때 함께 묻어 온 꽃이라 한다. 그래서인지 철도가 놓인 곳을 따라 흰색 꽃이 핀 것을 보고 일본이 조선을 망하게 하려고 이 꽃의 씨를 뿌렸다 하여 '망국초'라 불러오다가 다시 '망초'로 부르게 되었다. 그 후 망초보다 더 예쁜 꽃이 나타났음에도 불구하고 망초보다 더 나쁜 꽃이라 하여 '개망초'라 불려오고 있다. 이러한 개망초꽃에 대한 이야기를 들어서일까, 화자는 '논두렁 밭두렁 지천에 널린 것을' 보고 '누가 꽃이라 했'느냐고 스스로에게 묻는다. 꽃이라 여기고 싶지 않다는 뜻이다. '개의 눈에나 꽃인 줄 알고/ 꽃숲 누벼 한바탕 놀다 갔'을 뿐이라는 꽃,

그렇게 꽃으로서 꽃이라고 부르기에도 어울리지 않다는 꽃, 겨우 풀일 뿐이요, 그래서 겨우 '풀이 꽃이 된 꽃풀'이라는 것이다. 풀에 핀 꽃인 '풀꽃'이 아니라, 그 꽃 자체도 풀인 '꽃풀'라는 의미이다. 이것은 분명 '개망초꽃'도 풀꽃임에도 불구하고 화자가 '개망초'라는 사물을 화자만의 시각으로 바라본 결과이다.

이러한 '개망초꽃'이 '울 어머니 산소 가는 길/ 산자락 묵정밭에' 피어있다. 달빛처럼 하얗게 피어났다. 그것을 바라보면서 화자는 '쉰 달'을 떠올린다. 묵정밭에 밤새도록 쉬고 있던 달의 그 빛이다. 그 달빛은 결이 곱지 못하고 부드럽지 못할 뿐 아니라, 마치 너무 자라나 부드럽지 못하고 뻣뻣해져버린 묵정밭의 하얀 개망초꽃같이 보인다. '밤새 쉬던, 쉰 달이/ 달빛 내려놓고 몸만 떠나' 갔다. 묵정밭이 달빛 속에 싸인 '개망초꽃' 천지다. '질펀히 널린 달빛'은 곧 묵정밭의 모습이기도 하다. 그런데 그 묵정밭의 개망초꽃이 끊임없이 흔들리고 있다. 마치 흰 '물결처럼 흔'들고 있다. 화자에게는 그 '물결처럼 흔드는 것'이 때로는 '바람'으로, 때로는 '낮달'의 모습으로 비친다. 그러다가 마침내 '낮달같이 아득'하기만 한 '그리운 얼굴 하나'가 된다. 곧 어머니에 대한 그리움이다.

'논두렁 밭두렁 지천에 널린 것' '개의 눈에나 꽃인 줄 알고/ 꽃숲 누벼 한바탕 놀다 갔으니/ 풀이 꽃이 된 꽃풀'일 뿐인 '개망초꽃'처럼 '산자락 묵정밭에'서 '쉰 달'이 되어 '달빛 내려놓고 몸만 떠나'가버린 어머니의 모습이 끝없이 밀려오는 그리움으로 환치된 것이다.

언어의 새로운 해석은 한 편의 시를 통하여 비존재를 어엿한 감각으로 재확인시켜 주는 역할을 한다. 그래서 새로움을 준다. 그 새로움은 다시 신선한 느낌을 주기도 한다. 다음의 시작품을 살펴보기로 하다.

칼을 가는 것은
마음을 갈아 내는 것

마음이 갈리지 않으니
칼날이 갈리지 않는다

풀을 베기 위해 낫을 가니
아무리 갈아도 날이 서지 않는다

가족의 목을 베기 위해
칼을 갈았던 계백의 마음은
어디까지 날이 섰을까?

칼을 가는 것은
마음을 갈아 내는 것

칼날 안에 서서 춤을 춰도
베이지 않는 마음으로,

—「낫을 갈며」 전문

이 시작품에서 가장 핵심적인 시어는 말할 것도 없이 '갈다'이다. 그러나 모든 '갈다'의 의미로 이 시작품에서의 해석이 가능한 것은 아니다. '사람이 윗니와 아랫니를 맞대고 소리가 나도록 서로 문지르다'는 뜻이나 '단단한 물건에 콩이나 무 따위를 부수거나 으깨기 위해 넣거나 대고 문지르다', 그리고 '땅을 쟁기 따위로 파 뒤집다'거나 '땅에 농작물을 심어 가꾸다'라는 의미는 아니다. 다만 '사람이 칼이나 낫 따위의 연장을 날이 서도록 날카롭게 하거나 매끄럽게 하기 위해 다른 것에 대고 문지르다'라는 의미와 '사람이 물건을 사용하던 것을 버리고 다른 것으로 바꾸다'라는 의미로 재해석함으로써 시흥(詩興)을 느낄 수 있게 한다.

화자는 먼저 '칼을 가는 것은/ 마음을 갈아내는 것'이라고 단정하고 있다. '낫을 갈며' 그렇게 삶을 일별(一瞥)해보고 있는 것이다. 그러나 '칼'은 좀처럼 잘 갈리지 않는다. 그 까닭은 마음에서 비롯된 것임으로 알아차린다. '마음이 갈리지 않으니/ 칼날이 갈리지 않는다'는 것이다. 여기서 '마음이 갈리지 않'는다에서의 의미와 '칼날이 갈리지 않는다'에서의 의미는 전혀 다르다. '칼날'이 갈리지 않는다는 것은 '날카롭게 하거나 매끄럽게 하기 위해 다른 것에 대고 문지르다'의 의미가 확실하게 느껴지지만 '마음이 갈리지 않으니'에서의 의미는 '사람이 물건을 사용하던 것을 버리고 다른 것으로 바꾸다'에서처럼 마음을 '달리 바꾸다'의 뜻으로 생각할 수 있다. 즉 몸과 마음을 힘써 닦아 기르는 수련(修練)이라든가 수양(修養)의 의미가 된다. 마음부터 갈고 닦지 아니하면 '칼날이 갈리지 않는다'. 그러하거니와 마음이 갈리지 않은 채로 오직 '풀을 베기 위'한 목적만을 앞세워 '낫을 가니' 낫을 '아무리 갈아도 (낫의) 날이 서지 않는다'는 것이다.

'풀을 베기 위해' 하찮은(?) 낫 하나 가는 데에도 이렇게 마음부터 갈아내야 하는 것이거늘 '가족의 목을 베기 위해/ 칼을 갈았던 계백의 마음은/ 어디까지 날이 섰을까?' 사랑하는 조국과 사랑하는 가족 사이에서 마침내 가족에 칼을 휘둘러대지 않을 수 없는 절박한 계백의 마음은 실로 더할 수 없이 무결(無缺)한 심성(心性)에서 우러나오는 지고(至高)한 가족사랑의 결과요, 깨끗하고 인품이 조촐하며 탐욕이 없는 나라사랑의 숭엄한 염결(廉潔)의 정신에서 우러나온 것임에 틀림없다. 이러한 화자는 다시 또 한 번 '칼을 가는 것은/ 마음을 갈아 내는 것'이라 깨닫고는 '칼날 안에 서서 춤을 춰도/ 베이지 않는 마음'으로 '낫'을 간다. 이는 반어적인 표현으로 '갈다'의 의미를 새롭게 담금질해놓은 표현이라고 할 수 있다.

언제부터 살고 있는지
그리움 하나
가슴 깊은 곳에
나와 함께 숨어 사네

사람은 누구나
그리운 사람 한 둘 쯤은
가슴에 숨겨 사는 것이
좋다고는 하지만

시도 없이
때도 없이
분수조차 없이

불쑥불쑥 밀려나오 이 그리움

아!
나 죽으면 어쩌지?
저 철부지 그리움
혼자 놔 둬서.

—「숨어 사는 그리움」 전문

'그리움'을 나타내는 말로 '일단상사(一但相思)'라는 말이 있다. 이는 오직 한 가지 그리워 생각하는 것이라는 말이다. '오매불망(寤寐不忘)'이라는 말은 자나 깨나 잊지 못한다는 말이요, '전전반측(輾轉反側)'이란 임을 그리면서 잠이 오지 않는 상태를 가리키는 말이다. 모두가 하나같이 어떤 대상에 대한 애타는 그리움을 함의(含意)하고 있다. 그리고 그 대상은 대부분 사랑하는 사람을 일컫곤 한다. 휴머니즘적 전원소설과 자유분방한 숱한 연애 사건으로 유명한 프랑스의 소설가 조르주 상드(George Sand, 1804~1876)는 '사랑이란 우리들 혼(魂)의 가장 순수한 부분이 미지(未知)의 것에 향하여 갖는 성스러운 그리움'이라 하였다. 당나라 백거이(白居易)가 지은 칠언고시(七言古詩) 「장한가(長恨歌)」는 당나라 현종(玄宗)과 양귀비(楊貴妃)와의 지극한 사람을 모델로 하여 840자나 되는 장편으로 읊은 장편시인데, 특히 이 시 속에는 저승에 있는 양귀비가 임인 현종을 그리워하여 눈물을 흘린 모습을 그림으로써 지금도 많은 사람들 사이에 회자(膾炙)되고 있다. 바로 玉容寂寞淚闌干 梨花一枝春帶雨(옥용적막루란간 이화일지춘대우: 옥 같은 얼굴에 적막한 눈물이 어린 것이 배꽃 한 가지에 봄비가 함초롬히 젖은 듯하다)는 구절이다.

그리움이란 알게 모르게 지나온 자취들이 알게 모르게 나타남으로써 이루게 된다. '언제부터 살고 있는지/ (중략)/ 가슴 깊은 곳에/ 함께 숨어 사'는 것이 그리움이다. 그런 만큼 그리움이 지극하면 일념(一念)으로 이루어져 자칫 병(病)으로까지 이르게 된다. 그럼에도 불구하고 '사람은 누구나/ 그리운 사람 한 둘 쯤은/가슴에 숨겨 사는 것이/ 좋다고' 한다. 프랑스의 저술가 장 자크 루소에 대한 존경심에서 '장 파울'이라는 필명을 쓰면서 작품 활동을 해온 독일의 소설가 장파울(본명: Johann Paul Friedrich Richter)은 「눈에 안 보이는 회관(會館)」이라는 글에서 '우리들이 쫓겨나지 않아도 되는 유일한 낙원은 그리움'이라 하였으며, '누군가 만나고 싶어싶은 그리움을 간직하고 살아간다면 그 사람은 행복한 사람'이라고 영문학자 오화섭(吳華燮)은 「성실한 만남」이라는 글에서 말한다.

이러한 그리움은 '시도 없이/ 때도 없이/ 분수조차 없이/ 불쑥불쑥 밀어나오'고 있다. 그 그리움에 묻혀 실로 견뎌내기 어려움에 화자는 좌불안석(坐不安席)하게 됨을 어쩌지 못하고 있다. 그야말로 행복한 그리움이 된다. 그러하거니와 화자는 그리움의 끝인 '죽음'에 결국에는 도달하게 될 것임에 미리부터 안도하지를 못한다. '아!/ 나 죽으면 어쩌지?/ 저 철부지 그리움/ 혼자 놔 둬서'라고 말한다. 화자로서는 영원한 그리움을 꿈꾸고 있는 것이다.

지금까지 살펴본 이희영의 시는 거침이 없다. 주저함도 없다. 뛰어난 직관력으로 치솟아 오르는 시적 정열을 숨김없이 보여준다. 정서에의 막힘을 모른다. 그러나 언어 정제(精製)의 필요성을 느끼게 한다. 시의 언어는 표현하고자 하는 목적을 보여주는 것이 아니라 언어로 표현의 대상을 그려놓는 것이라 할 수 있다. 시는 냉철한 지식의 영역을 보여주는 것이 아니라 심중(心中)에서 우러나오는 것이라서 직접 마음과 마음으로 이어져 전달되도록 해야 한다. 마음은 직선(直線)이 아니라 곡선(曲線)이기 때문에 앞에서 살펴본 몇몇 시작품에서 보여준 바와 같이 새로운 의미를 찾아내는데 공고(鞏固)한 노력을 기울여야 할 것이라 생각된다.

끝으로 다음의 시작품을 소개하면서 이희영의 작품 세계를 다시 한 번 음미해보기로 한다.

우주가 구슬로 꿰어 있다

손 안에서
구슬을 돌린다
손 안에서 우주가 돌아간다

구슬을 돌리다 잠이 들었다

우주가 내 손 안에서
잠이 들었다

—「성불(成佛)」 전문

무언(無言) · 묵언(默言)으로의 대화(對話)

— 강석화 시집 『개망초 영농기』의 시세계

일상의 생활을 짐짓 뒤돌아보다 보면 문득 너무나 익숙해져 있어 그냥 그대로 믿어버리고 있을 뿐만 아니라 가깝고도 확실한 현실에 비하여 조금은 무엇인가 비현실적인 것만 같고 때때로 그것이 꿈같은 일이지 않았나 싶기도 한 때가 있다. 그러나 곰곰 생각하다 보면 확실한 현실과 마찬가지로 비현실적이요 꿈만 같은 것도 결국에 이르러서는 그것이 오히려 현실적인 것보다도 더 현실적이지 않은가 싶기도 하다. 특히나 시인은 현실과 마찬가지로 비현실적인 것까지도 엄연한 하나의 현실로 인식하고는 그것을 새로운 세계로 제시해 놓기도 한다. 비록 그것이 언어로 다 표현할 수 없는 그 어떤 것이라 하더라도 시인은 자기 속에 가지고 있는 정서적 반응을 통하여 얻은 것을 언어의 힘을 빌려 말해주려고 노력한다. 그리고 그 속에서 시인은 즐거움을 얻는다.

이러한 가운데 시인은 끊임없는 대화를 추구한다. 시인은 끊임없는 대화를 시도하는데 잠시도 멈추지 않는다. 대화에 있어서 쉼이란 있을 수 없다. 무릇 대화를 하는 데에 있어서는 대상이 있기 마련이다. 시인에게 있어서의 대상은 눈에 보이기도 하고, 보이지 않기도 한다. 대상은 실존하거나 실존하지 않기도 한다. 그런데도 대화는 그치지 않는다. 시인의 대화 상대는 존재의 유무(有無)에 따르지 않고 스스로 마음속에 존재하기 때문이다. 그래서 시인은 눈에 보이는 존재와의 대화도 대화이지만, 보이지 않는 자기 자신의 내면에 자리 잡고 있는 자기 자신과의 대화를 하게 되기도 한다. 무언(無言)이라든가 묵언(默言)으로의 대화까지도 말이다.

이에 따라 시인에게 있어서의 대화의 상대는 현실에서 존재하지 않기도 하지만, 그렇다고 굳이 존재하지 않는 것도 아니다. 대화의 상대는 존재하기도 하고 존재하지 않기도 하는 것이다. 현실과 마찬가지로 존재 하거나 존재하지 않는 모든 비현실적인 존재까지와도 끊임없는 대화를 하는 동안 시인은 언어라는 힘을 빌러 애매(曖昧)하기도 하고 모호(模糊)하기도 한, 그래서 다의(多義)하기도 한 새로운 세계를 제시해주게 된다.

산 밑에 비닐하우스 짓고
부추 심어 먹는데
새 한 마리 들어와 헤매고 있다
산새가 산 밑에서 길을 잃다니
아직 젊구나 싶다가
내게로 오는 눈빛들은 다 선하구나 싶다가
가장 좋아하는 일을 생업으로 삼지 말라던
선생의 말씀에 닿았다
진리는 여러 갈래

인생은 외길이라지만
베어져도 계속 자라는 부추처럼
좋아하고 또 좋아해도
굽은 길은 펴지지 않는 걸까 어쩌면
넘어서지 못한 자의 변명이 아닐까
지쳐버린 잿빛 날개여
뜨거운 바람 깃털에 깃들어 있을 때
너의 사명을 다 하려무나 훠이훠이
산 아래 선한 눈빛들에게
문은 열린다는 걸 증명한 아침
외길 세상에 새 길 하나 뚫어놓는다?

—「훠이훠이 산비둘기」 전문

위 시작품 속에서 화자(=시인)는 '산 밑에 비닐하우스 짓고/ 부추 심어 먹는데/ 새 한 마리 들어와 헤매고 있다'는 눈앞의 현실을 만난다. 뿐만 아니라 '산새가 산 밑에서 길을 잃'고 있다는 현실 앞에서 '아직 젊구나 싶다가/ 내게로 오는 눈빛들은 다 선하'다는 화자 자신과의 대화를 시작한다. '새 한 마리' 즉 한 마리의 '산비둘기'가 헤매고 있다는 현실을 통하여 '산밑'(=현실)에서 어느덧 '산비둘기'와의 동일화(同一化)를 이루고 있는 화자 자신의 내면으로 들어와 화자 스스로의 '아직 젊구나 싶다가/ 내게로 오는 눈빛들은 다 선하구나 싶다가' 또 다른 현실인, 과거의 현실인 '가장 좋아하는 일을 생업으로 삼지 말라던/ 선생의 말씀에 닿았다'고 말한다.

한 마리의 산새인 '비둘기'로부터 자신의 한 일면과 동일화를 이루면서 과거의 현실인 '선생의 말씀'에 이르기까지 대화의 대상은 이어진다. 그리고 이러한 가운데 화자는 '진리는 여러 갈래/ 인생은 외길이라지만/ 베어져도 계속 자라는 부추처럼/ 좋아하고 또 좋아해도/ 굽은 길은 펴지지 않는 걸까 어쩌면/ 넘어서지 못한 자의 변명이 아닐까'라는 자기 자신과의 대화를 통하여 나름대로 삶의 길을 일구어낸다.

그러나 화자의 작업은 여기에서 그치지 않는다. '지쳐버린 잿빛 날개여'하고 화자는 자신과의 동일화를 이룬 현실 앞의 비둘기와 대화를 시도한다. 이때의 '산비둘기'는 화자가 본, 화자가 마주한, 화자의 대화 상대가 아닌, 이를 테면 '산 밑에서 길을 잃'은 현실의 '산비둘기'가 아니다. 그야말로 이 '산비둘기'는 화자 자신의 새로운 모습으로 환치되어 나타난 대상이요, 화자 내면에 자리한 자기 자신의 또 다른 모습이다. 곧 화자 자기 자신이다. '지쳐버린 잿빛 날개'는 지난날의 어느 한때 삶에 지쳐버린 화자 자신의 모습이다. 그리고, '뜨거운 바람 깃털에 깃들어 있'는 '산비둘기'의 모습은 삶의 역경 속에서 휘청거릴 때의 화자 자신이기도 하다.

그러하거니와 화자는 자신이 그러한 현실에서 벗어나 어엿하게 새로운 삶의 모습으로 건재하는 자기 자신의 현실처럼 산비둘기에게 새로운 삶의 모습을 제시해준다. 그리고 비둘기에게 '너의 사명을 다 하려무나' 외치면서 삶의 터전으로 힘차게 나아가라며 외쳐댄다, '훠이훠이'. 화자는 '산비둘기'로부터 현실을 극복한 자신의 삶의 의지를 '산비둘기'와의 현실적이요 비현실적인 내면적 대화를 통하여 '훠이훠이' '산 아래 선한 눈빛들에게/문은 열린다는 걸 증명한 아침/외길 세상에 새길 하나 뚫어놓'고 있는 것이다.

삼년 동안 논을 놔뒀더니 돌미나리 붉은 늪이 되어버렸다 살판 난 개구리들이 첨벙거리고 풀섶에는 시퍼런 뱀이 도사렸다 이웃집 옥자 아줌마는 미나리꽝을 만들면 돈이 될 거라 했다

물을 빼고 집지을 때까지 땅이나 말리자며 한 해를 더 보냈다 미나리가 밀려나고 그 자리를 도깨비바늘과 가막사리가 차지하는가 싶더니 개망초가 하얗게 번져나갔다

옥답이 풀밭이 되었다며 마을 노인들이 쯧쯧 혀를 차고 잡초라도 베어주라고 아내는 성화를 부렸지만

내가 꿈꾸는 삶의 종결어미는 소나무처럼 제 자리를 지키며 개망초처럼 빈곳을 메우다가 마애삼존불처럼 미소 짓는 것

우리 밭의 첫 수확인 눈꽃 같은 개망초 한 다발을 아내에게 안겨주었다

—「개망초 영농기」 전문

이 시작품에서 화자는 농사꾼이다. '좋은 농사꾼에게는 나쁜 땅이 없다'는 말이 있다. 열심히 농사를 짓는 사람은 땅의 질(質)에 상관없이 많은 곡식을 거둔다는 뜻으로, 모든 일이 자기가 하기 나름이라는 의미도 숨어있다. 뿐만 아니라 '부지런한 농사꾼에게는 나쁜 땅이 없다'고도 하는데, 이는 논밭을 열심히 가꾸면 나쁜 땅도 좋은 땅으로 만들어 소출을 많이 낼 수 있다는 것을 비유적으로 이르는 말이다. 그러나 위 시작품 속의 농사꾼은 이러한 농사꾼이 아니다. '삼년 동안 논을 놔

뒀더니 돌미나리 붉은 늪이 되어버렸다'는, 농사일을 잘할 줄 모르는 하농(下農)이다. '살판 난 개구리들이 첨벙거리고 풀섶에는 시퍼런 뱀이 도사렸'으며 이를 보다 못한 '이웃집 옥자 아줌마는 미나리꽝을 만들면 돈이 될 거라' 충고하기에 이르렀다. 그러하거니와 '물을 빼고 집지을 때까지 땅이나 말리자며 한 해를 더 보냈다 미나리가 밀려나고 그 자리를 도깨비바늘과 가막사리가 차지하는가 싶더니 개망초가 하얗게 번져나갔'을 뿐이다. 좋은 농삿군은 열심히 농사를 짓는 사람은 땅의 질에 상관없이 많은 곡식을 거둔다는데, 그러하기는커녕 결국 '옥답이 풀밭이 되었다며 마을 노인들이 쯧쯧 혀를 차고 잡초라도 베어주라고 아내는 성화를 부'리는 핀잔만을 듣기에 이르렀다. 이 시작품은 화자인 서툰 농사꾼의 농사 행위와 그 농사 결과를 대상으로 한 현실적 삶의 한 모습을 보여준다.

화자는 '영농(營農)'이라는 현실에서의 화제(話題)와 인습적으로 인식되어 있는 농사의 이미지를 새로움으로 희화(戱畵)하여 창출해놓고 있다. 농사의 실패담을 역설적(逆說的)으로 표현함으로써 시를 읽는 즐거움을 가일층 승화시켜 놓고 있다. 즉 서툰 농사꾼의 농사짓는 행위를 모순되고 부조리하게 보이면서도, 이 속에 담겨 있는 삶의 진실한 모습을 적나라하게 보여준다. 뿐만 아니라 '내가 꿈꾸는 삶의 종결어미는 소나무처럼 제 자리를 지키며 개망초처럼 빈 곳을 메우다가 마애삼존불처럼 미소 짓는 것'이라면서 '우리 밭의 첫 수확인 눈꽃 같은 개망초 한 다발을 아내에게 안겨'준다. 이렇게 사사로운 욕심이나 불순한 생각이 전혀 없는 삶의 순수하고 진실한 모습은 이를 바라본 독자로 하여금 참다운 삶의 진실이 무엇인가를 보여준다. 이 시작품의 끝

부분에 이르면 독자가 농사 행위를 한 특수 현상으로서의 시작품과 예술적 창조 행위를 긍정하면서도 동시에 절대적 보편성에 비추어 그것이 가상(假想)에 불과하다고 부정하는 시인의 태도를 엿보이게 함으로써 자못 파안(破顔)의 즐거움을 느끼게 하는 것은 일종의 로맨틱 아이러니(romantic irony)에서 맛볼 수 있는 시적(詩的) 희열(喜悅)이라 하겠다.

시로 쓰이는 언어는 시인에 의하여 강제적으로 보편화된다. 또한 시에 있어서의 보편화된 언어는 어떤 시적 대상의 보편화를 새롭게 재현하고, 일상생활에서 사상 활동을 활기차게 생성하는 근원이 되도록 힘을 일으켜줌으로써 몸과 마음의 움직임을 윤택하게 한다. 시는 시적 대상을 보다 더 아름답게 하고, 순수하고 뛰어나고 보다 더 좋게 표현하여 불멸성(不滅性)의 후광(後光)으로 대상을 새롭게 가꾸어 놓는다. '씨감자'의 화려한 부활을 엿보기로 한다.

씨감자는 육신의 부활을 믿는다
어둡고 어두워
아무 것도 담지 않은 날것의 껍데기를 예비한다
욕망이었던 오른손과 맹목이었던 왼손으로
염기 서열의 퇴적을 기다린다
치열했던 생의 한 바퀴가
몇 알의 감자로 맺히기까지
구멍 숭숭한 바람이 불었으리라
고비마다 아팠으리라
외롭고 외로워

빛은 부서져 모래가 되고 검은 흙이 되고
씨감자는 뼈를 갈아 새싹을 빚는다
눈 부릅떠도 저만큼 지나가는 한 세상
모두 보낸다 지난 번 육신처럼
이번 생은 부디 뜻대로
더 외롭게 가도 좋으리
쓰러지지만 않게 꽃대 깊이 내리고
붉은 피 멍들도록 진보라 꽃망울로
가볍고 가볍게
손 흔들면 충분하리
지난여름 늦은 햇살에 잠시 반짝였던가
이름 없는 씨감자
저 혼자의 이유로 다시 태어나려 한다

—「어느 씨감자에 대하여」 전문

한 편의 시에서는 오직 시적 대상의 마음이나 재주, 기운, 기세 등을 떨쳐 일으키기 위하여 다분히 초월적이어야 한다. 하나의 '씨감자는 육신의 부활을 믿는' 것도 그 부활을 믿어 '어둡고 어두워/ 아무 것도 담지 않은 날것의 껍데기를 예비한다'. 이 시작품에서 화자는 '씨감자'는 보편적이고 일반적인 작물처럼 번식시키기 위하여 준비된 '씨감자'가 아니다. 하나의 엄연한 존재요, 소우주요 생명체이다. 그러하거니와 '씨감자'가 가진 '욕망이었던 오른손과 맹목이었던 왼손으로/ 염기서열의 퇴적을 기다'리게 된다. 이것은 바로 '씨감자'만이 가질 수 있는 삶의 의지로서의 방식이며, '씨감자'가 가지는 보편적인 생존의 한 방식이다. 화자는 이러한 '씨감자'의 특수한 생존방식을 강제적으로 보편화하기에 이른다. 그것은 곧 일반적으로 모든 생명체가 가지는 생존방식과 동일한 삶의 고통과 고난을 가지게 한다. 하나의 생명체는 그 생명을 유자하면서 살아가는 동안 크고 작은 고통과 고난과 역경을 만나게 된다. 그러므로 '씨감자' 또한 '치열했던 생의 한 바퀴가/ 몇 알의 감자로 맺히기까지/ 구멍 숭숭한 바람이 불었으리라/ 고비마다 아팠으리라'고 한다. 이 바람과 고비는 곧 모든 생명체가 생명체로서 살아가는 동안 어쩔 수 없이 가지게 되는 인고의 고통과 아픔을 '씨감자'로 하여금 일반화한다. 이러한 보편적이요 일반적인 생명에의 고통과 아픔의 고비는 모든 생명체가 그러하듯 '외롭고 외로워/ 빛은 부서져 모래가 되고 검은 흙이 되고/ 씨감자는 뼈를 갈아 새싹을 빚는' 것이거니와, 위대한 씨감자의 생존을 위한 예비요 보편적인 삶의 역경을 인고하는 모습이기도 하다. 바로 '눈 부릅떠도 저만큼 지나가는 한 세상'을 살아가는 지혜요 슬기로운 삶의 방식인 것이다.

이와 같은 삶의 지혜는 '씨감자'로 하여금 '모두 보낸다 지난 번 육신처럼/ 이번 생은 부디 뜻대로/ 더 외롭게 가도 좋으리', 뿐만 아니라 '쓰러지지만 않게 꽃대 깊이 내리고/ 붉은 피 멍들도록 진보라 꽃망울로/ 가볍고 가볍게/ 손 흔들면 충분'하거니와, 활기차게 생성하는 근원이 되도록 힘을 일으켜줌으로써 새로운 생명체로서 '지난여름 늦은 햇살에 잠시 반짝였'음을 확인할 수 있다. 비록 '이름 없는 씨감자' 이지만 바로 '씨감자'만의 '씨감자'로서 '저 혼자의 이유로 다시 태어나려 한다'는 삶을 영위하게 되는 것이다.

베란다 햇살이 아까워 화분을 내어놓으려고
거실 구석 키 큰 초록이를 허리 숙여 드는데
뻑뻑해진 눈자위에 핑하니 차오르는 촉촉
온몸으로 따뜻하게 번져나간다
습관처럼 굽혀지던 허리의 각도를
눈물샘은 기억하고 있었나
울지 않게 된 날부터 응축된 응어리 하나
이제 녹으려나 보다
슬픔도 모아놓으면 재활용이 되는지
먹구름이거나 뜬구름 같은 날들 방울방울 맺혀
오래 숙성된 눈물 고로쇠 약수보다 달다
살비듬 두터워진 심상心象이
눈물샘 저 깊은 곳에 글썽거림을 알았으니
이제는 직립을 고집하지 않아도 좋겠다
화분에게 허리 굽히며 살아도 좋겠다
구부러진 풀잎에서 이슬 돋아나듯이
언제나 눈물은 선물이었으니
햇살이 나뭇잎에 스미듯이
네가 나에게 스미듯이

—「구부리면 눈물이 난다」 전문

시인은 이미 예비된 마음의 정서를 흥분된 눈망울로 하여금 대상을 통하여 빛어냄으로써 물상에서 가슴으로, 다시 가슴에서 물상으로 끊임없이 이어지는 정서를 통하여 계속 이어지는 상상(想像)을 구체화하고, 이를 형상에 없는 것에까지도 명명(命名)을 통한 존재의 가치를 부여해주고 있다.

위 시작품에서 화자는 '거실 구석 키 큰 초록이'를 만나면서 시작된다. '베란다 햇살이 아까워 화분을 내어놓으려고' 한다. 그래서 '허리 숙여 드는데' 어느 사이 '초록이'와 함께 하는 순간 그 동안 '초록이'와 함께 겪어왔던 모든 삶의 모습이 '뻑뻑해진 눈자위에 핑하니 차오르는 촉촉/ 온몸으로 따뜻하게 번져나간다'는 것을 느낀다. 화자는 이미 '초록이'가 자라고 있는 화분을 옮기려는 마음을 하는 순간 그 동안 '초록이'와 함께하였던 모든 체험들이 한꺼번에 가슴 가득 파노라마(panorama)처럼 연달아 펼쳐진다.

'습관처럼 굽혀지던 허리의 각도를/ 눈물샘은 기억하고 있었나'에서 볼 수 있듯이 화자는 '초록이'와의 일상으로부터 '눈물샘'이라는 아픔을 가지고 있다. 그것은 어느 날 갑자기 체험한 팩트(fact)가 아니라 '습관처럼 굽혀지던 허리의 각도'로 기억된 삶의 아픔이다. 그것은 곧 '눈물샘'이요, '울지 않게 된 날부터 응축된 응어리 하나'가 되어 화자의 가슴에 간직된 것이기도 하다. 그러나 화자는 이제 모든 '눈물샘'은 지난날의 습관처럼 굽혀지던 아픔이 아니다. 오히려 모든 아픔이나 슬픔이 지워져버리듯 '이제 녹으려'는 것이다. '슬픔도 모아놓으면 재활용이 되는지/ 먹구름이거나 뜬구름 같은 날들 방울방울 맺혀/ 오래 숙성된 눈물'이 결국에는 '고로쇠 약수보다 달다'는 표현으로 용해하기에 이른다.

시에 있어서의 대상을 자세하게 언어로 말한다는 것은 어디까지나 시를 이루고 있는 시어(詩語)나 시구(詩句)와 행(行), 연(聯) 등에 따른 짜임이나 시점(視點), 즉 사물을 보는 화자의 관점(이를 테면 시속에서 화자가 시작품 속의 내용을 바라보는 위치를 통해 본)에의 결과에 따른 전체적인 모습이라 할 수 있다. 그 속에서 한 마디, 한 줄, 또는 하나의 지시적 정황을 구성하는 실체인 시구는 비유와 함께, 또는 비유에 의해 형성된다. '살비듬 두터워진 심상(心象)이/ 눈물샘 저 깊은 곳에 글썽거림을 알았으니/ 이제는 직립을 고집하지 않아도 좋겠다/ 화분에게 허리 굽히며 살아도 좋겠다'는 화자의 「구부리면 눈물이 난다」는 데에서 보여주는 비유의 실체는 '구부러진 풀잎에서 이슬 돋아나듯이/ 언제나 눈물은 선물이었'으며, 이는 마치 '햇살이 나뭇잎에 스미듯이/ 네가 나에게 스미듯이' '초록이'에 대한 화자의 사랑하는 정서나 마음, 즉 애정(愛情)뿐만이 아니라 가엾이 여기는 애정(哀情)의 모습까지도 엿보이게 한다.

살아온 날에서
내세울만한 자랑도
남보다 더한 비참도 없어
눈은 밑바닥에 닿지 못하고
혀는 겉핥기에 그쳐
짐작과 상식으로 빈 곳을 메우네

주는 자의 눈물에서 비린내를 맡지 못하고
조여오는 공포도 상상의 주변이라서
탄저병이 휩쓸고 간 들녘
검게 비틀린 고추에서
고통보다 불결이 먼저 손에 닿네

붉게 익다만 열매들이 바닥에 뒹굴고
점점이 핏물처럼 번지는데
합리성으로 눈물을 대신하는 일꾼은
메뉴얼대로 움직이네 병든 뿌리를 뽑네

안락과 풍요를 꿈꾸다가
미이라가 된 고추처럼
감각이 시들어 모두 놓쳐버리는
무서운 무념무상에 전염되고 말았네

—「전염」 전문

이 시작품은 전체 4부분으로 짜여 있다. '~메우네' '~닿네' '뽑네' '~말았네' 의 부분으로 나뉜다. 시에 있어서 어떠한 대상에 대한 관점에 따라 주제를 향한 진술은 점진적으로 다양하게 나타난다. 부분별로 살펴보기로 하자.

위의 시작품 속에서 화자는 탄저병으로 인하여 미처 아물지도 못한 채 골아 떨어져버린 수많은 고추를 바라보면서 만감에 젖어든다. 마지막 부분부터 말하자면 '고추'로부터 이루어지기를 간절히 바라던 '안락과 풍요를 꿈꾸'어 왔으나 소기의 목적에 달성하기는커녕 '미이라가 된 고추'를 바라보면서 그만 말을 잃고 만다. 고추에 대한 희망이나 이상은 고사하고 간절히 꿈꾸던 슬픔이나 고통이 지나쳐 매우 절망하게 된다. 그 절망은 '감각이 시들어 모두 놓쳐버리는' 화자 자신으로 하여금 눈앞에 전개된 상황에 따른 현실적 사고가 결여된 절망 상태로 이르고 말았으며, 이러한 상태를 비유적으로 '무서운 무념무상에 전염되고 말았'다고 말한다.

화자에게서 고추 농사는 엄연한 현실적인 꿈이요 이상을 실현하고자 하는 의지의 행위이다. 또한 실현 가능성을 가짐으로써 그만큼 희망이나 이상을 가진다. 그러나 '탄저병'로 인하여 고추농사는 모두 헛된 꿈이 되고 만다. 모든 희망을 잃어버리고 절망에 이른 화자는 허탈함에 이른다. 그야말로 어떠한 말조차 한 마디 할 수 없을 정도의 상실감에 휩싸인다. 화자는 '미이라'처럼 고스라진 고추의 모습을 바라보면서 자신의 삶을 돌아본다. '살아온 날에서/ 내세울만한 자랑도/ 남보다 더한 비참도 없어/ 눈은 밑바닥에 닿지 못하고' 살아온 삶의 역경으로 인한 고통과 고난은 '혀는 겉핥기에 그쳐/ 짐작과 상식으로 빈 곳을 메우'고 살아간다는 것이다.

이러한 상황은 둘째 부분에서 일반적인 사회적 상황으로 제시되어 있다. '죽는 자의 눈물에서 비린내를 맡지 못하고/ 조여오는 공포도 상상의 주변이라서/ 탄저병이 휩쓸고 간 들녘/ 검게 비틀린 고추에서/ 고통보다 불결이 먼저 손에 닿'는다고 말한다. '탄저병이 휩쓸고 간 들녘'으로부터 절망적 상황이 가중되고 만다. 그것은 마치 '죽는 자의 눈물에서 비린내를 맡지 못하고/ 조여오는 공포도 상상의 주변'을 인식하기에 이르면서, 마침내 '고통보다 불결'을 느낀다. 고추가 '붉게 익다만 열매들이 바닥에 뒹굴고/ 점점이 핏물처럼 번지'고 있는 것을 바라보면서 '합리성으로 눈물을 대신하는' 화자는 고추농사의 '메뉴얼대로 움직이'다가 결국 '병든 뿌리를 뽑'고 만다. 그것은 곧 고추 농사로 인한 비극성을 화자 스스로 인식하고 있는 것이며, 화자가 자신을 바로 인식하고 있는 비극적 삶의 한 모습이기도 하다.

한강에서 헤엄치며 어린 시절을 보냈다 검은 바위가 솟아있는 곳에 우리의 본부를 차렸다 어느 날 커다란 튜브가 생겨 그걸로 강을 건너기로 했다 옷을 벗어 묶고 세 녀석이 거기에 매달렸다 강물은 검고 소리는 천둥 같고 앞도 뒤도 까마득했다 떠내려가다가 어딘가에 닿았다 종일 굶고 물어물어 걸어 밤 깊어서 겨우 동네로 돌아왔다 세 놈이 빠져 죽은 줄 알고 난리도 아니었다

옆구리에 책을 끼고 다니던 학창시절 월든[7]을 읽으며 숲속을 꿈꿨다 퇴직을 앞두고는 빛 바른 언덕을 찾아 다녔다 아내는 바다가 멀지 않으면 했다 그때는 몰랐다 나를 끌어당기던 것을

가만히 생각해보니 다시 검은돌 곁이다 흑석동에서 태어났으니 현암리에서 마치라는 뜻인가 내 안에 검은 돌부리가 있어 서로 당겼다면 이제라도 윤기나게 닦아보아야겠다

— 시 「검은돌 수미상관법」 전문

---

7) 『월든(Walden)』은 미국의 철학자요 사회운동가인 헨리 데이비드 소로(Henry David Thoreau1817. 7. 12.~1862. 5. 6.)가 1845년 7월부터 1847년 9월까지 월든 호숫가에서 살았던 대안적인 삶을 기록한 책으로, 20세기 이후 현대 사회 운동의 여러 분야에 큰 영감을 준 저작이다. 그는 문명사회에 반대하며 월든 호숫가 숲 속에서 손수 오두막을 짓고 2년 2개월 2일 동안 최소한의 비용으로 단순하고 실험적인 삶을 살았다. 대부분 사람들이 묵묵히 절망적인 삶을 살아내는 데 거부감을 느낀 그는 강요받는 삶에서 벗어나 주체적으로 삶을 이끌어 나가는 자기만의 독립을 시도한 것이다. 『월든』은 이때의 경험과 성찰을 소박하고 진지하게 묘사한 산문 작품으로 의식주에 집착하지 않고 자급자족으로 생활을 꾸려나가는 모습이 표현되어 있다. 자연에 대한 경이, 영적 자아를 발견하는 과정을 유려한 문체로 그려내 물질만능주의 사회를 통렬히 비판하고 대안적인 삶을 제시한다. 당시 소로의 이웃들은 제대로 된 직업이 없는 소로의 처지를 비웃었으나 소로는 『월든』을 통해 "삶의 필수품을 확보하면 불필요한 것을 더 얻으려 애쓰지 말고 비천한 노동으로부터 한숨 돌리고 삶의 모험을 감행하자"고 설파했다.

'수미상관(首尾相關)'이란 시의 처음과 끝을 동일하게 하여 전체의 내용을 강조하는 기법을 말한다. 시의 주제를 강조하고, 시의 짜임새를 돋보이게 하는 효과가 있다. 작품의 완결성을 높이고, 작품의 주제나 분위기를 강조하는 효과도 있다. 따라서 수미상관을 잘 활용하면 작품의 완성도를 높일 수 있다. 수미상관은 시 뿐만 아니라 음악에서 첫 소절과 마지막 소절이 같거나 비슷한 곡이 있고, 미술에서는 첫 그림과 마지막 그림이 같거나 비슷한 그림이 수미상관의 예가 될 수 있다. 영화에서는 첫 장면과 마지막 장면이 같거나 비슷한 장면을 보여주는 영화가 수미상관의 예가 될 수 있다. 그렇다면 위의 시작품에서의 수미상관은 무엇을 말하고 있는 것일까?

위 시작품에서 화자는 시의 배경을 화자의 삶터로 규정하고 있다. 어릴 적의 삶터는 '흑석동(黑石洞)'이다. 그리고 지금의 터전은 '현암리(玄岩里)'이다. 이를 수미상관에 견준다면 화자의 삶터는 '흑(黑)'과 '현(玄)'의 '검다'라는 의미로 옛'과 '오늘'을 이루고 있다. 말하자면 '흑석(黑石)'이라는 '검은 돌'과 '현암(玄岩)'이라는 '검은 바위'가 바로 그렇다. 이 둘을 견주고 나면 모두 '검은 돌[石과 岩]'이라는 공통된 상관(相關)이 보인다. '검은 바위가 솟아있는 곳에 우리의 본부를 차렸다 어느 날 커다란 튜브가 생겨 그걸로 강을 건너기로 했다 옷을 벗어 묶고 세 녀석이 거기에 매달렸다 강물은 검고 소리는 천둥 같고 앞도 뒤도 까마득했다 떠내려가다가 어딘가에 닿았다 종일 굶고 물어물어 걸어 밤 깊어서 겨우 동네로 돌아왔다 세 놈이 빠져 죽은 줄 알고 난리도 아니었다'는 '한강에서 헤엄치며 어린 시절'을 지난 다음 '옆구리에 책을 끼고 다니던 학창시절 월든을 읽으며 숲속을 꿈꿨다 퇴직을 앞두고는 빚

바른 언덕을 찾아 다'니며 '바다가 멀지 않으면 했'던 아내와 삶터를 찾던 중 '나를 끌어당기던 것을'을 '그때는 몰랐'는데 결국은 '현암'이다. 삶의 처음과 지금의 삶의 터전이 곧 '검은돌'과 관련된 곳이다.

어린 시절과 오늘의 현재가 '검은돌'이란 지명에 의한 수미상관을 이르기까지 화자는 '옆구리에 책을 끼고 다니던 학창시절 월든을 읽으며 숲속을 꿈'꾸어 왔으며, 마침내 화자자신도 모르는 사이 '검은돌'과의 상관을 이루며 정착하게 되었다는 화자는 운명론에 입각한 삶의 자세에서 비롯된 것인지도 모른다. 삶의 모든 과정은 어떤 신비하고 절대적인 힘에 의해 미리 결정되어 있으며, 따라서 모든 인간도 태어날 때 이미 변경될 수 없는 자신의 운명을 갖고 태어나기 때문에 이 운명에 순종해야 한다는 화자의 철학적 견해를 말해주고 있는지도 모른다.

시인 강석화의 삶의 이동 경로는 예사로이 보이지 않는다. 그것은 산업화의 물결을 타고 너도 나도 대도시로 향하여 인구 밀집지역을 형성하고 있는 오늘날의 사회 현실에 역행하는 모습을 보이고 있다.

여느 누구와는 다르게 대도시인 서울에서 태어났고, '천안'이라는 지방 도시에 거처하면서 공직 생활을 해왔고, 그리고 공직에서 물러난 다음에는 생면부지의 충남 '서천'이라는, 도시와는 거리가 먼 시골을 거처로 삼았으며, 서천 지방에서도 산 깊은 '판교'에서 정착하기에 이른다. 그는 '12월은 물음표가 되는 달/ 등짐 진 숫자들이 차곡차곡 쌓인다/ 연말이라는 이정표 아래 잠시 멈추어/ 숫자로 치환되는 지나온 길을 되돌아본다/ 기나긴 삼백 삼십 일/ 제대로 채워본 날이 몇 날이나 될까/ 체납된 청구서처럼 문 앞에 와있는 12월/ 저기 어깨 늘어뜨리고/며칠 남지 않은 날들이 종종걸음으로 지나'(시 「끝머리에 서서」에서) 시골에서 도시로가 아닌, 도시에서 시골로 향한 삶의 길을 택한 시인 강석화. 이러한 삶의 길을 따라 그는 흙과 가까워지고 싶었고, 그 흙에서 자라는 풀과 나무에 관심이 깊어짐은 물론 작물과의 끊임없는 대화는 어느 사이 스스로도 식물화된 삶의 기운에 흡입되어지고 있음을 보여준다. '뿌리가 없어도 잎은 더 푸르게/ 밑둥이 없어도 꽃은 더 붉게// 물에 적신다고 희석될 리 없는 상처/아픔마저 힘 삼아 연둣빛 꽃대를 밀어 올렸을 것'(시 「꽃병 속의 꽃」에서)이라는 사실에 눈을 뜬다.

강석화 시인의 시는 다분히 식물성이다. 무(無)에서 유(有)를 창조하는 풀과 나무의 식물화로 되어가고 있다. 그러므로 강석화의 시적 대상은 자연적으로 그를 둘러싼 풀과 나무라는 식물성을 중심으로 이루어지고, 무에서 유를 창조하는 정신적 기반으로 하고 있음을 보여준다. '한 달만 마음대로 살 곳을 고른다면/ 노을이 예쁜 장항 송림에 방 한 칸 빌려서/ 마음은 바다를 향한 소나무 가지에 걸어두고/ 낮에는 종일 모래밭을 거닐어/ 날렵해진 마음으로 밤에는 시를 읽겠소'(시 「시를 읽겠소」에서)라고 외치기도 한다.

이 같은 삶의 길에서 시인은 식물성의 자연에 이어지는 경험과 성찰을 진지하게 바라보고 있다. 의식주조차도 집착하지 않고 자연의 한 현상으로 자급자족의 생활을 꾸려가고 있음을 보여주기도 한다. 이에 따라 때로는 자연으로부터의 경이로움, 자연으로부터의 영적인 자아 발견의 과정은 물질만능주의가 팽배한 사회를 은근하고 끈기 있게 비판하고 무엇이 올바른 삶인가를 깨닫게 한다. 그러한 가운데 시인은 '그 시작이 언제였는지 모르지만/ 거슬러 올라가면 한 번도 끊어지지 않고 이어지는/ 오래된 뿌리가 있다/ 그 끝이 언제일지 모르지만/앞으로도 끊어지지 않을/불멸의 이어짐이 있다/ 수만 년 전에 뿌려진 한 알의 씨앗이/ 원시의 정글을 뚫고 만년설 빛나는 산맥을 넘어/ 다시금 오롯이 피어나고 있다/ 신성한 약속이 이루어지고 있다"(시 「태어날 아기에게」에서)는 확신을 가지고 있음을 보여준다.

일상적으로 마주하는 시적 대상은 이미 만들어진 것이기도 하지만 한 시인에 의하여 다시 만들어지기도 한다. 다시 말하면 시인은 이미 존재하는 대상과의 무언(無言) 묵언(黙言)으로써의 대화를 통하여 새롭게 만들어진 자연과 더불어 살아간다. 이미 사회적으로 약속되어진 언어의 힘을 빌려 지금까지 보여주지 못한 대자연의 모습을 새롭게 그려준다. 언어는 이미 존재한 사람에 의하여 창조되고, 그 창조된 언어가 시인의 눈에 비친 새로운 물상을 그려준다. 그러한 가운데에서 시인 강석화는 외친다. '온 몸 휘감아 적시는 해넘이에/ 지울 이름 있거든 고이 보내주고/ 마량리 새벽 바다 일출 자락에/ 그리운 이름을 새겨 보시라'(시 「늦게 핀 동백이 지기 전에」 중에서). 강석화 시인이 시인으로서 걷는 길 위에 새로운 빛이 가득해지기를

제4부

변용(變容)과 극복(克服) 의지

자아(自我)발현(發現)에서 만난 충돌(衝突)의 시학(詩學)

— 김명수 시집 『바람에 묻다』의 시세계

> 위대한 시에는 이러저러한 것—깊은 생각, 훌륭한 소리, 또는 생생한 이미저리(imagery)이 「꼭」 있어야 한다는 일반론은 한 낱 무지몽매한 독단에 불과하다. 시는 생각이 없을 경우는 물론이고 의미가 없을 경우에도 거의 성립할 수 있고, 혹은 감각적(또는 형식적) 구조 없이도 「거의」 성립할 수 있으며, 그런 경우에도 시가 도달할 수 있는 극점(極點)까지 도달한다.
>
> — I.A..리처즈(I.A.Richards, 1893~1979)의 『시(詩)의 분석(分析)』 중에서

1.

어떤 대상에 대한 시각이 달라지면 사고가 달라지며, 그 대상에 따라 충돌할 잠재성을 가지고 있게 되기 마련이다. 어떤 사물이든지 그 대상에 관여하지 않고 조용히 지켜보고 있으면 그 대상 자체로 이루어지는 존재 속에 항상 존재하거나 존재하지 않거나와 관계없이 무엇인가 존재하고 있다는 것을 느끼게 된다. 존재하고 있다고 하더라도 그 대상이 엄연히 존재하지 않는 것이라는 것을 문득 깨닫게 되기도 한다. 한편으로는 전혀 존재하지 않는 것이라 하더라도 바라보는 바에 따라 분명히 존재하고 있다고 인식되어 질 수도 있기 마련이다. 즉 모든 대상에 대한 시각은 무(無)에서는 반드시 어떤 유(有)가 존재하는 것이요, 또한 유(有)에서는 반드시 무(無)가 존재하고 있다고 말할 수 있다. 이에 따라 어떤 대상에 바라보는 시각에 따라 어떤 가치를 부여

하게 되는 것이기도 하다. 그때마다 그 대상의 가치는 더욱 더 고차원적인 가치를 가지게 되는 존재가 될 수 있다. 시인은 바로 이러한 대상에 지금까지 부여하지 못해오던 어떤 대상에 대하여 새로운 시각으로 바라보아 정립하고, 정립하기 위하여 충돌을 감행함은 물론 그에 따라 그 대상에 새로운 가치를 부여해주는 역할을 하게 된다. 따라서 시인에게 보이는 모든 대상은 구체적이거나 추상적이거나를 구분하지 아니하고 눈앞에 직접 펼쳐있게 마련이다. 그리고 그 대상은 어떠한 베일에 둘러 싸여져 있다고 하더라도 시인의 눈에 송두리째 드러나는 것은 물론이요, 지금까지 가져보지 못한 새로운 베일속의 존재로서 엄연한 새로운 존재의 가치를 가지게 되는 것이다.

순백의 화사함이
새봄을 수 놓는다
꽃잎 속에 숨겨둔
봄날의 설레임
누구의 심장을 뛰게 만드나

춥고 외롭고 아팠던 기억
눈물은 얼마나 옹이롭고 아름다운가
기다림은 얼마나 설레였던가
활짝 핀 꽃잎 속에 숨은 얼굴
그는 사랑하는 사람, 사랑받는 사람

꽃잎 같은 하얀 추억을 기억하는가

사월의 햇살과 만나면
심장이 다시 뛴다
오늘은 그 고운 모습 안겨 주고
순박한 미소가 그립다

보고 싶다 지금도

— 시 「목련」 전문

이 시작품에서 화자는 하나의 대상으로서 '목련'을 만난다. 아니 정관(靜觀)하여 목련을 만난다. 즉 '목련'이란 대상에 관여하지 않고 목련의 본연(本然)을 조용히 지켜본다. 무상(無常)한 현상계(現象界) 속에서 엄연히 존재하고 있는 불변(不變)의 본체적(本體的), 이념적(理念的)인 '목련'이란 대상을 심안(心眼)에 비추어 바라본다, 그 결과 '목련'이 가지는 '순백의 화사함이/ 새봄을 수 놓는다'는 현상계의 진면목(眞面目)에서 '꽃잎 속에 숨겨둔/ 봄날의 설레임'을 의식하게 되고, 그러한 인식의 결과로 '누구의 심장을 뛰게 만드나'라는 자의식에 대한 의아함을 가지게 된다. 이는 지금까지 화자가 가지고 있던 감각적 기능으로서 느끼고 있는 것이기도 하려니와 이미 인식되어 온 경험의 세계로부터 재확인한 감각의 실체이기도 하다.

그러한 가운데 화자는 '목련'으로부터 새로운 감각의 실체를 만나게 된다. 곧 '춥고 외롭고 아팠던 기억'이다. 이 '기억'은 곧 '순백의 화사함이/ 새봄을 수 놓'음으로써 그것이 '꽃잎 속에 숨겨둔/ 봄날의 설레임'이라는 경험의 세계에 고착된 경험의 결과와 더불어 충돌함으로써 나타난 새로운 감각의 실체이다. 이러한 감각의 실체로부터 화자는 '눈물은 얼마나 옹이롭고 아름다운가/ 기다림은 얼마나 설레였던가'에서 보여주는 바와 같이 새로운 고차원적인 가치를 가지게 되는 존재를 정립해놓게 된다. 곧 '눈물'과 '기다림'으로부터 '활짝 핀 꽃잎 속에 숨은 얼굴'과 바로 그 '얼굴'의 존재로부터 '사랑하는 사람, 사랑받는 사람'이라는 대상의 존재 가치를 확고하도록, 지금까지 가져보지 못한 새로운 베일속의 존재라는 그 대상에 엄연한 새로운 존재의 가치를 정립하여 놓는다. 그 대상으로서의 존재는 '목련'의 가치를 뛰어넘어 '꽃잎 같은 하얀 추억'으로 둔갑한다. 그러므로 화자에게는 '목련'이 '목련'으로서의 존재가 아니라 '사월의 햇살과 만나면/ 심장이 다시' 뛰게 하는 존재임은 물론이려니와 '오늘은 그 고운 모습 안겨 주고/ 순박한 미소가 그립'도록 하는 재확인한 감각의 실체로서 엄연히 존재하게 되는 것이다. 이러한 존재적 가치는 지금까지 가져보지 못한 감각적 충돌의 결과로 새로운 존재로서의 가치를 가진 대상으로서 '목련'을 인식한 것이다. 화자로 하여금 재확인하게 하는 강렬한 충돌의 의식에서 비롯하여 강화하고자하는 의도에서 '보고 싶다 지금도' 를 1행 1연으로 구성해놓은 것이라 하겠다.

짙은 초록의 숲에서
햇살은 아름답다
나뭇잎과 무성한 가지들
넓은 연잎 위에 뒹구는 물방울까지
왕성한 생명력으로

수많은 열매들이 익어 간다

풀잎들은
꽃잎들은
색깔들이 더욱 짙어지고
나뭇가지의 팔뚝에
불끈 힘을 모은다
모두 아프지 마라
그리고 병들지 마라
잠시 비바람이 몰아쳐도
버텨라 견디고 힘내라
폭염이 시작되는 이 계절이 지나면
탐스런 열매들이 기다리고 있을지니
우리 모두 살아 있음에 감사하자
새날에 대한 약속도
빛나는 오늘에 대해서도
모두 모두 감사하자

— 시 「7월의 시」 전문

'자연은 목적 없이는 아무 일도 안 한다'(아리스토텔레스의 『정치학』에서)고 한다. 뿐만 아니라 '진실로 모든 일에 있어서 자연이 좀 거들어 주지 않는다면 인간이 영위하는 기술이나 기교는 조금도 진전을 보지 못하리라'(M. E. 몽테뉴의 『수상록』에서)고 한다. 그렇다면 '짙은 초록의 숲에서/ 햇살은 아름'다운 것도 '나뭇잎과 무성한 가지들/ 넓은 연잎 위에 뒹구는 물방울까지/ 왕성한 생명력으로/ 수많은 열매들이 익어

간다'는 것은 자연 그 자체로서 무엇인가 목적이 있는 일이요, 인간이 살아 나아갈 수 있도록 하기 위해 무엇인가 거들어주고 있음이 분명하다. 또한 이러한 자연의 모습은 화자로 하여금 자연을 정관(靜觀)한 결과로서의 자연 그대로인 것이며, 자연이 화자에게 무엇인가를 할 수 있도록 거들어 준 것일 뿐만이 아니라 화자로 하여금 자연이 영위하는 기술이나 기교를 제시하여 주고 있는 것이기도 하다.

따라서 화자는 '풀잎들은/ 꽃잎들은/ 색깔들이 더욱 짙어지고/ 나뭇가지의 팔뚝에/ 불끈 힘을 모은다'는 사실을 인식하고는, 그러한 자연으로부터 삶에의 의지를 스스로 정하여 세우게 된다. 즉 '모두 아프지 마라/ 그리고 병들지 마라/ 잠시 비바람이 몰아쳐도/ 버텨라 견디고 힘내라'는 삶에의 자세 확립이다. 삶에의 의식 있는 의지의 표현이기도 하다. 이러한 의식이란 어떠한 삶에 관한 초월성(超越性)으로 하여금 새로운 의식 구조를 이룩한다는 것이다. 다시 말하면 의식 구조를 마련한다는 것이기도 하다. 이러한 화자의 의식은 화자 자신이 아닌 자연이라는 존재를 바탕으로 하여 거듭 태어났다는 것을 말한다. 그러한 의식은 미래에 대한 확신을 가지게 한다. 즉 '폭염이 시작되는 이 계절이 지나면/ 탐스런 열매들이 기다리고 있'다는 것이다. 즉 「7월」이 가지는 현실적 삶의 고통인 '폭염'으로부터 벗어남으로써 새롭게 맞이하게 되는 '탐스런 열매들'이란 미래에 대한 확신의 결과를 얻게 된다.

대저 미래에의 힘은 미래에 대한 확신으로부터 시작한다. 미래에 대한 확신은 현실에서의 일전(一轉)을 도모하게 한다. 인식의 상태가 아주 달라지거나 바뀐다. 인식의 정도나 사태가 아주 달라지거나 바꿈으로써 모든 것으로부터 벗어나 이루어지는 확신은 '감사하자'는, 이른

바 다른 사람에게 화자와 더불어 어떤 행동을 함께 할 것을 요청하기에 이른다. 고통의 시간인 「7월」, 즉 '폭염이 시작되는 이 계절이 지나면' 미래의 시간인 '탐스런 열매들이 기다리고 있을지니/ 우리 모두 살아 있음에 감사하자'는 것이다. 이것은 화자에게 새롭게 인식되어짐으로써 그에 보답하고자 하는 마음의 발로에서 인식되어진 새로운 삶의 모습이기도 하다. '새날에 대한 약속도/ 빛나는 오늘에 대해서도/ 모두 모두 감사하자'는 화자가 「7월」이라는 시간적 배경을 바탕으로 하여 영위하고 있는 삶의 기술이나 기교를 보여준 것이기도 하다. 대자연의 변화로부터 확신하여 얻어 이룩한 진정한 의미의 가치 있는 삶, 즉 감사하는 마음으로 살아가고자 하는 화자의 진정한 삶의 가치를 보여준 것이라 하겠다.

이와 같은 화자의 새로운 삶의 가치 추구에 따른 삶의 의미는 '숲에 가면 보인다/ 숨었던 꽃씨들이 터지는 소리/ 철없는 꽃들은 신이 나고/ 그들만의 숲에/ 독특한 세상 이야기를 들으며/ 그들만의 향기에 취한다'(시 「속삭임」 중에서)는 데에서도 알 수 있다. '약속이나 한 듯/ 오늘은 아침부터 솔밭에서/ 새들의 소리가 요란하다/ 막 피어나는 라일락 향기에/ 나비 한 마리 취해 있다'(시 「별을 보다」 중에서)는 새로운 인식으로부터 활기찬 삶이란 과연 무엇인가하는 데에서 가치 있는 삶의 기쁨을 얻을 수 있다는 것을 보여주기도 한다. 그러므로 화자는 '그래서 밤과 낮을 가리지 않고/ 모두 열심히 일하고/ 새로운 성을 쌓아간다/ 초록의 신비함이 가득한/ 초여름 입구에서/ 나도 초록에 물'(시 「초록 숲에서」 중에서)들고 있는 화자 자신을 발견해 낼 수 있게 되는 것이다. 따라서 화자는 현실적인 삶의 공간에서 자연과 더불어 살아감으로써 거대한 암석(巖石)이 충격해오는 현실에 충돌하여 스스로 물리치면서 삶의 지혜로움을 발견해내고, 주위에서 포효하듯 밀려오는 거대한 파도의 현실적 포말과 맞설 때마다 전신으로부터 움터 오르는 듯한 어떠한 새로운 힘으로 가치 있는 미래에의 확신을 도모할 수 있는 것이다.

2.

이 세상에 태어나서 엄연한 하나의 대상으로서의 존재가 '시詩'라는 존재로 새롭게 재탄생되기까지에는 그저 평범하기만 하여 누구에게나 잘 띌 수 있는 평범한 대상으로서의 존재로 되어 있다. 언제 어디에서나 쉽사리 눈에 잘 띄어 보이는 잡초와 같은 존재조차도(그 하찮고 천한 대상조차도) 시인의 눈에 들어오게 되면 시인의 언어로 표현됨으로써 한 편의 시가 가지는 새로운 생명을 부여받은 지상의 유일한 존재가 된다. 그러면 그 잡초는 흔히 보아왔던 잡초가 아니다. 이제까지 전혀 존재하지 않았던 경이롭고 아름다운 존재로서 엄연한 가치를 가지게 된다. 그 잡초는 길을 걷는 모든 사람들의 시선이 닿은 길 위에서 시인에 의하여 만들어진 존재이기도 하다. 지금까지 보지 못한 희귀한 존재로서의 대상은 이와는 달리 보이지 않는 곳에서 조물주의 보다 섬세한 감정이나 기분에 의하여 창조되어 있다. 이러한 존재물을 발견하면 더욱 신성한 경지에 들어 일순 특별히 허락 받은 것 같은 느낌을 맛보게 되지만, 시인의 언어로 창조된 가치 있는 대상으로부터 받은 느낌과는 전혀 다를 수밖에 없다. 신에 의하여 창조된 대상 위에 또다시 인간인 시인에 의하여 창조되는 것이기 때문이다. 따라서 신은 시인의 시속에서 자라고 있는 수없이 많은 존재를 창조해 주지만, 시인은 신이 창조한 그 대상에 신의 뜻과는 다른 시인에 의하여 또 다른 생명의 입김을 불어 넣게 되는 것이다.

장마 통에 용케도 살아났어라
가는 줄기에 꽃 등불을 켜고
그 작은 미소와
앙증스런 잎
반갑고 기쁜 모습이 주렁주렁
지나는 사람들도 예쁘다 한다
새들도 바람도 햇살도
지금 내리는 장맛비까지
그 한 줄기에 송 송송 맺힌 꽃등
볼수록 사랑스런
우리나라 풀꽃
바람에 날아갈까 봐
사랑스런 눈빛으로 지켜본다
고운 꽃등

한 송이 두 송이 나란히 불 밝히고 있는
애기 사과나무 같은 붉은 꽃
금낭화 몇 송이
한 송이 두 송이 세 송이
세상이란 숲을 아름답게 그리네요

— 시 「금낭화」 전문

신의 뜻대로 창조되어 지상에 존재하게 된 모든 시적 대상은 시인의 말을 잘 알아듣기 때문에 신의 뜻과는 달리 시인의 의도대로 재탄생된다. 재탄생되어 새로운 의미와 가치를 가지게 된다. 이 시작품에서 「금낭화」는 신이 창조해낸 엄연한 지상의 한 존재이다. 이때의 금낭화는 신이 창조한 금낭화 자체로서의 존재일 뿐이다. 그러나 시인으로서의 화자는 신이 창조한 「금낭화」 자체를 말하지 않는다. '장마 통에 용케도 살아'난 시의 대상으로서의 존재물일 뿐이다, 그러므로 화자는 시인의 의도에 따라 시인의 언어로서 이루어지는 「금낭화」이다. '가는 줄기에 꽃 등불을 켜고/ 그 작은 미소와/ 앙증스런 잎/ 반갑고 기쁜 모습이 주렁주렁/ 지나는 사람들도 예쁘다 한다'는 「금낭화」일 뿐이다. 이 '금낭화'는 시인이 바라보아 시인이 존재해준 '금낭화'일 뿐이지 본래 명명해준 신의 '금낭화'와는 아무런 관계가 없다. 다만 신이 붙여준 '금낭화'에 시인은 또 다른 '금낭화'로 탄생시켜준다. '가는 줄기에 꽃 등불을 켜고/ 그 작은 미소와/ 앙증스런 잎을 가진', 그래서 '반갑고 기쁜 모습이 주렁주렁/ 지나는 사람들도 예쁘다 한다'는 시인의 '금낭화'가 되어 있다.

이렇게 새롭게 탄생시킨 '금낭화'를 바라보면서 시인은 금낭화의 꽃으로부터 새로운 사실을 발견해낸다. '한 송이 두 송이 나란히 불 밝히고 있는/ 애기 사과나무 같은 붉은 꽃'이 바로 그것이다. '금낭화'와 '애기 사과꽃'과 같이 동일화를 이루고 있음을 발견해낸다. 시에 있어서의 동일화(同一化)는 두 대상 사이의 유사성(類似性)을 전제로 하여 비교함으로써 새로운 의미를 탐색하게 하고, 그에 따라 새로운 의미와 가치를 확대해나간다. 유사성이나 동일화를 도모하기 위해서는 통사적(統辭的)으로나 의미론적(意味論的)으로 연결되기도 한다. '금낭화'와 '애기 사과꽃'의 유사(類似)함에 의하여 새로운 의미를 암시하여준다. 암시적이고 주관적인 분위기는 물론이요 그 의의의 생성에 새로움을 주고 있다. 바로 '금낭화 몇 송이/ 한 송이 두 송이 세 송이/ 세상이란 숲을 아름답게 그리'고 있다는 사실에서 '세상이란 숲'으로 확산함으로써 '금낭화'가 가지는 가치와 분위기를 그려놓게 된 것이다.

다음에는 '속초항에서'라는 부제가 붙어있는 「새벽바다」를 살펴보기로 하자.

동해에 해가 솟는 걸 안았다
온 바다를 일으켜 세우는
거대한 해의 용틀임
나약한 인간에게 주는
희망의 선물이다
밤을 꼬박 새운 고깃배들이
만선의 기쁨을 안고
귀항하고 있다
바다에서 밤새워 파도가 만든
음악을 들으면
솔숲에서 더욱 향기롭다
모래톱 속에 스며든
파도가 말한다
쉴 새 없이 쏟아지는 함성과 감탄
우리가 기쁨을 쏟아내는 순간

바다는 또 한 번

자애로운 어머니가 된다

— 시 「새벽바다」 전문

화자는 「새벽바다」에서 '동해에 해가 솟는 걸 안았다'면서 해맞이를 한다. 그리고 '거대한' '용틀임'의 모습으로 떠오르는 해를 '나약한 인간에게 주는/ 희망의 선물'이라고 화자는 규정한다. 화자에게는 '해'는 곧 '선물'이요, 그것도 '나약한 인간에게 주는/ 희망의 선물'이라 말한다. 희망은 영원한 기쁨이다. 농부에게는 소유하고 있는 농토가 곧 희망이요, 어부는 가지고 있는 바다가 곧 희망의 기쁨이다. 날이면 날마다 즐거움을 안겨 줄 수 있는 확실한 재산이기도 하다. 그러한 '희망'의 바다에서 온갖 어려움을 극복하고, 비로소 '밤을 꼬박 새운' 어둠을 물리치고 '고깃배들이/ 만선의 기쁨을 안고/ 귀항하고 있'거니와 이는 희망이 안겨주는 바다의 위대한 '선물'이다. 기쁨과 환희에 가득한 「새벽바다」에서 만선(滿船)의 배와 함께 귀항(歸航)하는 모습이다. 그러하거니와 '바다에서 밤새워 파도가 만든/ 음악을 들으면/ 솔숲에서 더욱 향기롭'기만 하다. 만선의 기쁨은 바다에서 밤새워 출렁거리는 파도 소리가 어엿한 음악소리로 들린다. 파도소리는 바닷가 솔숲에서 만선의 귀항을 기다리는 가족들에게 분명한 음악이기도 하지만, 솔향기처럼 더욱 향기롭기도 하다. 화자는 바다의 파도소리와 바닷가의 솔숲에서 번져오는 솔숲의 향기와 더불어 「새벽바다」를 청각(聽覺)과 시각(視覺)의 공감각화(共感覺化)로 하여 그려놓는다. 결국 '모래톱 속에 스며든/ 파도가' '희망의 선물'로서 '쉴 새 없이 쏟아지는 함성과 감탄'으로 '우리가 기쁨을 쏟아내는 순간/ 바다는 또 한 번/ 자애로운 어머니가 된다'고 말한다. 그렇다면 이 '자애로운 어머니'는 무엇을 의미하고 있는가.

'바다'는 여성을 상징한다. 그리고 '어머니'는 분명한 여성이다. 무한한 사랑의 표상이요, 자애로움이요, 포용이요, 생명을 보호해주고 있는 생존의 한 방법으로서 절대적인 존재를 상징한다. 따라서 화자는 「새벽바다」를 '나약한 인간에게 주는/ 희망의 선물'에서 시작하여 '자애로운 어머니'로 중의적(重義的)인 의미를 가지게 한다. 「새벽바다」는 간밤의 어둠을 물리치고 밝음으로 가는 길로 이끌어가는 영원한 희망이요, '만선의 기쁨을 안고/ 귀항'하는 '함성과 감탄'으로 음악과 향기의 본향(本鄕)을 열어주는 영원한 '어머니'가 되고 있는 것이다. 문득 만선의 고깃배가 귀항을 마치고, 또 다시 어둠이 물리친 「새벽바다」가 밝은 아침을 맞아 희망이 넘쳐흐르는 출항의 풍경을 그려준다. 푸른 물감을 풀어 놓은 듯한 파도가 이랑이랑 밀려왔다가 스르르 물러나가면서 넘실거린다. 푸른 파도 위에서는 날개를 활짝 편 흰 갈매기가 가벼운 몸짓으로 아침하늘의 흰구름 사이사이를 너울너울 헤치며 날아다닌다. 훤칠하게 개어있는 하늘로부터 햇살을 듬뿍 쏟아부은 윤슬이 번득인다. 그러한 바다 사이로 창창한 공간은 시원스럽게 비워져 있다. 어선들이 출렁이는 몸을 억누르면서 아득한 수평선을 바라보는 어머니의 간절한 소원처럼 묵언(默言)으로 그려진다.

인간은 현실에서 무엇인가를 소원하며 살아간다. 현실이 밝으면 밝은 대로, 어두우면 어두운 대로 소원하며 살아간다. 그러나 소원의 궁극적인 거처는 간절히 바라면 바랄수록 아득해진다. 그래서 불확실해지는 것이 소원의 거처이다. 소원이 지극하면 지극해질수록 허망해지는 것이 명백해지는 소원의 거처가 될 수 있다. 그러면서도 소원하는 곳에서는 절망이란 없다. 불확실한 소원이 머문 곳에서 새로운 소원이 눈뜬다. 영원한 빛으로 빛나는 곳일수록 밤을 배경으로 하고, 그 배경을 넘어 빛이 있다는 것이 확실하기 때문이다.

'가끔씩 비와 바람과 눈보라가/ 훼방을 놓아도/ 산과 호수는/ 언제 그랬느냐는 듯/ 초연한 모습으로/ 오랫동안 물속에서 껴안고/ 여유로운 미소를 보내고 있다'(시 「호숫가에서」 중에서)에서 보여주는 '여유로운 미소'는 곧 '가끔씩 비와 바람과 눈보라가/ 훼방을 놓아도' 소원하게 할 수 있는 영원한 거처이다. '음악을 듣고 싶은 날은/ 양철 지붕 위에 비를 내리게 하라/ 빠른 음악 느린 음악/ 제각기 특징 있는 리듬으로/ 지붕을 두드리면/ 나는 덩달아 빗소리가 되어/ 방안에서 음악을 듣는다'(시 「빗소리」 중에서)에서 '양철 지붕 위에 비를 내리게 하라'는 것은 음악을 듣고자 말하는 것이 아니라 음악을 듣기 위한 소원의 역설적인 한 방법을 말하고 있는 것일 뿐이다. J.W.괴테가 『친화력(親和力)』에서처럼 '바라고 있던 것을 구했다고 생각하고 있을 때만큼 소원에서 멀리 떨어져 있는 때도 없다'고 한 말의 의미를 되새겨 볼 필요가 있다.

3.

시는 언제나 일상에 존재하는 자아 속에서부터 시작된다. 자아(自我)는 사고, 감정, 의지, 체험, 행위 등의 여러 작용을 주관하며 통일하는 역할을 한다. 특히 시에서는 작품에 나타난 사상, 감정 따위의 주체이기도 하다. 자기 자신에 대한 의식이나 관념은 곧 자아가 된다. 자아 속에서 시를 찾지 못하면 이 세상 어느 곳에서도 시를 만날 수 없다.

시는 일상을 이루는 내용이 끝나는 자아의 내부에서, 하루 종일 연속되는 사고의 행렬이 끝난 다음 신비로운 향기와 색깔이 흘러나오는 곳에서, 거대한 폭우 속에서 미처 흘러내리지 못한 물웅덩이에 고여 있듯 머물러 있는 햇살 한 줌 속에서 시는 존재한다. 그리고 존재하는 것에서 전제(前提)할 수 있는 것을 증명(證明)할 수 있다면 한 편의 시를 기대할 수 있다. 비현실적인 것에서 현실적인 것을 발견해 내는 동안에 시는 탄생되어진다.

우물을 팠다
지하 백오십 미터에서 물이 솟는다
불소, 비소, 셀레늄, 수은 등
먹는 물 적합성 여부가 궁금했다

가끔 시를 샘물처럼 퍼 올리고 싶다
그 속에 무슨 독이 있을지
가용성이 있을지
수질 검사를 의뢰해 보고
그냥 정신없이 펌프질해 보고 싶다

지하수 퍼 올리는 소리 들린다
깊은 심연의 바닷물처럼
시는 어느 지점에서 올라올까
어느 봄날 물오르는 소리처럼
들려올까

시인은 오늘도 우물을 판다

— 시「시인」 전문

우물을 파는 행위는 곧 한 편의 시를 낳기 위한 몸부림이다. 그러나 우물을 판다고 해서 곧바로 그 우물물로 갈증을 해소하는 것이 아니다. 설령 '지하 백오십 미터에서 물이 솟는다'고 하여도 그 물에 '불소, 비소, 셀레늄, 수은 등/ 먹는 물/ 적합성 여부가 궁금'하기만 하다. 먹는 물로서 과연 좋은 물인가의 여부를 확인한 다음에 하려는 것이다. 한 편의 시를 생산해낸다고 해서 그 시가 완성된 시의 역할을 다할 것인지의 여부를 확인하는 단계가 곧 우물을 파고 그 우물물을 먹는 물로서 적합한지 여부에 따라 '먹는 물'인가 아닌가를 결정해야 한다. 화자는 '가끔 시를 샘물처럼 퍼 올리고 싶다'고 한다. 한 편의 시를 낳기 위한 본능적인 창작 욕구의 발로다. 그러나 화자는 다만 자아의 창작 욕구를 충족시키기 위한 것만이 아니다. 우물을 파고 그 우물물을 마시기 전에 '그 속에 무슨 독이 있을지/ 가용성이 있을지/ 수질검사를 의뢰해 보고/ 그냥 정신없이 펌프질해 보고 싶'은 것과 마찬가지로 욕구에 의하여 창작된 시라 하더라도 그 작품 속에 비시적인 갖가지 요소가 함유되어 있는지의 여부를 놓고 고민한다.

시인은 시를 쓴다. 시도 때도 없이 시를 쓴다. 시를 쓰지 않는 시인은 이 세상에 없다. 시를 쓸 시간이 없다면서, 시로 쓸 것이 없다면서 시를 안 쓰는 시인은 이 세상에 없다. 만약에 그런 시인이 있다면 그는 이미 시인이 아니다. 시인은 쓰고자 하는 욕구의 충일에 휩쓸리면서 시를 쓴다. 시에 항상 목마르다. 그래서 시를 쓴다. 그리고 그 시를 함부로 공개하지 않는다, 그 시작품 속에 비시적인 요소가 함유되어 있는지의 여부를 철저하게 가려낸다. 이러한 시인은 목말라 우물을 파고, 그 우물의 고인 물에서 분순물을 걸러내는 작업을 계속한다. 그 우물물인 '그 속에 무슨 독이 있을지/ 가용성이 있을지/ 수질 검사를 의뢰해 보고/ 그냥 정신없이 펌프질해 보'는 것처럼 시를 찾아낸다.

이러한 작업을 시인은 시를 탄생시킬 때마다 되풀이한다. 시인에게는 언제나 '지하수 퍼 올리는 소리'가 들린다. '깊은 심연의 바닷물처럼/ 시는 어느 지점에서 올라올까/ 어느 봄날 물오르는 소리처럼/ 들려올까' 하면서 일상에 존재하는 자아 속에서부터 세상을 향하여 모두 열어젖힌다. 시인은 시인이어서 '시인은 오늘도 우물을 판다'. 그 작업을 계속한다. 시작품「시인」을 통하여 시인은 이 세상의 모든 시인에게 무언(無言)의 포효(咆哮)를 하고 있다.

호숫가의 밤은 사람을 유혹한다
그냥 첨벙첨벙 어둠 속에 걷고 싶고
어둠 속에선 누가 기다리는지
터벅터벅 더 들어가고 싶다
어느 날은 나도 모르게
그 어둠 속으로 걸었다
저만치 달빛이 어둠에 빠져 있었다
나는 호수 속으로 들어 가
그 달빛을 만지고 싶었다
달빛은 어둠이 아닌
호수 속에 흠뻑 젖어 있었다

얼마가 지났을까
어둠이 물러가고
달빛마저 사라질 즈음 눈을 떴다
호수가 끝나는 앞산 위에
떠오르는 태양이 호수에 빠지고 있었다
달빛 대신 물에 흠뻑 젖은 태양은
달빛보다 더 강렬하게
호수를 건너오고 있었다

— 시 「밤」 전문

화자와의 동행은 '어둠'이다. 밤의 어둠이다. 호숫가의 밤이다. 그 어둠이다. 화자와 호수와 그 호수의 밤은 완전한 동일화(同一化)를 이루고 있다. '그냥 첨벙첨벙 어둠 속에 걷고 싶고/ 어둠 속에선 누가 기다리는지/ 터벅터벅 더 들어가고 싶'은 화자는 '그 어둠 속으로 걸'어가면서 '저만치 달빛이 어둠에 빠져 있'는 것을 보고, '어느 날은 나도 모르게/ 그 어둠 속으로 걸었다'. 그리고 '나는 호수 속으로 들어가/ 그 달빛을 만지고 싶었다'는 화자는 완전한 동행을 이룬 '호수' 속에서 '어둠'과 함께 '달빛은 어둠이 아닌/ 호수 속에 흠뻑 젖어'있게 된다. 완전한 동행이다. 그러기를 얼마나의 시간이 흘러버렸을까. '어둠이 물러가고/ 달빛마저 사라질 즈음 눈을 떴다/ 호수가 끝나는 앞산 위에/ 떠오르는 태양이 호수에 빠지고 있'는 아침을 맞게 된다. 화자는 '호숫가에서' '밤'을 맞아 일체의 대상과 그것을 마주한 자아와의 사이에 어떠한 구별도 없는 상태에 이른다. 그야말로 물아일체(物我一體)의 경지에 이른다. 화자와 대상과 일체의 분별심(分別心)이 사라져 완전한 조화(調和)를 이룬 진실한 세계에 든다. 그 세계는 어둠이 아니고 밤도 아니며, 비로소 맞이한 새로운 세계이다. 이는 '호수가 끝나는 앞산 위에/ 떠오르는 태양이 호수에 빠지고 있었'으며, '달빛 대신 물에 흠뻑 젖은 태양은/ 달빛보다 더 강렬하게/ 호수를 건너오고 있'는 것이다.

끝으로 〈바람에 묻다〉라는 부제가 붙은 「내소사」라는 시작품을 살펴보기로 한다. 〈바람에 묻다〉는 시집으로의 표제시이기도 하다.

처마 밑 풍경소리에
당신의 목소리가
촉촉이 젖어 온다
대웅전 앞 빛바랜 연화 무늬
법당문 문살 사이 햇살 속
그림처럼 번지는 당신의 미소
목백일홍 꽃잎 사이
아직도 머물고 있는
당신의 숨결
사랑하는 사람아
그곳은 이제 춥지 않니?
제주 공양 올리는
스님의 목탁 소리에
부처님 따라가신
당신의 영혼이
그리움으로 남는다-

나무관세음보살-

— 시 「내소사-바람에 묻다」 전문

「내소사」에의 발걸음으로 탄생한 이 시작품은 애당초부터 '당신의' '목소리 · 미소 · 숨결'과, 그리고 마침내 '영혼'과 함께 하고자 한 '당신'에 대한 '그리움'으로부터 시작된다.'목소리'는 '처마끝 풍경소리에' '촉촉히 젖어오'고 있다. '미소'는 '대웅전 앞 빛바랜 연화 무늬/ 법당문 문살 사이 햇살 속/ 그림처럼 번' 져오는 것이며, '숨결'은 '목백일홍 꽃잎 사이/ 아직도 머물고 있'다. 따라서 「내소사」의 모든 것이 '당신의' '목소리 · 미소 · 숨결'과 하나같이 불가분하다. 「내소사」는 곧 '당신'과 물심일여의 정신적 안정을 찾고 물아일체의 경지에 이르러 '당신'과 화자 사이의 완전한 합일의 '그리움으로 남는다'. 이에 따른 그리움의 절정은 역시 '그곳은 이제 춥지 않니?'라는 물음이다. 물론 대답이 없고, 대답을 기다릴 수도 없는 물음이기도 하다. 다만 '제주 공양 올리는/ 스님의 목탁 소리에/ 부처님 따라가신/ 당신의 영혼이/ 그리움으로/ 남'을 뿐이다. 그 그리움은 다시 자비의 마음으로 중생을 구제하고 제도한다는 '나무관세음보살' 앞에서의 간절한 기도를 이룬다.

시인은 모름지기 '햇살을 싣고 온 작은 바람/ 꽃잎에 누워 있다/ 바르르 떠는 꽃잎 사이/ 음악이 흐'(시 「꽃씨」 중에서)르고 있는 것까지 볼 수 있는 혜안을 가진 사람이다. 그럼에도 불구하고 '작은 외침에도 노여움이 커진다/ 오늘따라 진료실 앞에 서니/ 가슴이 쿵쾅거리고/ 조마조마해지고/ 한 없이 왜소해진다'(시 「꽃씨」 중에서)는 범인(凡人)이기도 하다. 그러나 분명한 것은 현실이란 '바람과 비와 햇살 속에서/ 성숙된 내 영혼들이/ 지나는 길손들에게/ 어떤 걸 줄 수 있을까/ 오늘도 나는 목마른 사람들에게/ 한 줄기 빛으로/ 다가설 수 있을까/ 오늘 밤은 별과/ 사랑을 나눌 수 있을까'(시 「풀꽃이 되어」 중에서) 하고 노심초사하는, 그래서 세상과 함께 현실적인 사람이기도 하다. 따라서 '오늘 아침 머리를 감고/ 거울 앞에서 빗질하다가/ 주름 두 줄을 보았다/ 두 손으로 당기면서/ 자세히 보았다/ 웃지도 찡그린 것도 아닌데/ 그들이 내게 왔다/ 소리 없이 왔다/ 친구의 말대로/ 세월의 훈장이다/ 참 아름다운 흔적이다'(시 「훈장」 중에서)라고 거울 앞에서 외치면서 살아가는 사람이기도 하다.

4.

시인 김명수는 시를 위하여 완강하게 태어났으며, 시와 함께 하루하루를 살아감에 있어서 끈기 있고 질기며 굳셀 뿐만 아니라 씩씩하고 다부진 모습을 보이고 있다. 그렇게 이 세상의 일부가 되어 살아가고 있으면서도 이 세상에서 '세상에 나와 멋대로 크고 자랐다/ 모두 필요한 줄만 알았다/ 연둣빛으로 물드는 세상의 한복판/ / 참 많은 꿈을 꾸고 살았다/ 동서남북 갈 수 있는 곳이면/ 모두 가고 싶었다/ 아주 높이 오르고 싶었다 —(중략)— 그러나 어느 날부터/ 내 의지로 뻗은 가지들이/ 말없이 잘려 나가는 것을 보았다/ 바람도 안 통하고 햇살도 못 오니 당연한 것/ 겹쳐진 가지들을 과감히 버린다.— (중략) — 어느 날부터/ 내 의지로 뻗은 가지들이/ 말없이 잘려 나가는 것을 보았다'(시 「전지」의 일부)고 한다. 그런 그는 문지방을 넘어서 엉거주춤하고 서 있는 시인이 아니다. 자아 노출함에 있어서 잠시도 멈추지 아니하고 셀 수 없을 정도로 아주 많이 만나는 현실적인 대상과 끊임없이 충돌하면서 시와 함께 살아가는 시인이다.

필자는 시인 김명수와 반세기가 넘도록 같은 길을 걸으면서, 하루에도 서너번씩 목소리를 나누면서 살아간다. 너무 가차웁게 바라본 시인 김명수는 오늘도 시를 쓰고 있다. 이 우주의 엄연한 주인으로서 창조되어 이웃으로 존재하고 있다. 분명 '인간은 그가 갖고 있는 총화(總和)가 아니며 그가 아직 갖고 있지 않는 것, 그가 가질 수 있는 것의 전체인 것'이라고 J.P.사르트르는 말한다. 때때로 하루에도 수없이 많은 오류 속에서도 두 다리로 당당하게 걸으면서 비틀거리면서도 함께 걷는 날이면 날마다 하루하루 튼튼하고 당당하기만 하다.

'그리움'의 방향성과 삶의 정체성

— 박보현 시집 『구름에 그리움을 조각한다』의 시세계

한 편의 시를 생산해 내기 위해서 시인이 해야 하는 일은 일상 생활 속에서 새로운 감정을 찾아내는 데 있는 것이 아니다. 하루하루 살아가는 동안 일상적으로 겪게 되는 보통의 감정에 의하여 이것을 끊임없는 손질로 다듬어 가는 데에서 찾을 수 있다. 그렇게 찾아내는 동안 지금까지 전혀 만나지 못하였거나 전혀 겪어보지 못한 여러 가지 느낌을 표현하는 데에서 새로운 감정으로 하여금 한 편 한 편의 시작품을 생산해 낼 수 있게 된다. 그런 의미에서 시인은 필요하다면 점점 더 어떤 사물이나 현상 따위를 온통 휩싸여버린 갖은 감정으로 한 테두리에 넣고 새로운 감정이 나올 때까지 휩싸여버리기도 한다. 뿐만 아니라 다분히 풍류적이라서 고상하고 훌륭한 운치, 즉 멋스러운 맛을 보여주기도 한다. 이러한 맛은 곧바로 대하지 않고 중간에 어떠한 사물을 통하여 영향이 미치는 관계를 가지기도 하는데, 비교적 간접적이다. 그렇게 함으로써 시인은 자신이 잡은 감정의 세계에서 만난 자신과 자신의 꿈에 대하여 상징적으로 반영시켜 나타낸 실체를 그려낼 수 있는 것이다. 박보현은 이렇게 그려낼 수 있는 실체를 주로 '그리움'에서 보여주고 있다.

그렇다면 '그리움'이란 무엇인가? 일찍이 당나라의 백거이(白居易)는 현종과 양귀비와의 길고 긴 지극한 사랑의 한(恨)을 840자에 이르도록 노래한 『장한가(長恨歌)』에서 양귀비의 아름다운 얼굴을 '봄비를 머금은 배꽃'에 비유한다. 저승에 있는 양귀비가 현종을 그리워하며 이를 눈물을 흘리는 모습을 그려놓는다. 이 부분은 다음과 같다.

옥용적막루란간(玉容寂寞涙欄干) 이화일지춘대우(李花一枝春帶雨)

즉 '옥 같은 얼굴 수심 젖어 눈물이 난간에 흐르니 활짝 핀 배꽃 한 가지 봄비에 젖은 듯하다'라 하여 이 그리움 속에는 환상이 내재되어 있다는 것을 보여주고 있다. 따라서 그리움이 없이는 어떠한 본질도 진리도 정확하게 정의해 내릴 수 없다. 오직 그리워하는 마음의 따듯한 정서로서만 우주의 전지전능함에 접근할 수가 있다. 그리워하는 마음에는 모든 것이 송두리째 포근히 안을 수 있는 힘이 있기 때문이다. 따라서 그리움이란 일상생활에서 모든 사람들의 가슴에 형성되어지는 최후 진리이며 최후의 본질이라 할 수 있다. 박보현의 시 한 편을 임의로 골라 시작품에 내재되어 있는 '그리움'의 실체를 살펴보기로 하자.

나의 가슴은 푸른 하늘과 호수가 만나는 고향 같은 곳
그렇게
그 푸른 가슴속의 그리움이 그리움을 그리워한다

어느 때는 가꾸지 못한 잃어버린 꽃밭 언저리에 시를 쓰고
어느 때는 텅 빈 허허한 가슴에 시를 쓰고
그렇게
자정을 넘기며 쓰고 또 써 보아도 겨울의 시는 역시 하얀 공간

그러나

이제는 찬 서리 내리는 첫 눈발위에 시를 쓴다
첫 눈을 기다리는 마음을 수놓는 그런 날에
오늘이 가고 어제가 가고
제 마음대로 해와 별과 바람이 지나간 그런 날에

어느 세월을 건너서야 나의 시는
목마른 꽃잎에 물이 올라
한겨울의 눈발을 뚫고
화사한 꽃잎으로 피어날는지

— 시 「시를 쓴다」 전문

이 시작품에서 그리움의 실체는 공간적 시간적으로 확연하게 드러나고 있다. 그러한 실체는 곧 '시' 속에 고스란히 응고되어 있다. 먼저 화자는 그리움의 실체를 '고향'에 두고 있다. 고향은 곧 '나의 가슴은 푸른 하늘과 호수가 만나는' 공간이다. 그 공간이야말로 꿈과도 같은 '푸른 가슴속의 그리움이 그리움을 그리워'하는 곳이다. 즉 그리움의 실체가 '고향'이라는 공간임을 '그리움'으로 말하고 있는 것이다. '어느 때는 가꾸지 못한 잃어버린 꽃밭 언저리'요, '어느 때는 텅 빈 허허

한 가슴' 이기도 하다. 그러한 고향에서 그리고 있는 실체는 곧 한 편의 '시'이다. 그러나 '그렇게/ 자정을 넘기며 쓰고 또 써 보아도' 그리움의 실체는 좀처럼 잡히지 않는다. 그리움을 더욱 그립게 할 뿐이다. 그래서 그리움은 '겨울의 시'가 되는 것이며, 그렇게 그려지는 '시'는 전혀 잡히지도 잡지도 못하는 '역시 하얀 공간'일 뿐이다.

그럼에도 불구하고 화자는 그리움 속에서 헤어나지 못한다. '첫 눈을 기다리는 마음을 수놓는 그런 날에/ 오늘이 가고 어제가 가고/ 제 마음대로 해와 별과 바람이 지나간 그런 날에' 여전히 시를 쓴다. '이제는 찬 서리 내리는 첫 눈발위에 시를 쓴다'는 것이다. 그렇다고 해서 그리움을 어떠한 실체로 나타나게 하는가. 아니다. 다만 이러한 그리움은 '시'라는 실체로서 그려질 뿐이다. '어느 세월을 건너서야 나의 시는/ 마른 꽃잎에 물이 올라/ 한겨울의 눈발을 뚫고/ 화사한 꽃잎으로 피어날는지' 모르는 환상으로 엮여질 뿐이다. 그리움은 이렇게 화자 자신과 맞닿은 감정의 세계 속에서 자신과 자신의 꿈속에서 간절히 추구하는 상징적 반영의 실체를 그려놓게 되는 것이다.

홀로라는 것은 긴 겨울밤 이야기를 나눌 수 없다는 것
홀로라는 것은 북풍의 눈보라 속에서 홀로 숨을 쉰다는 것
홀로라는 것은 그리움의 꽃빛 속에
5월의 꽃향기를 홀로 맛보아야 한다는 것

홀로라는 것은 멀고 먼 길을 돌아
아직은 젊음이 파랗게 시작하는 그 꿈틀대는 봄날에
지는 꽃잎 한 장에 가슴을 빼앗긴다는 것

그렇게 홀로 라는 것은
시려오는 어깨 위로 가을빛 숨소리가 허허한 계절에 묻혀
알 수 없는 시간에 쏟아지는 별을 홀로 세어간다는 것

— 시 「홀로라는 것은」 전문

'홀로'라는 말 속에는 '혼자'라는 말과 '외롭다'는 의미와 더불어 '짝이 없다'라는 의미까지도 함의하고 있다. 인간은 본질적으로 동물이다. 인간의 삶이 단순하게 옳고 그름의 문제를 해결하며 살아가는 것이 아니라 그에 앞서 더불어, 함께 어울려서 살아가는 사회적 존재이다. 더불어 살아가는 동안 인간관계를 형성하게 되는 것이거니와 그 과정에서 각자의 정체성을 발견하면서 너와 나의 사회적인 상호작용에 따라 각자 성장해 나간다. 이러한 사회적인 존재로서 인간 사이의 상호작용은 인간의 본능이자 필수적인 요소라 하겠다.

따라서 이러한 요소가 전혀 이루어지고 있지 않은 상황에서 이루어지고 있는 '홀로'라 함은 본능적으로 '그리움'에 휩싸이게 된다. '홀로라는 것은 긴 겨울밤 이야기를 나눌 수 없다는 것/ 홀로라는 것은 북풍의 눈보라 속에서 홀로 숨을 쉰다는 것'이거니와 본능적으로 '꽃빛 속에/ 5월의 꽃향기를 홀로 맛보아야 한다는' '그리움'과 만나게 된다. 즉 '멀고 먼 길을 돌아/ 아직은 젊음이 파랗게 시작하는 그 꿈틀대는 봄날에/ 지는 꽃잎 한 장에 가슴을 빼앗긴다는 것', 그 본능적 정서에 용해되어 그리움을 낳는다. 그리움은 인간의 본능적인 성정의 발로로 어떤 대상을 좋아하거나 곁에 두고 싶어하지만, 그럴 수 없어서 애타는 마

음이 자연스럽게 발현시켜 놓기도 한다. 화자에게 '홀로라는 것은' '시려오는 어깨 위로 가을빛 숨소리가 허허한 계절에 묻혀/ 알 수 없는 시간에 쏟아지는 별을 홀로 세어간다는 것'으로서 새로운 세계에 대한 하염없는 동경(憧憬)의 세계를 그려보게 하기도 한다.

빈 나뭇가지를 지나는 겨울 북풍이
손 시린 상처들의 빈 가지 위에
조용히 잠들어 있는데

봄이 섞인 바람이 단풍잎에 불붙어
몸살 나는 그리움으로 피어 날 때쯤
내 고운 님을 향한 그리움이
홀짝이며 호흡을 시작한다

나와 헤어진 무수한 내가 지금 나를 찾고 있는데
그 기막힌 기다림들은 어느 곳에서 숨을 쉬고 있는지
보리 이삭처럼 파란, 하늘처럼 파란 그런 숨결로
나날을 수놓고 싶을 때를 그려본다

눈 속에 묻힌 비구니 암자의 저녁 종소리에서
Reiner Maria Rilke가 잠든 그 계곡에서
맑은 하늘이 미안한 봄의 기지개와 함께
하늘 저 끝에서 서서히 다가오고 있다

— 시 「봄이 기지개를 한다」 전문

인간이 살아가는 생의 과정에서 그냥 살아가는 것이 아니다. 더더욱 생의 주변에서 살아가는 것도 아니다. 오로지 그 생의 자체 안으로 뛰어 들어가 생의 과정과 더불어 생의 중심을 이루면서 존재하여 살아간다. 따라서 생의 과정 중 '빈 나뭇가지를 지나는 겨울 북풍이/ 손 시린 상처들의 빈 가지 위에/ 조용히 잠들어 있는' 것을 보면 자신 있게 뛰어 들어가 새로운 생으로서 진로의 길을 모색한다. 즉 생의 길 위에서 좌절이나 아픔, 그리고 더 이상 어쩌지 못하는 무기력함에 빠져 들었을 때에 이르면 오히려 할 수 있는 일의 정도를 헤아리면서 때를 놓치지 않고 실행에 옮기고자 하는 마음을 불러일으키곤 한다. 바로 그것이 그리움이다. 그리움은 무엇인가 새로운 길을 열어주고자 할 뿐만 아니라 그리움으로 하여금 자신의 정체성을 확인하게 한다. 새로운 힘을 얻게 한다. 그리하여 '봄이 섞인 바람이 단풍잎에 불붙어/ 몸살 나는 그리움으로 피어 날 때쯤/ 내 고운 님을 향한 그리움이/ 홀짝이며 호흡을 시작한다'는 것이다. 그것은 바로 '나와 헤어진 무수한 내가 지금 나를 찾고 있는데/ 그 기막힌 기다림들은 어느 곳에서 숨을 쉬고 있는지/ 보리 이삭처럼 파란, 하늘처럼 파란 그런 숨결로/ 나날을 수 놓고 싶을 때를 그려본다'는 활력을 얻게 한다.

이 시작품의 마지막 연에는 독일어권 문학가 중에서 으뜸으로 평가받는 시인 중 한 명인 Reiner Maria Rilke가 등장한다. 우리나라의 시인 백석, 김춘수와 윤동주가 릴케의 영향을 받았다고 한다. 뿐만 아니라 백석의 시 「흰 바람벽이 있어」와 이를 차용한 윤동주의 시 「별 헤는 밤」에도 릴케의 이름이 등장하고 있다. 이외에도 한국 서정시에서 릴케의 비중은 상당히 크며 해외 시인 중에서도 특히 인기가 높다고 한다. Rilke가 장미 가시에 찔려 파상풍으로 사망했다고 알려져 있으나 사실 장미 가시에 찔린 것이 원인이기는 하지만, 직접적 사인은 백혈병에 걸린 줄 모르고 연인을 위해 장미꽃을 모으다 가시에 찔려 패혈증으로 죽은 것이라 한다. 그러므로 파상풍은 애초에 아니며 원인을 굳이 알아본다면 백혈병에 가깝다 할 수 있다.

릴케는 말한다, "사람은 고독하다. 사람은 착하지 못하고, 굳세지 못하고, 지혜롭지 못하고 여기저기에서 비참한 모습을 보인다. 비참과 부조리가 아무리 크더라도, 그리고 그것이 사람의 운명일지라도 우리는 고독을 이기면서 새로운 길을 찾아 앞으로 나아갈 결의를 갖지 않으면 안 된다."고. 이 시작품에서 '보리 이삭처럼 파란, 하늘처럼 파란 그런 숨결로/ 나날을 수놓고 싶을 때를 그려/ 보'게 하는 '그리움'이 '맑은 하늘이 미안한 봄의 기지개와 함께/ 하늘 저 끝에서 서서히 다가오고 있'거니와, 이것이 바로 화자로 하여금 Rilke와 같이 '고독을 이기면서 새로운 길을 찾아 앞으로 나아갈 결의를 갖지 않으면 안 된다'는 의식을 가지게 한 것이라 말할 수 있지 않을까.

> 뙤약볕에 깡마른 이 길을 가야하는 것은
> 길 건너 저편에 내가 서 있는 까닭이고
> 내가 사는 것은 잃어버린 나를 찾기 위함
>
> 끝없이 줄지어 서 있는 덕수궁 돌담길 저 편에 구름이 흐르고
> 밝은 달빛이랑 파란 물감이 묻어나는 가을바람에
> 미워할 수 없는 내가 거기에 추억처럼 서 있기 때문

어제도 가고
오늘도 가야할 이 길에
눈을 감고 걸어가는 연습을 하는 것은
내가 살아 있다는 떨리는 사실 때문

태양을 사랑하며
별을 사랑하며
빈손 마디마디를 시리게 느껴가며

어쩔 수 없이
홀로
거기 서 있어 본다

— 시 「길 저편에」 전문

그리움에는 거리가 있다. 그 거리는 구체적이 것이 아니다. 관념적으로 존재할 뿐이다. 따라서 그리움의 거리는 실제적으로 아무리 가까운 거리를 가지고 있더라도 멀어지게 느낄 수도 있으며, 아무리 먼 거리에 있다 하더라도 아주 가까운 거리처럼 느끼게 되기도 한다. 이것이 살아가는 삶의 거리라면 위 시작품에서 무엇인가 제시하여 주고 있는 삶의 한 모습을 발견해낼 수 있다. 첫 연에서 화자는 삶이란 무엇인가를 먼저 말해주고 있다. 즉 '뙤약볕에 깡마른 이 길을 가야하는 것'이다. '뙤약볕'과 '깡마른' '길'이란 곧 현실적 삶의 모습이라 할 수 있다. 고달프고 메마른 '길'은 그냥 가는 길이 아니라 반드시 가지 않으면 안 되는 '가야할 길'이다. 운명적이요 숙명적으로 놓여있는 삶의 길이다. 그 길은 또 눈앞에 놓여 있는 길이 아니라 '길 건너 저편에' 있는 길이면서, '내가 서 있는' 바로 이 길이기도 하다. 내가 서 있는 길이기 때문에 반드시 가야할 길이 된다. 그러고 보면 '나'는 지금 서 있는 '나'만으로 존재하는 것이 아니라 '길 건너 저편'에도 있다. '나'는 '나' 이외에 또 다른 '나'가 있다. 그 '나'는 현실적인 삶에서 '잃어버린 나'이다. 그래서 화자인 '내가 사는 것은 잃어버린 나를 찾기 위함'이라는 것이다.

화자가 잃어버린 '나'는 그리움의 대상이다. '끝없이 줄지어 서 있는 덕수궁 돌담길 저 편에 구름이 흐르고/ 밝은 달빛이랑 파란 물감이 묻어나는 가을바람에/ 미워할 수 없는 내가 거기에 추억처럼 서 있'는 그리움의 대상으로서의 '나'이다. 화자는 이러한 '나'가 있기 때문에 현실적으로 엄연한 존재로서 주어진 길을 가지 않으면 안 된다. 그래서 주어진 '어제도 가고/ 오늘도 가야할 이 길에/ 눈을 감고 걸어가는 연습을 하는 것'이다. 그리움 속에 존재하는 '길 건너 저편'의 '나'를 만나기 위하여, 엄연히 '내가 살아 있다는 떨리는 사실 때문'에 '태양을 사랑하며/ 별을 사랑하며/ 빈손 마디마디를 시리게 느껴가며' 숙명처럼 '어쩔 수 없이/ 홀로/ 거기 서 있어 본다'는 것이다. 결국 화자가 가지는 그리움의 대상은 현실적으로 존재하고 있는 '나'만이 아니라 그리움 속에서 관념적으로 존재하고 있는 또 다른 나에 대한 간절한 그리움의 거리에 상존하고 있는, 또 다른 '나'와의 거리로 살아가고 있음을 말해준다.

①

그리움에 얼룩진
흙내음 묻은 코스모스 들길 위로
저녁노을이 잔잔히 덮혀온다

아프도록 화사했던 주홍빛 추억들이
초생달이 되어
웃음을 먹음고 있는데

망설임으로 보낸 세월
가슴속을 떠도는 뜨내기들을 안고
아직도 운명의 파도에 실려
미지수의 길에서 어정거리고 있나

흙 묻은 바람 냄새가
석양의 논두길에 배어오는
내 고향 가는 길

흙내음 묻은 코스모스 고향 길

— 시 「고향 가는 길」 전문

②

흐르는 구름에 그리움을 조각한다.
화안한 웃음으로
노한 얼룩진 주름살로
때로는 먼 추억을 더듬는 보랏빛 노을의 그림자로

그 새겨진 조각은 강물이 되어
별빛이랑 함께 흘러 바다로 간다.
밀려오는 파도소리
갈매기의 밀어들
그 속에 나는 구름이 되어
슬픈 고통의 소리도 내뱉지 못한 채
먼 동화 속의 숲이 되어 묵묵히 떠 있는데

희미한 달그림자와 함께
그리움은 꽃잎이 지는 소리로
한적히 구름 위에 떠 있다

오늘은 아름다운 내일로 가는 길목

— 시 「구름에 그리움을 조각한다」 전문

③

가야금 12줄이 퉁기는 늦가을의 달밤
그것을 듣는 한 백발의 노인

그저
숨을 쉬고 지금까지 살이 온 오늘

그러나
기대고 싶은 그 내일이 있다
한 움큼의 초라스런 꿈이 담긴

— 시 「내일」 전문

④

그리움이 찻잔에 고이는 소리

모두 떠나가고 없는 텅 빈 방안에
매무새 곱게 단장하고
그리운 님 기다리는
곱디고운 여인아

— 시 「그리움이 찻잔에 고이는 소리」 전문(43.8장)

위에서 제시한 4편의 시작품 중에서 ①의 시작품은 그리움의 대상을 구체적으로 '고향'을, ②의 시작품에서는 환상적인 배경을 중심으로 설정하였으며, ③과 ④의 시작품은 그리움의 대상을 아름다운 꿈으로 설정하여 놓았다는 데에서 살펴보기로 한다. 먼저 ①의 시작품부터 살펴보자.

①의 시작품에서는 처음부터 고향에 대한 그리움 정서를 '코스모스 길'을 중심으로 농농하게 풀어놓고 있음을 볼 수 있다. 그 코스모스가 피어있는 '고향길'이다. 화자가 그리워하고 있는 '고향길'이기도 하다. 그 '그리움에 얼룩진/ 흙내음 묻은 코스모스 들길 위로/ 저녁노을이 잔잔히 덮혀'온다. 빨강, 하양, 코스모스 꽃이 피어 있는 고향길이 아니라 온통 주홍빛으로 덮여 있는 길이다. 더 더욱 짭쪼롬하게 옛 추억에 젖어들기 좋은 '저물 무렵'의 주홍빛 코스모스 길이 바로 고향길이다. 화자는 하루해가 기울어 가는 저물 무렵을 시간적 배경으로 하고, '흙

내음이 묻은' 주홍빛 코스모스 고향길을 공간적 배경으로 설정해놓고 있다. 이는 그리움의 이미지와 멋진 조화를 이루고 있다. 이윽고 이러한 그리움은 '아프도록 화사했든 주홍빛 추억들이/ 초생달이 되어/ 웃음을 먹음고 있'게 한다. 화자의 이러한 그리움은 다시 지난날의 그리움 속에서 '망설임으로 보낸 세월/ 가슴속을 떠도는 뜨내기들을 안고/ 아직도 운명의 파도에 실려/ 미지수의 길에서 어정거리고 있'음을 확인하면서 쓸쓸한 감회에 젖게 한다. 그러면서 '흙 묻은 바람 냄새가/ 석양의 논둑길에 배어오는/ 내 고향 가는 길'을 확인한다. 고향에서 옛 추억에 젖어 쓸쓸한 감회에 젖어 있는 화자의 모습이 선명하게 그려진다. '흙 묻은 바람 냄새' '석양의 논둑길'로부터 옛 추억 속에 잠긴 그리움의 '고향'은 화자로 하여금 '내 고향 가는 길'라는 것을 다시금 확인하고는 '흙내음 묻은 코스모스 고향 길'을 선연하게 떠올리게 된다.

①의 시작품이 짭쪼롬히 젖어드는 고향에 대한 그리움이라면, ②의 시작품은 하늘의 구름을 바라보면서 미래에 대한 막연한 그리움을 그려놓고 있다. 다만 '흐르는 구름'을 바라보면서 '화안한 웃음으로/ 노한 얼룩진 주름살로/ 때로는 먼 추억을 더듬는 보랏빛 노을의 그림자로' 흐르는 구름에 띄우며 '아름다운 내일로 가는' 그리움의 세계를 그려보고 있다. ①의 시작품이 '고향'과 '저물녘'이라는 확연한 그리움의 대상을 노래한 시작품이라면, ②의 시작품은 삶으로부터의 웃음과 살아온 지난날 세월의 흔적으로 남은 '얼룩진 주름살'을 '노을의 그림자'를 떠올리며 회억하는 그리움을 그리고 있다. 그러나 회억 속의 그리움은 여기서 그치지 않는다. 강물과 함께 '볓빛이랑' '바다로 간다'. 그리고 '파도소리'와 더불어 삶의 '슬픈 고통소리도 내뱉지 못한 채/ 먼

동화 속'을 헤매는데 어느 사이 '그리움'은 '한적한 구름 위에 떠있다'는 것을 깨닫는다. 그것은 바로 화자가 그리고 있는 '오늘은 아름다운 내일로 가는 길목'이 분명하다.

③의 시작품을 대하는 순간 노년으로 맞은 삶을 달관한 노인의 모습을 보는 듯하여 자못 경외스럽기도 하다. 또 한 해의 끝을 맞고 있는 '늦가을의 달밤' 홀로 앉아 '가야금 12줄이 퉁기는' 소리를 듣고 있는 한 '백발 노인'의 모습이 엿보인다. 노인은 지금 '그저/ 숨을 쉬고 지금까지 살아 온 오늘'에 이르러 인생의 진리를 조금씩 터득하면서 사소한 일에 집착하지 않고 넓고 멀게 자신의 삶을 되돌아보고 있다. 묵묵히 내일의 삶을 맞고 있는지 모른다. 그것은 분명 '백발의 노인'일 망정 '기대고 싶은 그 내일이 있'다는 믿음으로 맞는 자세일 것이다. 비록 그것이 '한 움큼의 초라스런 꿈이 담긴' '내일'이라 할지라도 화자에게는 분명한 내일을 향한, 내일에 대한 그리움일 수 있다.

③의 시작품에서 '늦가을의 달'이라는 시간을 배경으로 하여 삶의 달관에서 얻은 미래에 대한 그리움을 그려낸 작품이라면, ④의 시작품에서는 '찻잔'이라는 제한적인 공간을 배경으로 하여 지난날에 대한 그리움을 그려놓고 있다. 먼저 화자는 '그리움은 찻잔에 고이는 소리'라고 규정한다. 시각적인 찻잔과 청각적인 소리를 통한 공감적인 정서로 그리움은 더욱 승화되고 있다. '찻잔'은 '모두 떠나가고 없는 텅 빈 방안'이 배경 속에 놓여있는 사물이다. 그리고 그것은 그 외로움에서 그리움으로 변이되어 가는 과정에서 화자는 '매무새 곱게 단장하고/ 그리운 님 기다리는/ 곱디고운 여인'으로 환치된다. 이 '여인'은 물론 화자 자신일 수도 있다. 따라서 이 시작품에서 화자는 찻잔을 앞에 두고 다

소곳한 모습으로 지난날을 그려보면서 그리움에 흠씬 젖어가고 있다.

화자는 시작품 「짐」에서와 같이 삶의 '짐/ 벗어놓고 홀가분히 걸어가고 싶은' 것이다. '짐, 헤어지는/ 짐, 사랑하는/ 짐, 미움의' '짐'이기 때문이다. 그러나 그것은 '교회당 종소리처럼/ 소리만 울려오던 그 소용돌이가/ 메아리 쳐 몰려와/ 마시던 찻잔 속에서 파도처럼 무늬 지어져 온다'(시 「저물녘에」에서)는 것을 '짐'으로 안고 있으며, 그것이 문득 그리움이라는 것을 깨닫는다. 그래서 시작품 「거울 앞에서」처럼 '아직도 기다림이 남아있는 오늘/ 기다리다 오늘 한 잎 꽃잎으로 지는 하루// 인생은 즐겁고 슬픈 한 긴 여로'임을 깨달아가는 삶의 지혜로움과 슬기로움으로 살아갈 수가 있다.

박보현 시인은 '그리움'이 살아 있어 '그리움'과 함께 '그리움' 속에서 살아가고 있다. 시작품 「5월에서」처럼 '5월엔/ 목타는 살구꽃의 화사한 웃음으로/ 끝없는 기다림에 목이 길어진 뻐꾸기가' 될 것이며, '빛바랜 해바라기가 쏟아 놓은 긴 사연들이/ 산기슭에 피어오른 이름 없는 들꽃이 되어/ 그대가 돌아올 길목에서/ 5월의 꽃잎을 뿌리며 기다'리는 삶을 누리게 될 것이라는 희망을 가지게 한다. 그러므로 시인은 '산에 들에 흩뿌려진 세월 위에/ 가뭄의 아린 상처가 아직도 남아있는 이 산자락에서/ 익은 밤톨을 줍는다/ 익은 홍시도 바구니에 채워본다'(시 「10월을 보내며」에서)는 것이며, '그렇게 새벽마다/ 수없이 그대를 떠나보내는 연습에 익숙해져서/ 내가 나로 돌아 올 수 없는 투명한 시간에 물들어 가고/ 보고픈 얼굴들이 안으로, 안으로 고여 드는 눈물이 되어/ 소리 없이 흐르는 강물 속에 그리움이 되었'(시 「가을노트」에서)다고 말할 수 있다.

한 시인의 내면에 자리 잡고 있는 정서는 일생을 거쳐서 언제 어디에서든지 용광로에서처럼 끓어가며 살아있는 모습으로 웅크려 있다. 그러한 가운데 어떠한 사물이 자칫 스쳐감을 느끼게 된다면 거침없이 분출해대고 있다. 인간의 마음에 일어나는 여러 가지 감정. 또는 그 구체적인 양태를 규정하는 내면의 기질적인 요인으로서의 정서는 언어를 사용하여 표현하고자 하는 욕구와 함께 분출되기 마련이다. 따라서 언어를 통한 사물과 상황에 따른 기억이 축적되면서 현재의 경험과 과거의 경험을 비교하는 시간의식이 생기게 마련이요, 과거의 경험을 바탕으로 미래의 행동을 계획하고 이러한 과정에 변하지 않은 주체의식인 자아감이 생성되기 마련이다. 이러한 가운데 박보현 시인은 '그리움'에서 비롯된 미래의 방향을 설정하고 있는 방향성과 삶의 정체성을 확고히 다지고 있다 하겠다. 하루하루의 건강과 더불어 박시인의 시와 삶의 길에 큰 빛이 항상 같이 하게 되기를 바란다.

현실적 삶의 극복 의지로서의 시

— 박여람 시집 『나의 숲이 시가 될 때』의 시세계

> 감옥에서는 시는 폭동이 된다. 병원의 창가에서는 쾌유에의 불타는 희망이다. 시는 단순히 확인만 하는 것이 아니다. 재건하는 것이다. 어디에서나 시는 부정(不正)의 부정(否定)이 된다.
>
> — C.P. 보들레르의 『낭만파(浪漫派) 예술론(藝術論)』에서

시의 목적이 일상의 삶에 있어서 어떠한 진리나 도덕적인 일정 양식을 추구하기 위한 노래가 아니라는 것은 누구나 다 알고 있는 사실이다. 그러므로 하루하루의 삶 속에서 그려지는 희노애락에 있어서 시는 항상 그 자체 속에서 새로운 삶의 양식이라든가 방식을 추구하기 위하여 최선의 노력을 다하게 된다. 그것은 곧 오랜 시간이 지나면서 자연스럽고 일정하게 겉으로 나타나는 모양이나 격식뿐만이 아니라 삶의 목적을 달성하기 위해 취하는 방식이나 수단을 그대로 좇으려하지 않는다는 노력에서부터 시작되기 때문이다 그 노력은 실로 심오하여 마치 그 자체 속에서 새로운 이상을 추구하는 신과 같은 성격을 가진다. 그러므로 시는 쓰는 것이 아니라 절로 쓰여지는 것이요, 그 쓰여진다는 것은 새로운 창조의 의미를 지는 것이며 이 세상에 존재하지 않는, 어느 누구에 의하여 전혀 이루어진 적이 없는 새로운 세계를 만들어내는 작업의 결과물이라 할 수 있다. 따라서 시는 최상의 마음에서 이루어지는 한 시인에 의하여 매우 좋아서 나무랄 곳이 전혀 없으며, 누가 보더라도 칭찬할 만큼 대단하거나 뛰어나는 창조물이 되는

것이다.

하늘 높은 곳에
겨울이 숨어 있는 5월

튤립꽃 속을 열어 보이며
유혹을 시작한다

푸르던 하늘이 순간 검게 변하고
쏟아지는 우박은
철퇴 휘두르는 잔인한 폭군
지구 한 귀퉁이가 깨지고 있다

어린아이처럼 뛰어나와
여린 날개 찢기고
뼈 없는 허리 주저앉아
숨소리 들리지 않는 튤립 꽃밭

등 뒤 대지 위로
능청스러운 파란 하늘이 눈부시다

- 저 어린 영혼을 빌어주소서

나의 기도는 허공을 날고……

— 시 「5월의 우박」 전문

'5월'의 '하늘'은 맑고 높다. 그리고 푸르다. 모든 가슴들의 소망이 담겨 있는 5월의 하늘. 그러나 매서운 '겨울'이 숨어 있다. 겨울은 5월과는 달리 춥고 매섭다. 그 춥고 매서운 '겨울'이 해마다 5월에 아름다움의 절정으로 피워주는 '튤립꽃'을 '유혹'하더니 '폭군'으로 변해 버린다. 그 '폭군'은 '겨울'의 참 모습이다. '푸르던 하늘이 순간 검게 변하고/ 쏟아지는 우박'으로 돌변한다. 그 '우박'은 지금까지도 보지 못하고 보아서는 안 되는, 마치 '철퇴 휘두르는 잔인한 폭군', 바로 그 모습이다. 그로 인하여 '5월'로만 알고 순진무구한 천사의 모습을 한 '어린 아이처럼 뛰어나와' 활짝 피던 '튤립꽃'은 처참하게 '여린 날개 찢기고/ 뼈 없는 허리 주저앉아/ 숨소리 들리지 않는' 죽음의 모습으로 변하여 '튤립 꽃밭'은 그야말로 처참한 생지옥으로 변하고 만다. 바로 '지구 한 귀퉁이가 깨지고 있다'는 것이다. 그럼에도 불구하고 오히려 '등 뒤 대지 위로/ 능청스러운 파란 하늘이 눈부시'고 있으니 이때 시인은 '하늘'이 아니라 엄연한 신(神)의 자세를 취한다. '-저 어린 영혼을 빌어주소서'. 그리고 바로 이러한 최상의 마음에서 이루어지는 '기도는 허공을 날고' 있는 것이며, 새로운 세계 창조의 간구(懇求)가 되는 것이다.

날이 풀리자
새 생명의 탄생으로
바쁜 미천골

멧돼지 고라니
무거운 발자국을 지우며
헐벗었던 숲 겹겹 잎이 쌓이고

나는 꽁꽁 싸맸던 옷을
하나씩 벗으며
바람길을 내기 시작한다

숲이 가득 차오르고 다시
비울 때까지 나는
그 속에서
하루하루를 그려간다

— 시 「미천골」 전문

위 시작품에서는 '날이 풀리자' '새 생명의 탄생'을 「미천골」에서 변화되고 있는 모습을 그려주고 있다. 모든 변화는 자연으로부터 시작된다. 자연은 먼저 사물의 모양이나 성질 따위가 바뀌고 달라지는 일이 매우 많거나 심하게 보여주기 마련이다. 하나의 개체로서 변하는 것이 아니라 자연을 구성하고 있는 모든 사물들이 더불어 변화하는 것이며, 이러한 변화는 어엿한 조화로움의 일정한 질서, 즉 순서에 따라 변화한다. '멧돼지 고라니/ 무거운 발자국을 지우며/ 헐벗었던 숲 겹겹 잎이 쌓이고' 있음에서 먼저 자연에 순응하고 있는 '멧돼지 고라니'의 '무거운 발자국'은 곧 자연이 예고하고 있는 삶의 본디 모습이다. '무거운 발자국'을 지우면서 모든 역경과 고난으로 점철된 '헐벗었던 숲'은 어떠한 불사(不死)의 특권을 가지지 않는다. 다만 '겹겹 잎이 쌓'고 있음으로써 변화에 따라 순응해 나간다.

이러한 자연으로의 순응 속에서 인간은 자연과의 조화로운 삶을 보여준다. 화자인 '나는 꽁꽁 싸맸던 옷을/ 하나씩 벗으며/ 바람길을 내기 시작한다'는 것이다. 먼저 화자는 '날이 풀리자' '꽁꽁 싸맸던 옷을/ 하나씩 벗'는다. '날이 풀리'는 자연에의 순응함이요 자연과의 조화를 이루면서 살아가고 있음 보여주는 것이다. 그러나 단순한 순응만이 아니다. '바람'이 존재하고 있다. '바람'는 곧 삶의 고난이다. 그 고난까지도 묵묵히 순응해가는 삶의 모습이 된다.

그러므로 화자는 '숲이 가득 차오르고 다시/ 비울 때까지' '바람길'을 내고 있는 '그 속에서/ 하루하루를 그려'가고 있다. 그것은 화자가 그려가고 있는 자연 속에서의 '바람길'이 된다. 화자는 분명 '날이 풀리자/ 새 생명의 탄생으로/ 바쁜 미천골'에서 어떠한 근심과 걱정이 없이 몸과 마음이 평안하고 즐거움으로 살아가고자 한다. 그러나 자연은 화자에게 그러한 안락함과 무위(無爲)의 만족에 빠지지 않도록 '바람길'을 내어준다. 삶을 영위해나가는 데에 있어서 고난과 고통의 노고와 노동을 이어준다. 그곳으로부터 삶의 수단을 발견할 수 있는 지혜를 얻는다. '숲이 가득 차오르고 다시/ 비울 때까지'의 변화무쌍한 자연 속에서 '하루하루를 그려간다'는 삶의 자세로 자연(=미천골)에 순응하면서 살아가고자 하는 것이다.

물 한 방울
품을 수 없는 곳에
긴 다리 심고 있는 나무새

시선은 수평선 끝

쉬지 않고 걸어도 언제나 제자리

모래 너머 포말이 비상하고
그 위로 비행하는 갈매기를 바라보며
날 수 없는 건 모래 때문일까
발 없는 다리 때문일까

산에 두고 온 그의 뿌리
지금도 바다로 오고 있는 중
나는 오늘도 눈 없는 그의 시선을 쫓고 있다

파도 소리에 흠뻑 젖은 몸
바람의 긴 혀가 깃털을 꿰매는 날
생의 부스러기 꽃잎으로 날고
와락 내 안으로 달려드는 소리

날고 싶다

— 시 「솟대」 전문

'솟대'는 마을 수호신의 상징으로 마을 입구에 세우기도 하고, 과거에 급제한 사람을 위하여 그 마을 어귀에 높이 세우기도 한다. 농가에서는 선달 무렵에 다음해의 풍년을 비는 뜻으로, 볍씨를 주머니에 담아 높이 달아매는 장대이기도 하다. 또한 그 형태도 다양하여 일시적인 것과 영구적인 것, 가정이나 개인 신앙의 대상인 것에서 촌락 또는 지역을 위한 것 등이 있거니와, 솟대가 수호신의 상징이라는 점과 성역의 상징, 또는 경계나 이정표 등의 기능이 있는 장승과 마찬가지라 할 수 있다. 이와 같은 의미에서 솟대는 결국 일상생활에서 소망하고 있는 바를 확고히 하고자하는 데에서 비롯된 민족 전통놀이라고 말할 수 있다.

'솟대'는 '물 한 방울/ 품을 수 없는 곳에/ 긴 다리 심고 있는 나무새'이다. 솟대 그대로의 모습이다. 하나의 나무로 만든 새일 뿐이다. 나무라면 응당 뿌리를 가지고 있으며, 그 뿌리로 하여금 온몸에 물을 품고 있는 것이지만 '솟대'라는 나무로 만든 새는 그저 '긴 다리'를 가진 '나무'로 만든 새일 뿐이다. 그러나 솟대는 '수평선 끝'을 바라보고 있는 시선을 가지고 있다. 비록 '쉬지 않고 걸어도 언제나 제자리'를 지킬 뿐인 '솟대'이지만 소망의 시선은 놓고 있지 아니하다. 미래의 삶에 대한 소망의 의지 표현이라고도 할 수 있다.

화자는 문득 '모래'를 본다. '모래 너머/ 포말이 비상하고/ 그 위로 비행하는 갈매기를 바라보며/ 날 수 없는' '모래'와 '발 없는 다리 때문'에 '쉬지 않고 걸어도 언제나 제자리'인 '솟대'와 동일시(同一視)된다. 화자는 이에 따라 '솟대'를 재인식한다. '솟대'는 '산에 두고 온 그의 뿌리'와 더불어 '모래'와의 완전 합일로 동일화를 이루면서 '지금도 바다로 오고 있는 중'일 뿐만 아니라 '솟대'가 가지는 소망이 곧 화자 자신이라는 것을 확인하게 된다. 그리하여 마침내 화자는 '오늘도 눈 없는 그의 시선을 좇고 있다'는 것이다. '날 수 없는 모래'와 '발 없는' '솟대'와, 그리고 화자의 완전 합일에 의한 소망은 '오늘도 눈 없는 그의 시선을 좇고 있'을 뿐만 아니라, '파도 소리에 흠뻑 젖은 몸'으로서의 '모래' '바람의 긴 혀가 깃털을 꿰매는' '솟대', 그리고 '생의 부스러기 꽃잎으로 날고' 있는 화자의 '와락 내 안으로 달려드는 소리' 속에 결국 귀결하게 된다. 그것은 '솟대'가 가지는 본질적인 가치에의 소망을 이루고자 하는, '날고 싶다'는 욕망을 그려놓고 있는 것이라 하겠다.

매미는 날개를 얻었어

깊은 땅속을 빠져나와
허물을 벗고 또 벗으면서
날개를 펼 수 있다는 희망으로 견딘
긴 어둠

자유로이 날 수 있다는 건
길면 한 달여 생을 사는 일

장마는 끝났지만
여름 날씨가 맑은 날만 있을까
그의 입을 막는 태풍 소식

오늘도 나는
남루한 허물을 안으로
안으로 숨기려 애쓰고 있어

— 시 「허물을 벗다」 전문

매미는 유충이 3~17년 동안 땅 속에 있으면서 나무뿌리의 수액을 먹고 자라다가 지상으로 올라와 성충이 되는 특이한 생태변화를 가지고 있다. 번데기 과정이 없는 탈피과정, 즉 '허물을 벗'는 과정을 거쳐 어른벌레가 되는 불완전 변태를 이룬다. 성충이 된 후에도 나무의 줄기에서 수액을 먹는다. 이러한 과정을 거쳐 우리나라의 매미는 최장 7년에 달하는 유충 때의 수명에 비해 성충의 수명은 매우 짧아 겨우 한 달 남짓 된다. 천적으로는 새, 다람쥐, 거미, 사마귀, 말벌 등이 사방에서 노리고 있어 매미의 일생은 참으로 고달프기만 하다.

그러함에도 불구하고 매미는 '날개를 얻었'다'는 삶의 어떤 만족감에 의해 느끼는 즐겁고 흥겨운 감정을 주체하지 못한다. 그것은 '깊은 땅속을 빠져나와/ 허물을 벗고 또 벗으면서/ 날개를 펼 수 있다는 희망으로 견딘/ 긴 어둠'을 배경으로 살아왔기 때문이다. 고통이야말로 삶으로부터 느낄 수 있는 일종의 해방감이다. 온갖 고통과 고난으로 점철된 삶의 터전인 '깊은 땅속'의 어둠을 '빠져나와/ 허물을 벗고 또 벗으면서/ 날개를 펼 수 있다는 희망'은 곧 깊이 경작된 위대한 해방이다. 3~17년 동안의 땅 속 삶으로부터 이룩한 '한 달여 생'이란 짧은 생이라지만 날개를 달고 한 세상을 '자유로이 날 수 있다는 건' 매미의 삶에 있어서 소망을 이룩한 것이요, 완전한 삶의 기쁨일 수 있다. '장마'까지 끝난 맑은 날을 맞은 격이다. 그러나 '여름 날씨가 맑은 날만 있을까'. 좋은 일에는 흔히 시샘하는 듯이 안 좋은 일들이 많이 뒤따르게 마련이다. 날개를 얻었다는 즐거움과 기쁨으로 마음껏 노래를 부르고 있는 '매미'의 '입을 막는 태풍 소식'이 들려온다. 매미는 고달프다 못해 차라리 깊은 땅속을 빠져나와 허물을 벗기 전 '날개를 펼 수 있다는 희망으로 견딘/ 긴 어둠'의 세월이 그리워진다.

화자는 이러한 매미의 삶으로부터 자기 자신의 모습을 발견한다. 인간의 삶이란 항상 괴롭고 고통스러움의 굴레에 얽혀 있는 것일까. 자기를 지켜가고 생각하는 바로 그것이 바로 고통과 마주하는 길인지 모른다. '매미'의 괴로움에 비한다면 그다지 참혹한 것이 아니며 그만큼 더 고통스럽지 않다는 것을 화자는 인식하고 있음이 분명하다. 그럼에도 불구하고 화자는 '오늘도 나는/ 남루한 허물을 안으로/ 안으로 숨기려 애쓰고 있'는 자기 자신을 발견하는 데에 인색하지 않는다. 괴로운 것을 잊으려고 한다는 것은, 더 깊은 삶을 꿈꾸고 있다는 것을 괴로움으로 겪은 인간만이 누릴 수 있는 특권이기 때문이다.

①
늦가을 저녁

돌아갈 준비 끝났는데
나는 자꾸 딴청을 부린다

너 때문이었구나,

서리가 내려도 피고야 마는
너를 보고 가려고!

— 시 「달맞이꽃」 전문

②
양양 남대천

지구를 몇 바퀴나 돌아왔을까

흐르는 물은

수만 리 어느 바다를 다녀왔을까
역류하는 연어는

그들과 함께
내가 스쳐 지나가는
가을 남대천

— 시 「양양 남대천」 전문

③
늘 열려있던 길이
닫힌다는 생각을 해본 적이 있다

가파른 절벽에
작은 뿌리 끝을 밀어 넣고
바람의 혀로 달콤한 침을 바르면
조금씩 틈이 생긴다는 걸
그가 알았을 때

그 너머 시간이
추락하는 소리만으로도 커다란 바위여서

나는
절망의 끝을 보았다

— 시 「낙석」 전문

④
멸치 떼처럼 몰려다니는 낙엽들이
폭설에 갇혔다

바람의 칼은
처마 끝 물방울 세워 배를 내밀고
제 이름 지으며 봄을 깨운다

아직은 해동 중인 햇살이
고드름 허리를 핥고 있는 정오

그는 생을 허물며 다시
돌아갈 시작의 끝을 찾고 있다

나는
제목 하나 짓지 못한 겨울

— 시 「물의 기둥」 전문

위의 예시 4작품에서 삶에 대한 확고하고 희망적인 삶에의 의지, 과정에 따른 관조적인 삶의 자세, 삶에 있어서의 절망적인 상황 제시, 절망과 희망 사이에서 엿볼 수 있는 삶의 고통과 비애 등을 각각 보여주고 있다. 이것은 모두 화자가 현실적으로 인지하고 있는 삶의 제 유형이라 말할 수 있다. 먼저 ①의 시작품부터 살펴보자.

첫 행 첫 연의 '늦가을 저녁'이란 이 시작품에 있어서의 시간적 배경이 된다. '늦가을'이란 한 해가 기울어가는 계절 중에서 하반기에 속한다. 그 중 '늦가을'이란 가을에서도 말기에 해당한다. 이런 의미에서 '저녁'이란 하루의 끝이다. 더 이상 어쩔 수 없는 극한의 상황을 암시하고 있는 시간적 배경이 된다. 이러한 극한적 배경 속에서 화자는 '돌아갈 준비 끝났는데'에도 불구하고 '자꾸 딴청을 부린다'고 한다. 무슨 까닭에서일까. '서리가 내려도 피고야 마는' 「달맞이꽃」의 개화에 대한 강한 의지에 감동하고 있기 때문이다. 이에 대한 화자의 태도는 확고하다. 즉 「달맞이꽃」이 온갖 삶의 어려움 속에서도 좌절하지 아니하고 오히려 '서리가 내려도 피고야 마는' '꽃'으로서 완성된 삶으로 형성되기 전까지 비통과 불안과 방황과 온갖 시련을 극복하는 의지의 모습을 보여주고 있다.

②의 시작품 「양양 남대천」은 공간적 배경이다. 그리고 '남대천'으로 '흐르는 물'이 '지구를 몇 바퀴나 돌아왔을' 것이라 한다. 그것은 곧 '역류하는 연어'가 살아가는 과정에서 마땅히 겪지 않으면 안 되는 시련과 방황과 극복의 모습이다. 연어가 치어로서 강에서 태어나 바다로 가서 산다. 그리고 성체가 되면 다시 강을 거슬러 올라와 상류에서 알을 낳는 회유성 어종이다. 이 독특한 회유 습성으로 인해 연어는 연어로서의 일생에 있어서 시련과 불안을 안게 된다. 곰, 여우, 물수리 등의 숲에서 사는 동물에게 생명을 앗기는 비운을 맞게 되기도 한다. 숲에 버려진 연어의 사체는 자연의 순환에 따라 흔적도 없이 사라져버리기도 한다.

이 시작품은 '양양 남대천'이라는 공간적 배경을 통하여 '흐르는 물'이 '지구를 몇 바퀴나 돌'고, '역류하는 연어는' '수만 리 어느 바다를 다녀'오는 동안 겪을 수밖에 없는 삶의 과정을 통하여 보여주게 되는 연어의 일생을 그려주고 있다. 이에 따라 화자는 '연어'와 함께 화자 자신이 살아온 삶의 과정을 동일시하고, 연어가 '스쳐 지나가는/ 가을 남대천'을 굽어보면서 연어의 일생을 그려보고 있는 것이다. '가을 남대천'의 흐르는 물을 굽어보면서 회귀하는 연어의 일생을 통한 시간과 노력, 그 과정에서의 어려움과 극복과 인내, 그리고 자연에의 순응과 변화와 성장을 통하여 화자 자신의 삶에 대한 가치에 대하여 생각하고 있는 작품이라 하겠다.

시작품 ③은 「낙석」 즉 '절망의 끝'으로 본 삶의 극한적 상황을 제시해놓고 있다. 무릇 '절망'이란 희망이 없어져 체념하고 포기하는 것이요, 극한 상황을 맞아 자기의 한계와 허무함을 자각할 때의 정신 상태에 이름을 의미한다. '늘 열려있던 길이/ 닫힌다는 생각을 해본 적이 있다'는 것은 곧 품었던 생각이나 기대, 희망 등을 아주 버리고 더 이상 기대하지 않음을 의미한다. 화자는 이러한 상황을 '가파른 절벽에/ 작은 뿌리 끝을 밀어 넣고/ 바람의 혀로 달콤한 침을 바르면/ 조금씩 틈이 생긴다는 걸' 알아차린다. 절망 상태에 빠져 스스로 자신을 잊어버리고 돌보지 않음을 자각하고 만다. 이른바 '절망'을 말하고 있다. 그것은 바로 산 위나 벼랑 따위에서 돌이 떨어지는 상황, 즉 「낙석」이 곧 절망이라는 것이다. 절망에서 스스로 구출하고 나면 기쁨을 맞게 되고, 구출된 절망은 또 다른 절망으로부터 구출되는 희망이 되기도 한다.

④의 시작품을 살펴보자면 통하여 '멸치 떼처럼 몰려다니는 낙엽들이/ 폭설에 갇'혀버린 상황이요, '생을 허물며 다시/ 돌아갈 시작의 끝을 찾고 있'으면서도 '제목 하나 짓지 못한 겨울'이라는 절망적 상항

을 제시해놓고 있다. 인간 최후의 감정이라 할 수 있다. 절망은 일상성에서 벗어나게 한다. 절망은 진정한 행동을 발견하는 데에 어려움을 준다. 그럼에도 불구하고 화자는 '바람의 칼은/ 처마 끝 물방울 세워 배를 내밀고/ 제 이름 지으며 봄을 깨운다'는 희망을 좇고 있다. '아직은 해동 중인 햇살이/ 고드름 허리를 핥고 있는 정오'라는 현실적인 확신의 순간을 맞고 있기 때문이다. '생을 허물며 다시/ 돌아갈 시작의 끝을 찾고 있'는 상황을 맞도록 한다는 것이다.

무릇 '시는 현실 이상의 현실, 운명 이상의 운명을 창조할 수 있는 것이고, 이 창조력은 언제나 현세적 속박의 반작용의 힘에서 얻어지는 것(이어령의 『통금시대의 문학』에서)이라고 한다. 또한 시는 모름지기 일상의 비젼과 영혼의 비밀과 존재와 사물 사이에서의 존재물이라 할 수 있다. 그러므로 한 편의 시작품 속에는 현실적 삶을 극복하게 하는 의지를 함의하고 있기 마련이다. '찬 서리 더 맞아야/ 손끝에 닿는 감각이 달콤할 거'(시 「감」 중에서)며, 때때로 '운명이라고 허락한 그때부터/ 잡고 있다가 끝내 놓쳐버린/ 단단한 의지가 흔들리'기도 하지만 '초승달 업은/ 호랑지빠귀 소리가 검을수록/ 반짝이는 별빛// 뜨거운 여름/ 빈창자로 사는 보름이/ 삶이 절정'(시 「반딧불이 1」 중에서) 일 수 있을 것이다.

현실적 삶은 하나의 개체처럼 진실로 어떤 일정한 형체가 있는 것이 아니므로 자칫 옮길 수가 없을 것이라 하지만 오직 정신으로서 통철(通鐵: 가늘고 긴 쇠의 끝을 납작하고 뾰족하게 만들어 담뱃대의 마디를 뚫는 데 쓰는 꼬챙이)처럼 막힘이 없이 두루 통하도록 할 수 있다. 때때로 '젖고 또 젖어 평생/ 마르지 못하고 지나간 열정 위로/ 붉은 노을이 하늘을 삼키고/ 서리가 하얗게 내'(시 「벚꽃 연가」 중에서)리기도 한다. '문을 열고 들어선 실내는/ 지나간 생의 기록들이 빼곡하고// 벽엔 거미집/ 천정엔 빗물이 머물렀던 자리 선명하'(시 「빈집」 중에서)게 보이기도 한다. 그러나 '굽은 허리로 돌계단 오르는/ 보랏빛 보살/ 오체투지로 생을 건'(시 「선림원지 오르는 길」 중에서)너다 보면 '달콤한 욕망을 먹고 자란/ 그의 새겨진 기억은/ 제 살로 덮을수록 바위처럼 썩지 않는다/ 한 점 바람이 불어와/ 자작나무 어둠이 사라지고/ 언약이 빠져나간 자리에 옹이가 생'(시 「원대리 자작나무」 중에서)기게 된다. 이는 곧 현실적 삶의 의미가 극복 의지로 전이(轉移)되면서 삶의 의지로 상승하게 되는 것이기 때문이다.

다가설 수 없는
나무와 나무 사이
겨울이 선명하다

작은 가지에 쌓인 눈 털어내며
찬바람 속에
잠을 청했을 그가

바람의 가시 끝에서
허기진 그림자 따라가는
겨울 뒷모습을 지켜보고 있다

따듯해지면 돌아오겠다고

떠나버린 철새들의 빈집 지키다가
그는

녹슨 울음소리를 내며
또 하루를 지우고

— 시 「텃새의 겨울」 전문

위 시작품에서 화자는 '텃새'와 일정한 거리를 두고 각자의 삶을 누린다. 그러나 각자라고 해서 전혀 각각의 따로따로가 아니다. 화자 이외의 화자를 대신하고 있는 '그'가 있다. '그'는 화자를 대신하면서 진술하고 있다. '그'는 '텃새'와의 관계를 가지는 또 다른 화자이다. 그 화자는 '다가설 수 없는/ 나무와 나무 사이/ 겨울이 선명하다'고 말한다. 잎이 다 떨어져버린 나무와 나무 사이의 간격이 너무 넓어져 겨울의 모습이 선명하게 나타난다. '작은 가지에 쌓인 눈 털어내'는 '찬바람 속에/ 잠을 청했을 그'는 '바람의 가시 끝에서/ 허기진 그림자 따라가는/ 겨울 뒷모습을 지켜보고 있다' 이제 겨울도 다 가고 있는가 보다. 문득 화자는 '따듯해지면 돌아오겠다고/ 떠나버린 철새들의 빈집'을 바라본다. 아니 철새들의 '빈집'으로부터 현실적 오늘이 떠나고 있는 겨울을 지켜보고 있다. 철새들의 '녹슨 울음소리를 내며/ 또 하루를 지우고' 또 다른 내일의 새로운 하루를 향하여 기다림을 잇는다. 「텃새의 겨울」은 오늘을 지우고 내일을 향한 새로운 삶의 길을 창조해내기를 기다리고 있는 것이다.

오늘날의 현실은 현실적인 삶으로부터 인생의 여러 가지 기묘한 요구에 의하여 보통의 상식이 하등의 소용에 닿지 못하고 있다. 현실적 상황 속에서 돌연 내던져 지고 있는 형편에 놓이기도 한다. 모든 것이 지나치다 할 정도로 복잡하여졌음은 물론 그에 따라 대처해야 할 상황의 다양성 때문에 일반적인, 상식적인, 관습적인 것보다는 보다 더 예외적인 사물에 대한 관조가 필요하게 되는 경우가 허다하다. 영혼으로부터 솟아나오는 지혜가 없이는 진실한 성숙을 맞을 수가 없다. 시 또한 그러하다. 한 편의 시는 한 시인의 고백에 의하여 이루어진다. 무릇 한 편의 시는 시인의 진실한 심정을 토로함으로써 창조된다. 그리함으로써 온 세상의 현재뿐만이 아니라 진미래제(盡未來際)에 이르기까지 보내지는 시인의 비장한 고백의 메시지라 할 수 있다. 시인 박여람 시의 고운 메시지가 온 누리에 번져 오늘을 살아가는 모든 사람들에게 새로운 삶의 지표가 되기를 바란다.

체험(體驗)으로부터의 살가운 삶의 추구(追求)

— 이영희 시집 『소리가 뜨겁다』의 시세계』

1.

일상생활에 있어서는 처음부터 너무 먼 데를 바라보고 무리할 정도로 자기 자신을 개조하려고 노력하기보다는 자기 능력에 충실하는 것이 무엇보다도 필요하다. 자기 능력에 충실하다는 것은 곧 자기 자신을 발견하려는 길이다. 처음부터 위대한 것을 바라면서 살아간다는 것이란 하루하루 살아가면서 언제나 커다란 정신적인 부담을 걸머지는 것이기 때문에, 자칫 현재나 과거의 자기 자신을 싫어하고 미워하는 자기혐오(自己嫌惡)에 빠져들기 쉽다. 그러므로 무엇보다도 살아가는 데에 있어서는 지금 이 순간의 주어진 생활에 먼저 충실해야 한다. 그러는 동안에 자기 자신에게서 발견되는 뜻하지 않은 힘에 의하여 자신의 정체성을 향유할 수 있게 된다. 그것은 곧 전력을 다하여 당당하게 일상생활과 마주함으로써 새로운 길로 향하는 희망이기도 하다.

이러한 의미에서 이영희의 시작품 속에서는 지금 이 순간의 일상생활과 깊이 연결되어 있음을 알 수 있다. 그의 시는 먼 데를 바라보는 시각에 따르는 것이 아니라 바로 눈앞에 펼쳐져 있는 '모든 지금 이 순간'의 생활과 깊은 관계를 맺고 있다. 뿐만 아니라 지금의 수준에서 전력을 다하여 당당하게 지금의 일상과 경쟁하고 있음을 보여준다. 그 때마다 그의 시는 좌절과 고통을 감내하면서 굴하지 않는 힘을, 현재에 머물며 아프면서도 그의 시선은 현재에서 새로운 빛을 발하고 있는 것이다. 시인 신동집이 말했듯이 '시작품(poem)이란 포에지(poesie)[8]와 의미와의 차갑고도 뜨거운 긴장에서만 우러나오는 산물이어야 할 것이다. 포에지와 의미 사이에 벌어지는 압력 갈등의 에너지는 실인즉 전달되어야 할 가장 뜻 깊은 시의 에너지인지도 모른다'(신동집의 「모래성 소감(所感)」 중에서). 따라서 모든 시에는 지금의 순간으로 이루어지는 희망의 빛이 될 수 있다. 시집 『소리가 뜨겁다』의 맨 앞에 있는 작품 「새」부터 살펴보기로 하자.

> 푸근한 잠을 깨고 보니
> 어느 틈에
> 혼자가 되었다
> 밤새 속삭이던 달콤한 언어들이
> 구름 속으로 젖어 들고
> 빛나던 나무는 흙빛으로 변했다
> 손에 쥐었다고 생각했던 무지개는 사라지고
> 두 눈앞에 쌓인 것은
> 모두 지나간 발그림자 뿐
> 돌이킬 수 없다

8) 포에지(poesie)란 자연이나 인생에 대한 감흥과 사상 따위를 함축적이고 운율적인 언어로 표현한 시세계가 갖는 정취를 말한다.

돌아 나가지도 앞으로 갈 수도 없는 지금
기댈 수조차 없는 절벽 위에 머물고 있다

—「새」 전문

화자에게 부여된 현실은 매섭다. 아니 일상은 매우 심하게 맵고 사납다. 따가울 정도로 심하기만 하다. 그것도 미리 예고되어 화자로 하여금 준비할 수 있는 시간적 여유를 주는 것아 아니라 '푸근한 잠을 깨고 보니/ 어느 틈에' 와 있다. 그 순간 '혼자가 되었다'는 것이다. '혼자'란 '고독'이다. '고독'이란 이 세상에서 가장 무서운 고통이다. '밤새 속삭이던 달콤한 언어들이/ 구름 속으로 젖어 들고/ 빛나던 나무는 흙빛으로 변했다'고 한다. 이것은 '혼자' 되어 자기 자신을 확인한 결과이기도 하다, 꿈꾸던 모든 '달콤한 언어', 즉 희망이라는 한 폭의 그림은 '구름 속에 젖어 들고' 끝내 보이지 아니한다. 어둠의 세계를 이룬다. '손에 쥐었다고 생각했던 무지개는 사라지고' 없다. 절망에 이르렀다는 것을 확인한다.

이러한 절망적 상황은 계속된다. '혼자'가 된 정황은 계속된다. '두 눈앞에 쌓인 것은/ 모두 지나간 발그림자 뿐/ 돌이킬 수 없다'고 한다. 확인된 절망적 상황은 '돌아 나가지도 앞으로 갈 수도 없는 지금' 현재의 정황이요 현실에 처한 상황이다. 화자가 '푸근한 잠을 깨고 보니/ 어느 틈에/ 혼자가 되'어 마주하세 된 현실이요, 시금 처해 있는 형편이나 모양이다. 결국 이러한 상황은 '기댈 수조차 없는 절벽 위에 머물고 있다'는 것이다. 따라서 이 시작품에서 화자가 인식한 현실은 '혼자'가 된 상황을 인식하면서부터 '달콤한 언어'들이 사라져 버리고, '빛나던 나무는 흙빛으로 변'해버린다. '무지개는 사라지고' 돌이킬 수 없는 '발그림자'만 남아 있으며, 마침내, '돌아 나가지도 앞으로 갈 수도 없는 지금/ 기댈 수조차 없는 절벽 위에 머물고 있'는, 이 일상의 순간과 깊이 연결되어 있음을 알 수 있다. 이것은 곧 자기 자신을 발견한 결과이기도 하다.

모름지기 한 마리의 「새」는 그 스스로 날 수 있는 이상의 하늘 높이로는 날지 않는다. 날 수 있는 만큼의 거리를 날아가고 날아온다. 그리고 어둠이 완전히 가시기전에, 적어도 하루의 정확한 시간쯤은 잘 알고 있다고 확신하는 듯이 스스로 날아가 노래하고, 어둠이 닿기 전에 날개를 접어 제 소리만으로 지저귐을 멈추고 나서 어둠을 맞을 뿐이다. 따라서 「새」는 이 시에서 말하고 있는 모든 절망적 상황, 이를 테면 '푸근한 잠을 깨'어 '혼자'가 되어 있음을 확인하고 '달콤한 언어들'을 잃고 '흙빛으로 변'해버린 '나무'와 더불어 '무지개는 사라지고' '돌이킬 수 없는 '발그림자' 뿐인 '돌아 나가지도 앞으로 갈 수도 없는 지금/ 기댈 수조차 없는 절벽 위에 머물고 있다'는 자아의 모습으로 되돌아온다. 화자는 모든 절망적 상황을 제시해 놓고 이를 「새」로 전환해버린다. 즉 모든 절망은 한 마리의 「새」로 하여금 일순 환태(換態)해 버린다. 「새」는 곧 절망에서 대 반전을 도모한 구원의 상징이요, 현실을 바로 인식한 자기 자신의 발견의 환유(換喩)이다. 또한 자기 몸을 돌보지 않고 지극한 정성으로 있는 힘을 다하고자 하는 자아 발견 노력의 소산이기도 하다.

화자는 이러한 순간 '우리 삶을 생각대로 다시 반복할 수 있다면/ 굽어진 길 없이 곧게 뻗은 길로 달릴 수 있을까'(시 「아이들이 공을 찬다」 중에서) 하고 자문하면서 짐짓 현실에서의 자기 자신의 길을 모색하기에 이른다. 다음 시작품을 살펴보자.

제라늄 제멋대로 뻗힌 줄기를
날카로운 칼로 살을 베어낸다
베어진 고통은 상관하지 않고
일단 하루 서늘한 바람으로 상처를 달래준다
다음 날 예쁜 그릇에 담고
튼튼하게 자라서 예쁜 꽃피워내라고 속삭인다
처음엔 시들하다가 며칠 지나니
화분 속에서 맥박이 뛴다는 걸 알았다
베인 상처쯤이야, 시린 삶의 무게를 담고
작은 뿌리 내렸다

매일 아침 안부를 나눈다
아무런 일도 일어날 것 같지 않은 고요 속에서
꽃망울이 생겼다
내일이면 활짝 핀 모습 보여줄 마음이 오늘은 더 따스하다
작은 상처쯤이야 하며 소소하게 웃는
제라늄

— 시 「삽목」 전문

화자는 먼저 '제라늄 제멋대로 뻗힌 줄기를/ 날카로운 칼로 살을 베어낸다'. 이는 「삽목」을 위한 첫 단계이다. '삽목(揷木)'이란 모식물(母植物)에서 일부를 잘라내어 새로운 식물을 키우는 방법의 하나로 식물

의 가지나 잎, 눈 따위를 꺾거나 잘라 흙에 꽂아서 뿌리를 내리게 하여 완전한 개체로 자라게 하기 위함이다. 삽목은 이는 유전적으로 동일한 식물을 생산할 수 있어 품종 보존에 유리하다. 식물로서는 번식을 위한 고통스러움이기도 하다. 그러나 화자는 '베어진 고통은 상관하지 않고/ 일단 하루 서늘한 바람으로 상처를 달래준다'. 화자는 이미 삽목으로 인한 '제라늄'의 고통을 알고 있다. '제멋대로 뻗힌 줄기를' 베어내어 올바르게 번식시키고자 하는 마음이지만 '일단 하루 서늘한 바람으로 상처를 달래'줌으로써 '제라늄'과 화자의 마음은 동일화를 이룬다. 뿐만 아니라 '다음 날 예쁜 그릇에 담고/ 튼튼하게 자라서 예쁜 꽃피워내라고 속삭'임으로써 '제라늄'으로 하여금 새로운 삶을 이루도록 한다. 이는 대상하는 '제라늄'으로 하여금 새로운 생에 대한 불타오르는 화자의 창조적 정신으로부터 비롯된 노력에의 기원이다. 또한 시적 대상의 생을 보다 아름답게 영위하도록 하려는, 이를 테면 어떤 목표를 향한 적극적인 의지 활동 모습이기도 하다. 따라서 '제라늄'은 삽목을 하기 위한 단순한 개체가 아니라 화자가 추구하고 갈망하고 있는 화자의 분신(分身)이라 아니할 수 없다. 그 결과 '제라늄'은 '처음엔 시들하다가 며칠 지나니/ 화분 속에서 맥박이 뛴다는 걸 알았다/ 베인 상처쯤이야, 시린 삶의 무게를 담고/ 작은 뿌리 내렸다'는 것이다.

'몸 지치고, 마음의 병 깊어가도/ 아낌없이 좁은 등 내어주는 감자/ 좁은 등을 발판으로/ 어린 싹을 푸릇한 잎으로 키워'(시 「감자」 중에서) 내는 「감자」와 같이 '제라늄'은 '제라늄'으로서의 새로운 삶을 맞아 화자와 '매일 아침 안부를 나눈다'고 한다. 화자와 더불어 삶의 교감을 나눈다. 이에 따라 '제라늄'에게는 '아무런 일도 일어날 것 같지 않은 고요 속에서/ 꽃망울이 생겼'다고 한다. 비로소 삽목으로 인하여 생을 완벽하게 이룬 것이며, 이러한 삶의 보람에 따라 화자 또한 '내일이면 활짝 핀 모습 보여줄 마음이 오늘은 더 따스하다'는 동일화된 완성된 삶을 이루게 된다. 따라서 회자는 「삽목」이라는 삶의 아픔이나 괴로움을 통하여 포착하게 된 생명의 진실한 아름다움을 형상화해준다. 그것은 '작은 상처쯤이야 하며 소소하게 웃는/ 제라늄'과 함께 재탄생의 영원한 가치를 보여주게 된 것이다. 바로 이러한 삶의 가치는 '사랑하자, 애절하게 울어대던 매미/ 하루를 천 년으로 살다가/ 쌓은 것 모두 다 남기고/ 미련 없이 간다'(시 「매미의 유산」 중에서)는 것에서도 살펴볼 수 있거니와, '뜨거운 손길로 다듬어진/ 붉은 울음 모아 꽃 피우기까지/ 얼마나 많은 고뇌의 시간을 보냈던가/ 놀라움으로 기쁜 탄성을/ 불러내는 아침'(시 「동백수목원에서」 중에서)이라고 외칠 수 있는 생명체의 기쁨이라 할 수 있다. 뿐만 아니라 '작은 소주잔을/ 비워내며 커지는/ 공허의 소리들이 무겁게/ 유영하고 있는 붉은 포장마차 안'(시 「붉은 포장마차」 중에서)과 같은 현실에서도 '되돌릴 수 없는 길에서는/ 그저 그래, 그래/ 지금 서 있는 자리가 극락인 거'(시 「너만 같으면 좋겠다」 중에서)라면서 질곡의 현실에서조차도 긍정적인 삶을 잃지 않고 밝고 힘차게 살아갈 수 있는 자세를 꿋꿋하게 이어나갈 수 있는 것이다.

2.

시를 읽는다는 것은 엄연한 체험이다. 뿐만 아니라 시를 쓴다는 것은 체험을 통하여 이루어진다고 할 만큼 시를 쓰는 데에 있어서 체험은 그만큼 중요하다. 영국의 소설가이자 비평가인 올더스 헉슬리

(Aldous Huxley, 1894~1963)는 『천재와 여신(1955)』에서 '체험에 대한 근본적인 본질은 시적(詩的)이야. 물론 자신의 생각이라는 건 모든 사람의 생각이거든. 그러니까 자기가 사는 세상은 한정된 교향의 최소공분모(最小公分母)로 구성되겠지. 그렇지만 순수한 시는 언제나 거기 있지—언제나.'라고 말한다. 또한 교육자이면서 농촌운동가인 류달영(柳達永, 1911~2004)은 『체험의 진리』에서 '인생은 체험을 통해서 성장해 간다. 체험을 통한 이야기와 체험을 가지지 않은 이야기는 가슴을 울리는 감동의 정도가 아주 다르다, 체험을 통해서 얻은 진리야말로 가장 뿌리가 깊고 또 확실한 신념의 토대가 될 수 있는 것이다. 참으로 슬기로운 사람은 나의 체험뿐만이 아니라 시공을 넘어선 남의 체험까지를 나의 것으로 승화시킬 수 있는 실력을 길러 나가야 하는 것이다'라 말한다. 또한 R.M.릴케(Rainer Maria Rilke, 1875~1926)는 『말테의 수기(手記, 1910)』에서 '시는 사람이 생각하는 것처럼 감정은 아니다. 시가 만일 감정이라면 나이 젊어서 이미 남아돌아갈 만큼 가지고 있지 않으면 안 된다. 시는 정말로 경험인 것이다'라고 말한다. 이에 따른다면 시에서는 자기 속의 체험 속에 가지고 있지 못한다면 아무데서나 찾을 수 없을 것이다. 다음의 시를 살펴보기로 하자.

잡초가 숲을 이룬 공터 한쪽에
사람들의 손길에서 벗어난
녹슨 자전거가 비스듬히 서 있다
한때는 푸른빛과 반짝거림과
빵빵한 타이어로

덜컹거리는 돌길이나 좁은 골목
아스팔트 넓은 길
가지 못할 곳이 없었다

녹슬어서 버려진 것이 아닌
버려져서 녹슬어버린 자전거

— 시 「녹슨 자전거」 전문

화자는 '잡초가 숲을 이룬 공터 한쪽에/ 사람들의 손길에서 벗어난/ 「녹슨 자전거」가 비스듬히 서 있'는 것을 발견한다. 그리고 그 '자전거'에게 '한때는 푸른빛과 반짝거림과 빵빵한 타이어'를 가졌었으리라는 과거를 떠올린다. 이는 두말 할 것도 없이 화자의 체험 속에 안존해 있던 '자전거'의 모습이다. 그 자전거와 더불어 '한때는 푸른빛과 반짝거림과/ 빵빵한 타이어로/ 덜컹거리는 돌길이나 좁은 골목/ 아스팔트 넓은 길/ 가지 못할 곳이 없었다'던 체험을 구체적으로 생생하게 떠올린다. 그 체험 속의 '자전거'는 화자에게 '한때는 푸른빛과 반짝거림과/ 빵빵한 타이어로' 기억되고 있으며 그 자전거와 더불어 즐겼던 활기찼던 젊은 시절(아니면 어린 시절)의 기억을 떠올린다. 그 시절은 화자의 일생에 있어서 '자전거'와 함께 어쩌면 가장 힘이 넘치고 생기가 가득하였던 때였는지도 모른다. 거칠 것이 없이 망설임도 없이 당당하게 인생의 '덜컹거리는 돌길이나 좁은 골목/ 아스팔트 넓은 길/ 가지 못할 곳이 없었'을 정도로 살아온 지난날의 세월을 화자는 체험 속으로부터 되살려놓는다. '덜컹거리는 돌길이나 좁은 골목'을 지나온 험한 삶의 길, 그러나 '아스팔트 넓은 길'이란 기쁨과 즐거움에 가득한 순간의 삶까지도 지금은 '비스듬히 서 있'는 '녹슨 자전거'로부터 생생하게 떠올린다. 화자는 이 자전거로부터 지나온 삶의 애환을 그려보게 되는 것이다.

이렇게 '자전거'로부터 지난날의 체험을 떠올리던 화자는 지금까지 길고 길게 살아온 삶의 애환을 한 마디 삶의 진리와 가치로 진술한다. '녹슬어서 버려진 것이 아닌/ 버려져서 녹슬어버린 자전거'—이로서 화자에게서 뿐만이 아니라 이 시작품을 만나는 모든 사람들에게 던져주는 삶에의 경구(警句)와도 같은 진리와 가치를 말해주고 있다. 그렇다. 이 시의 화자는 일상에서 만난 '자전거'로부터 정서적인 반응을 일으켰으나, 이러한 반응으로부터 말로 다 표현할 수 없는 삶의 진리를 말해주고 있다. 시는 분명한 진리이며 단순한 삶의 한 모습이기도 하다. 그것은 시적 대상에 의하여 가려져 있던 어떤 상징성과 암유(暗喩)로 넘어 삶의 자세를 제시해 놓는다. 이는 곧 한 편의 시는 화자 자신의 체험 속에서 우수한 실재(實在), 즉 실재의 세계보다 고귀하고 더 선택된 세계를 낳게 한 것이라고 볼 수 있다. 시 「녹슨 자전거」는 첫째 연에서 보여준 체험의 구체적인 실체를 통하여 '녹슬어서 버려진 것이 아닌/ 버려져서 녹슬어버린 자전거'로 하여금 '녹슬어서 버려진 것'이라는 관습적이며 일상화되어 있는 삶의 한 모습으로부터 '버려져서 녹슬어버린' 것이라는 탈 자동화의 모습을 보여준다. 이는 이미 친숙해 버렸거나 반복되어 참신하지 않은 사물이나 관념을 특수화하고 낯설게 하여 새로운 느낌을 갖도록 해주는 명편(名篇)의 탄생을 보여준 것이기도 하다.

그렇다. 화자는 삶이란 '해묵은 각질을 거둬내자/ 망각 속으로 지워졌던 기억들이/ 느리게 돌아오는 풍경이 있'(시 「바람은 머물지 않는다」 중에서)다는 것을 보여준다. 삶이란 또한 '피었다지는 짧은 생이라도/ 향기로운 배려를 나누며 살아가라는/ 바람이 전하는 말 듣고 있'(시 「내 마음의 무늬 읽기」 중에서)어야 할 것이라는 것을 일깨워주고 있기도 하다.

산다는 것은
외로움을 안고 사는 일이다
때론 바람이 다가와 말을 건네고
나뭇잎들도 서로를 부비며 안부를 묻지만
비가 내리면
나는 너의 안부가 궁금하다
빗방울이 모여
땅속으로 스며들다가
작은 시내를 만들어
아래로 굴러간다
결코 거슬러 오르지는 않는다
테라스에 앉아 창밖을 지켜보는
나는, 산다는 것은 그런 거라고 끄덕이며
그래그래, 하고 있다

— 시 「산다는 것은」 전문

위 시작품에서 화자는 '산다는 것은/ 외로움을 안고 사는 일이다'라는 화두를 시작으로 '나는, 산다는 것은 그런 거라고 끄덕이며/ 그래그래, 하고 있다'고 화두에 대한 긍정적인 답으로 끝을 맺고 있다. 이 화두의 시작과 끝을 제외하면 모두 체험으로부터 얻은 실체(實體)이다. 곧 체험의 실체인 것이다. '때론 바람이 다가와 말을 건네고/ 나뭇잎들도 서로를 부비며 안부를 묻지만/ 비가 내리면/ 나는 너의 안부가 궁금하다'고 한다. 화자는 '때론 바람이 다가와 말을 건네고/ 나뭇잎들도 서로를 부비며 안부를 묻'고 있는 사실을 발견하고, '바람'과 '나뭇잎'이 '서로를 부비며 안부를 묻고'있는 모습으로부터 '산다는 것'의 실체를 발견해낸다. 그리고 '비가 내리면/ 나는 너의 안부가 궁금하다'고 한다. '다가와 말을 건네고' '서로를 부비며 안부를 묻'는 '바람'과 '나뭇잎'의 실체로부터 「산다는 것은」이라는 화두의 의미를 '비가 내리면/ 나는 너의 안부가 궁금하다'는 의미로 확산해나간다. 즉 '바람'과 '나뭇잎'이 나누는 '안부'가 '너와 나'로까지 낯설게 이어주고 있다. 이것은 '국화'와 '소쩍새' '국화'와 '천둥'과 '먹구름'으로 연(緣)하여 이어져 새로운 의미를 창출해낸 서정주의 『국화 옆에서』가 보여준 낯설게 표현하기라 하겠다.

화자는 결국 '빗방울이 모여/ 땅속으로 스며들다가/ 작은 시내를 만들어/ 아래로 굴러간다/ 결코 거슬러 오르지는 않는다'는 「산다는 것은」의 의미를 자연의 실체로부터 얻는다. 바로 '빗방울'의 무위(無爲, action without intention)한 삶의 원리이다. '빗방울'은 일체의 부자연스러운 행위, 인위적 행위가 없다. '결코 거슬러 오르지는 않는다'는 자연 그대로의 일상생활 속 행동이 있을 뿐이다. 무위자연(無爲自然)이다. 「산다는 것은」 '빗방울' 자연의 원리에 따르며, 인간의 노력이 아닌 자연스러운 흐름에 따르듯이 한다는 것이다. 그러한 무위의 모습을

'테라스에 앉아 창밖을 지켜보는/ 나는, 산다는 것은 그런 거라고 끄덕이며/ 그래그래, 하고 있'거니와 이는 「산다는 것은」 곧 어떠한 힘쓰는 일이 없이 무작정 노력하지 않고 자연스러운 흐름에 따라 노력 없이 이루어지는 것임을 말해주고 있다. 화두와 이에 대한 무위자연(無爲自然)의 삶의 자세를 체험의 실체로부터 발견하고, 이에 따른 얻은 삶의 의미를 수미쌍관적(首尾雙關的)으로 마무리한 또 한 편의 명편이라 하겠다.

이러한 화자의 시작 태도는 '발칸반도 여행 중에서'도 '바다에 취해 보내는 시간 속으로/ 부메랑 닮은 초승달이 뜨니/ 멀리 나의 고향 집에서/ 쑥불이 피어오르고/ 툇마루에 앉으신 어머니가/ 어린 자식들을 부르고 있'(시 「가까운 행복을 만나다」 중에서)는 가운데에서도 행복을 만나게 될 수 있는 것이 아닐까. '소리 속엔 공간이 있듯이/ 먹구름이 막아서도 두려워 말고/ 황혼 길을 함께 걷자고 내 손을 잡아'(시 「언니의 고희연」 중에서)주는 일상의 체험 속에서 살가운 삶을 누릴 수 있는 것이라 하겠다.

3.

일상으로 살아가는 삶에는 언제나 고통이 뒤따르게 된다. 아무리 짧은 순간의 삶이라 해도 고통은 멈추지 않는다. 그러한 의미에서 삶은 일종의 공포라 할 수 있지 않을까. 현재의 모든 삶은 고통이며 일종의 공포라 해도 과언이 아닐 것이다. 예측할 수 없는 삶이라든가, 전혀 예측이 불가능한 삶이라 할지라도 그곳에서는 언제나 공포와 고통이 함께 한다. 그럼에도 불구하고 공포와 고통의 삶이 없는 세상만을 꿈꾸며 살아가지 않는다. 오히려 더불어 살아간다. 아니 고통과 공포를 전혀 의식하며 살아가지 않는다. 그래서일까. 때때로 고통과 공포를 사랑하며 살아가는 것인지도 모른다. 고통과 공포란 삶의 아픔이기 때문이다. 아픔이 없는 삶이란 인생의 최고 목표인 '산다'는 것이다.

산다는 것에는 항상 이 아픔과 함께 한다. 아니 함께 하기 마련이다. 그 아픔이란 살아가는 데에 드리워진 짙은 그늘이다. 그 그늘 속에 끊임없이 자라났다가 사라지기를 거듭하는 허상(虛像)의 실체(實體)이다. 분명히 존재하면서도 잡혀지지 않는 아픔이라서 때때로 쉽게 잊히기도 한다. 아니 기억조차도 없고, 설사 기억에서 살아난다 할지라도 어제와 오늘과 내일의 고통은 전혀 다르다. 그러다 보면 '산다'는 것을 모르면서 지나치기 일쑤다. 그래서 '산다'는 것 그 자체를 사랑하게 되는 것이요, 사랑해야 되는 것이 아닐까. 그런 가운데 때때로 '지옥 같다'는 말을 듣곤 한다. 그렇다면 과연 지옥을 본 사람이 있을까. 지옥에서 살아본 사람이 있을까. 그럼에도 불구하고 왜 이런 말이 나오는 것일까. '지옥(地獄)'이란 단지 아주 괴롭거나 더없이 참담한 환경이나 형편을 비유적으로 이르는 말일 뿐이다. 그럼에도 불구하고 실존처럼 지옥을 말하곤 한다. 그러고 보면 지옥이란 각자 자기 자신을 확인함으로써 인식되어지는 '자아 인식 세계의 순간적 삶의 공간'이라고 말할 수 있다. 다음 시작품을 살펴보기로 하자.

작은 바람에도 뿌리가 흔들리는 밤
침대에 누웠다가도 벌떡
어둠 속에서도 감기지 않는 눈

겉모습은 빈틈없이
단단해 보이는 여자인 척하지만
속은 온통 허점이 많다

진솔한 마음은 어떠한 것인가

몸이 끓는다
머릿속엔 어리석음이 증기가 되어
더 팍팍거린다
정리하고 비워내야만
빼앗긴 마음을 채울 수 있다지

밖에서는
번개가 번쩍거리고
천둥소리가 통터져 울리고
소나기가 퍼붓고, 그래서 길이 막히고
순식간에 물이 차 오른다

나의 세상 속으로
들어오지 못한다
이제껏 보지 못한 생지옥의 불꽃처럼
기침없이 활활, 티오르듯
허덕이며 달려오듯이
초조하게 기다렸던, 텅 빈 방 안

— 시 「지옥의 발견」 전문

화자는 지금 '작은 바람에도 뿌리가 흔들리는 밤'이란 시간적 공간에 있다. 자아발견을 위한 시간적 배경이 '밤'이다. 흔히 밤이란 모든 활동으로부터 휴식을 취하기 위한 시간이다. 그러나 밤은 어둠의 세계이다. 모든 것이 서로 어울려 있되 보이지도 확인되지도 아니한 불확실한 시간이다. 그래서 모든 절망과 수치심이 가려진 채 뒤섞이어 난무하는 불분명한 순간이다. 그러나 한편으로는 어둠으로써 진실을 밝혀주는 하나의 묵시록(黙示錄)이기도 하다. 그러하기 때문에 '작은 바람'에도 불구하고 '뿌리가 흔들리는'듯이 모든 실체를 송두리째 숨기어 알려주는 '밤'을 이룬다. '침대에 누웠다가도 벌떡/ 어둠 속에서도 감기지 않는 눈'으로 자신을 확인하는 순간 '겉모습은 빈틈없이/ 단단해 보이는 여자인 척하지만/ 속은 온통 허점이 많'은 자아를 발견하게 된다. '밤'과 상대적인 개념의 시간적 배경인 '낮'은 곧 이러한 자아의 실체로 내세운 배경임을 깨닫게 한다. 즉 '밤'은 높고 낮음과 밝고 어두움과, 맑고 흐림의 차별도 없이 순수하고 밝음은 물론 태고적인 동일함에서 밝혀진 자아의 실체는 '속은 온통 허점이 많'은 '여자'임을 깨닫는다. 화자는 자신을 바라보며 깊은 명상에 잠긴다. '진솔한 마음은 어떠한 것인가'라는 자문(自問)에 이어진다. 그 결과 애처롭게도 어둡고 묵묵하여 머물고 있는 자리와 방향을 잃어 혼란 시켜버린 「지옥의 발견」으로 휩쓸려 들어오고 만다. '몸이 끓는다/ 머릿속엔 어리석음이 증기가 되어/ 더 팍팍거린다'면서도 '정리하고 비워내야만/ 빼앗긴 마음을 채울 수 있'는 믿음으로 마음을 다스리려 하지만 결국 화자는 '빼앗긴 마음을 채울 수 있다'는 기다림도 저버린 채 파괴되어버린 애통한 밤에 머물고 있는 자아를 발견하게 된다.

‘안’과 ‘밖’으로 나누어진 채 슬퍼하고 애통할 수밖에 없는 시간의 ‘밤’, 그것은 ‘밖에서는/ 번개가 번쩍거리고/ 천둥소리가 통터져 울리고/ 소나기가 퍼붓고, 그래서 길이 막히고/ 순식간에 물이 차 오른’ 공포와 고통의 밤이다. 그리고 ‘나의 세상 속으로/ 들어오지 못한다’는 ‘안’에서는 ‘이제껏 보지 못한 생지옥의 불꽃처럼/ 거침없이 활활, 타오르듯/ 허덕이며 달려오듯이/ 초조하게 기다렸던, 텅 빈 방 안’ 을 이룬 것이다. 화자는 자아를 둘러싼 ‘안’과 ‘밖’에서 일어나는 고통과 절망을 가장 사실적으로 그려놓음으로써 더 이상 괴롭거나 더없이 참담한 ‘밤’을 생생하게 「지옥의 발견」으로 보여준 것이다.

이러한 「지옥의 발견」은 ‘어긋난 초점 밖/ 완강한 발톱으로/ 그 끝없는 왜곡 속으로/ 온전하게 나를 던져 넣은 것은 누구인가’(시 「안경」 중에서)를 생각하게 하면서도 ‘뒤 돌아보면 기찻길처럼/ 평행선이 길게/ 펼쳐진 사이’(시 「어색한 사이」 중에서)로 이루어진 세상을 만나게 하고 있는 것이다. 그래서인지 화자는 몸부림으로 대처하고 있는 모습을 적나라하게 보여주고 있다.

> 세찬 바람에게
> 몰매를 맞는 느티나무를 본다
>
> 나무는
> 온몸으로 막아서고 있다
>
> 그만 하라고 말없이 손사래를 쳐도
> 동네 일진들처럼 나무를 향해 주먹을 날리는 바람

잠시 멈추는가 했더니 다시 시작되는 주먹질
나무는 휘청거리며 아우성친다
바람은 기세를 놓지 않고 곁에 있던
창문을 밀고 안으로 들어오려고 한다

어림없다,
결코 너를 허락할 수 없다
오늘은 너에게 작은 틈도 줄 수 없다

너와 나,
지금은, 치열한 대치 중

— 시 「지금은 대치 중」 중에서

당시 유럽적 시각과 정서를 가진 유일한 러시아 작가로서 대표작이자 최고의 걸작으로 평가받는 『아버지와 아들』의 I.S.투르게네프(Ivan Sergeyevich Turgenev, 1818~1883)는 '삶이란 끊임없이 둘로 분열되려는 현상과, 다른 한편 끊임없이 하나로 합쳐지려는 현상 사이에서 계속 타협해 나가며 동시에 끊임없이 투쟁해 나가는 과정 이외에 아무것도 아니'(I.S.투르게네프의 『햄릿과 돈 키호테』에서)라고 한다. 위 시작품에서 보이는 화자의 '느티나무'와 '바람', 그리고 '너와 나' 사이에 벌어지는 투쟁의 모습은 자못 치열하다 못해 처절하기까지 하다. 세차게 몰아치는 '바람'과 이에 '온몸으로 막아서'는 '나무'는 현실과의 치열한 생존 경쟁을 벌이고 있는 화자의 모습이다. '나무'가 아무리 '그만 하라고 말없이 손사래를 쳐도' '바람'은 마치 '동네 일진들처럼 나무를 향해

주먹을 날'린다. 이는 현실 속에서 불안과 혼돈으로 살아가고 있는 현대인의 힘겨운 모습이기도 하다.

'잠시 멈추는가 했더니 다시 시작되는 주먹질'하는 '바람'은 그칠 줄을 모르고, 이에 맞서는 '나무는 휘청거리며 아우성' 치고 있거니와, 현실적인 삶을 영위하기 위하여 끊임없이 엄습해 오는 시대적인 공포와 고통으로부터 헤아릴 수 없는 마찰과 무용의 접촉을 피하지 못한 채로 살아갈 수밖에 없는 현대인의 격렬한 삶에 있어서는 '기세를 놓지 않고 곁에 있던/ 창문을 밀고 안으로 들어오려'는 '바람'과의 대치는 치열할 수밖에 없다. 이에 따라 물리적이고 냉정한 자아의 삶을 확보하기 위하여 '나무'는 '어림없다,/ 결코 너를 허락할 수 없다/ 오늘은 너에게 작은 틈도 줄 수 없다'는 비장함을 갖추지 않으면 안 된다. 화자는 생존을 위하여 자기 욕구를 최대한으로 충족시키기 위해서는 '지금은, 치열한 대치 중'일 수밖에 없는 것이다. 오늘날의 인정이 없고 모질기만한 각박한 현실은 확실히 어떠한 운명적인 것과 대결하지 않으면 안 되는 시기에 머물고 있으며, 이에 따라 시대적인 결정을 짓지 않고서는 그대로 살아갈 수만은 없는 것일 뿐만 아니라 항상 '지금은, 치열한 대치 중'일 수밖에 없다는 것을 화자는 말하고 있는 것이다.

그러므로 오늘날의 현실은 '이상기온으로 때를 가리지 않고 피어나는 꽃들/ 잠시 꽃 옆에 앉아/ 카메라 셔터를 누르지만/ 볼품없이 지쳐 있는 모습은 삭제'(시 「묵언의 터널을 가다」 중에서)하며 살아가게 한다. '동네 사람들 옹기종기 소식 나누고/ 푸성귀를 말끔히 씻어주던 우물가'는 물론이요 '유년의 그림 속에는/ 마르지 않는 큰 우물이 보인다'면서도 '입 다문 자리에 서 있'(시 「우물의 명상」 중에서)음을 확인할 수조차 없게 된 현실에서 살아가고 있다는 것을 깨닫게 한다.

4.

지금까지 이영희 시인의 시작품 82편을 중심으로 시 속에 나타난 현실성과 더불어 그 현실 속에서의 체험이 어떻게 용해되어 있으며, 어떠한 현실에 대응하고 있는가를 중심으로 살펴보았다. 그러다가 문득 불과 3, 4행으로 이루어진 단시(短詩) 작품 속에 모든 것이 응고(凝固)되어 있다는 것을 알게 되었다. '누군가에게는 꼭 지키는 약속이고/ 누군가의 상처가 씻겨가길 바램이고/ 누군가에게는 새로운 일의 시작이다'(시 「비는」 전문)라는 작품에서 볼 수 있는 바와 같이 같은 대상을 두고서도 다의적인 시선에 따라서 지금 모든 순간의 생활과 깊은 관계를 맺고 있거니와 이는 곧 자기 자신을 발견한 결과이기도 하다. 따라서 질곡의 현실에서조차도 긍정적인 삶을 잃지 않고 밝고 힘차게 살아갈 수 있는 자세를 꿋꿋하게 이어가는 것을 알 수 있었다.

또한 '세상일은 입을 닫고/ 귀와 마음은 문을 없애 봐/ 그래야 공정이 늘어날 거야/ 화난 날씨, 오늘이 두렵다'(시 「화난 날씨」 전문)에서와 같이 세상일에 대하여 먼저 성급하지 말고, '귀와 마음은 문을 없애'면서 모든 사실을 바로 귀와 마음을 문을 없애어 공정(公正)함을 도모해야 한다는 교시성(敎示性)을 보여준다. 화자는 불안과 혼돈으로 살아가지 않으면 안 되는 현실에 대하여 '화난 날씨, 오늘이 두렵다'는 경고성(警告性) 메시지를 보내기도 한다.

끝으로 '짧은 시간/ 우린 그렇게 또 만났다/ 순간으로/ 노란 빛으로 물든 저녁'(시 「유혹」 전문) 시간에 「유혹(誘惑)」되었음을 알게 한다. 꾀임에 빠져 마음이 현혹하거나 좋지 아니한 길로 이끌린 것이 아니라 어둠의 시간에 노란색이 주는 활기찬, 밝은 느낌과 활기찬 빛으로, 긍정적인 현실을 보여주고 있는 것이기도 하다. 따라서 행복, 기쁨, 활력, 창의력 등과 관련되어 있기도 한 노란색의 상징성은 태양이나 따뜻한 날씨와 연결되어 있음에 더욱 더 명쾌하고 즐거운 시간을 상기시킨다. 이것은 바로 이영희의 시세계가 체험(體驗)으로부터 살가운 삶을 추구(追求)하고자 한 현실 세계의 한 모습이기도 하다. 그의 시세계가 모쪼록 새로운 시의 전형(典型)을 보여주면서 자리매김하게 되기를 빈다.

견고(堅固)한 삶, 최선(最善)의 실현(實現)

— 정중화 시집 『냉장고를 사야하는 이유』의 시세계

시는 시인의 사상(事象), 즉 시인이 관찰할 수 있는 형태를 취하여 나타나는 여러 가지 사물과 현상을 언어라는 표현 수단을 통하여 강제적으로 새롭게 일반화 내지는 보편화를 함으로써 시인 나름으로 이미 관념화 되어 있는 것을 구체적인 행동이나 형태로 표현하거나 실현한 창조물이라 할 수 있다. 이에 따라 시인은 시를 통하여 어떠한 사상에 생기를 주어 힘차게 하고, 실제보다도 높고 소중한 가치가 부여해주면서, 이미 존재하고 있는 가치를 보다 더 고상하고 깨끗한 존재로서 한 편의 시작품으로 재생산해 놓는다. 이와 같은 과정을 통하여 한 편의 시는 여러 가지 정서적 반응에 따라 수없이 많은 이미지들로 하여금 새로운 실체를 재구성하도록 함으로써 본래 가지고 있던 실재를 보다 더 높은 차원의 가치를 부여해준다.

따라서 시는 시인의 눈에 따라 보다 더 아름답고 순수하고 위대한 것으로 표현되는 것이며 이미 대상에 뒤덮혀진 상징과 비유로부터 벗어나 지금까지 전무후무(前無後無)한 새로운 존재를 말해주고 있는 아름다운 생(生)을 알게 한다.

아내 웃는 모습이 하얀 민들레꽃 같습니다

대추나무 사과나무 밑에서 슬쩍, 조팝나무 울타리를 따라 몸을 내미는 봄볕 같습니다

땀이 밥인지도 모르고 홀씨 되어 따라온 새색시가 드세고 달착지근한 질경이가 되었습니다 어떤 날은 풀비린내 나는 쇠비름 같기도 하고 또 다른 날은 묵나물 같은, 한 다발 내 품에 안겨 온 개망초 같기도 합니다

움트기 시작한 봄날을 거닐며 스물일곱 민들레꽃 같은 파릇파릇한 날의 그녀로 돌아갑니다 돋아나는 저 풀꽃들이 예순 고개 한참 넘은 아내를 아지랑이처럼 간지럽히고 있습니다

텃밭 가꾸기 한답시고 물큰하게 익어가는 아내를 새삼 지켜보고 있는 겁니다

— 시 「텃밭 가꾸기」 전문

이 시작품에서 화자는 '텃밭 가꾸기'를 하는 아내의 웃는 모습으로부터 '하얀 민들레꽃'을 발견하게 된다. 이쯤에서 아내는 이미 화자의 '아내'가 아니라 '민들레꽃'으로 재탄생되어 있다. 원줄기 없이 모든 잎은 뿌리에서 나와 비스듬히 서고 자라면서, 처음에는 꽃자루 잎보다 짧게 나와 그 끝에 하얀 꽃송이가 꽃대의 끝에 뭉쳐 붙어서 머리 모양을 이룬 두상호(頭狀花)로 한 깨씩 달린다. 꽃이 피고 열매가 맺힐 때쯤엔 꽃자루가 잎보다 훨씬 길어지는 민들레꽃, 이러한 구체적인 하얀 민들레

꽃은 화자에 의하여 재탄생된 아내의 모습이다. 그리고는 다시 '대추나무 사과나무 밑에서 슬쩍, 조팝나무 울타리를 따라 몸을 내미는 봄볕'으로 환치된다. 뿐만 아니라 일상생활에서 '땀이 밥인지도 모르고 홀씨 되어 따라온 새색시가 드세고 달착지근한 질경이'로, '풀비린내' 나는 야생 식물과 같은 근성을 가진 '쇠비름'으로, 제철에 뜯어서 말려두었다가 이듬해 봄에 먹는 나물 같은 '묵나물'로, 언제 어디서나 만날 수 있는 다정하고 순수한 '개망초'로 아내의 이미지는 강제적으로 보편화되면서 아내는 아름답고 순수하고 위대한 모습으로 구체화된다.

이러한 아내의 모습은 '움트기 시작한 봄날을 거닐며 스물일곱 민들레꽃'으로 피어 지난날의 아름다운 추억 속의 '파릇파릇한 날의 그녀'로 돌아가고, '돋아나는 저 풀꽃들이 예순 고개 한참 넘은 아내를 아지랑이처럼 간지럽히고 있'는 체현된 정경 속에 묻히게 된다. 이에 따라 화자는 '텃밭 가꾸기 한답시고 물큰하게 익어가는 아내를 새삼 지켜보고 있는' 보편화한 것을 일상생활 속에서 체현해냄으로써 활기를 찾게 하고 현실적 삶의 가치를 새롭게 구현해낸다.

사실 시인은 일상의 생활 중에서 어떠한 상황이나 사물로부터 느끼는 어떠한 개인적인 정서로부터 새로운 것을 찾거나 찾으려는 노력의 결과에 따라 단순하거나 복잡한 것을 표현하려고 노력하곤 한다. 그 결과 이제까지 보아왔던 것으로부터 한참을 벗어나거나 전혀 새로이 보이는 것을 표현함으로써 발견하는 문자 표현의 한 양태에 스스로 즐거움을 느끼게 되는 것이며 , 이를 바라보는 다른 사람의 정서의 실마리를 끌어내 줌으로써 새로운 즐거움을 느끼게 해주기도 한다.

마주 보고
환하게 웃었다

착각은 순간밖에 위안하지 못한다는 말에
영원이 어두워졌다

내일이 까마득해졌다
잘못을 시인하고 싶지는 않았다

전등 불빛이 뿌옇게 흐려졌다
부둥켜안고 바라보고만 있었다

시간이 멀뚱멀뚱 쳐다보고 있었다

— 시 「거울」 전문

이 시작품 속에서 화자는 한 장 「거울」 앞에서 '거울'과 마주 보고 있다. 아니 거울 속의 '나'와 서로 마주 보고 있다. 거울을 마주하는 순간 화자는 자신이 마주하고 있는 거울을 인식하거나 거울과 마주하고 있다는 사실을 굳이 인식하고 있지 아니한다. 마주 보고 있는 「거울」을 인식하고 있기보다는 '거울' 속의 화자를 보고 있다는 사실만을 오히려 인식하고 있는 것이다. 그리고 그러한 사실에서 거울 속의 화자와 '마주 보고/ 환하게 웃었다'는 사실에 인식의 깊이를 높이고 있다. 그러한 가운데 '환하게 웃었다'는 사실을 하나의 '착각'으로 인지하고 있음을 깨닫는다. 그러면서 그렇게 '환하게 웃었다'는 것을 '착각'으로 '순간밖에 위안하지 못한다는 말' 에, 즉 '환하게 웃었다'는 사실이 실은 '착각'으로 인하여 '순간밖에 위안하지 못한다는 말에' 그만 '순간'이 아니라 '영원까지 어두워졌다'는 것을 깨닫게 된다. 한 순간의 거울을 보고 있는 순간에 '환하게 웃었다'는 것이 결국 '순간밖에 위안 하지 못한다'는 생각으로 인하여 '영원이 어두워졌다'는 사실로의 확산으로 인하여 단순하게 「거울」에 비친 화자 자신의 미래, 즉 '내일이 까마득해졌다'는 것이며, 이것은 화자 자신의 내면적 인식의 그릇된 '착각'의 결과인 줄 알게 되었지만 화자는 굳이 이를 화자 자신의 '잘못을 시인하고 싶지 않다'고 말한다. 이는 일종의 자기 부정의 인식으로 자기 자신의 존재를 부정하는 일로서 변증법적 발전의 논리에 있어서 존재의 가장 근본적인 성격의 하나이기도 하다.

이와 같은 화자의 자기 부정은 화자를 현실적인 삶의 상황을 '전등불빛이 뿌옇게 흐려졌다'는 것을 인식하게 되고, 결국에는 그러한 상황에 '부둥켜안고 바라보고만 있었다'면서 직접 관계하거나 그러한 상황에 적극적으로 대처하지 아니하고 오히려 체념한 듯 삶에 지친 모습을 그대로 보여주고 있다. 이에 따라 과거, 현재, 미래로 이어져 머무름이 없이 일정한 빠르기로 무한히 연속되는 시간의 흐름 속에서 무기력하게 살아가고 있는 현대인의 일 면목을 그대로 보여주고 있거니와 한 시점에서 다른 시점까지의 시간 속에서 살아가고 있는 자기 자신에 대한 의식이나 관념에 대한 무기력한 현대인의 한 모습을 발견하도록 해준다.

이 세상 살아가고 있는 사람이라면 누구에게나 가장 긴요하고 중대한 현실은 자신으로부터 비롯한다. 현실 속에서 어떻게 존재하고 있는

가. 자신의 존재에 관한 일을 어떻게 해설하려고 노력하고 있는가, 그렇다면 화자는 현실 속에서 살아가고 있는 자신의 모습을 어떠한 존재로 인식하고 있는가. 현실이 이상과 결합하였을 때 과연 무엇을 확인하고 있는 것일까.

나는 나무입니다
푸른 산국(山國)의 수호자이자
광활한 사막 오아시스의 이정표입니다
누군가의 안식처이지만
삶의 방향을 바꾸지는 못합니다

나그네의 쉬어갈 그늘이자
듬직한 동반자의 가슴입니다
안온한 품이거나 기댈 수 있는
푸른 하늘입니다

시간을 거슬러 오른
어제이자 오늘 그리고 내일입니다
오는 것들과 가는 것들에게
마음을 전하는 전달자입니다

더 넓게 더 높이, 라는 가치로
쓸모를 가리는 세상이 가끔 편치 않고
새들의 소슬한 날갯짓에 외로워지기도 하지만
그늘의 틈새로 새어드는 햇살에

비로소 숲임을 깨닫는 나무

세월의 뒤안길에서
잘 살았구나, 돌아보며
이파리 가만히 흔들어보는
나는 늙어가는 나무입니다

— 시 「늙어가는 나무」 전문

화자는 먼저 이 시작품에서 '나무=나'로 정의하면서 '나무'를 통하여 화자 스스로의 존재를 확인해주고 있다. 그리고 '나무'는 곧 '푸른 산국(山國)의 수호자이자/ 광활한 사막 오아시스의 이정표'라고 아예 정의(定義)해놓고 있다. 화자에 의하면 '나무'에 대하여 어떤 개념의 외연에 대하여 내포를 구성하는 여러 속성 가운데 본질적인 속성을 제시하여 그 내포를 한정하고 있는 것이다. 따라서 이 시작품에서 '나무'는 수호자(守護者)이며 이정표(里程標)라는 것이다. 즉 푸른 산을 지키고 보호해 주고 있으며, 발전 과정에 있어서 획기적 계기나 지침이 될 만한 사방향이나 거리 등을 적어 세워 놓은 표지이다. 다시 말하면 나무는 삶의 방향을 확신하는 미래로 나아가도록 제시해주는 역할을 하고 있는 것이다. 또한 '나무'는 '시간을 거슬러 오른/ 어제이자 오늘 그리고 내일'일 뿐만 아니라 '오는 것들과 가는 것들에게/ 마음을 전하는 전달자'로서 초월적인 존재이며 도반이기도 하다.

여기서 신(神)을 '우주 만물과 인류를 창조하고 구원하는 존재'라 할 때 화자에게 있어서는 '나무'는 곧 신과 같은 존재이다. 여기에서 잠깐

J.W.괴테의 『신(神)과 심정(心情)과 세계(世界)』를 살펴보기로 하자

> 단순히 외계로부터 세계를 움직일 수 있는 신이란 무엇인가. 그 손끝으로 우주를 회전시키는 신이란 무엇인가. 세계를 내부로부터 움직이게 함으로써 참신(神)이다. 자연을 자기 속에 지니고 자기를 자연 속에 포함시키고, 그 속에 생동하고 존재하는 전부가 그의 힘을 나타내고 그의 정신을 마음에 새겨 지킴으로써 정신이다

그러므로 화자에게는 한 나무는 '나그네의 쉬어갈 그늘이자/ 듬직한 동반자의 가슴'인 것이며, '안온한 품이거나 기댈 수 있는/ 푸른 하늘'이거니와 곧 신이기도 하다. 이에 따라 '나무'는 또 '시간을 거슬러 오른/ 어제이자 오늘 그리고 내일'인 시간을 초월하는 초시간적 존재인 것이며, '오는 것들과 가는 것들에게/ 마음을 전하는 전달자'인 초능력자인 것이다. 또한 '나무'는 '더 넓게 더 높이, 라는 가치로/ 쓸모를 가리는 세상이 가끔 편치 않고/ 새들의 소슬한 날갯짓에 외로워지기도 하지만/ 그늘의 틈새로 새어드는 햇살에/ 비로소 숲임을 깨닫는 나무'인 까닭에 화자의 '모든 것'이 곧 '나무'인 까닭에 화자의 정신이기도 하다. 그러므로 결국 화자는 '나무'로부터 세월과 함께 「늙어가는 나무」가 되어 신(神)과 함께하는 전체인 것이기도 하다.

나무가 아니라고 하지 마라
어떤 말로도 나무라지 마라

한때 하늘 쳐다볼 틈새 없이

빽빽하고 풍성했던 적 있었다
지나는 바람도 귀 기울여 주었고
자리마다 햇살 다가서기도 했다
일출도 노을도 흐르는 물길까지도
조신하게 어깨를 기대오곤 했다

가지는 하늘에 닿을 것처럼 뻗어
층층나무의 손을 잡기도 했다

초록 속의 갈색 불안처럼
어떤 가지는 흔들리고 꺾여
낙엽 진 후 고요처럼 앙상해지기도 했다

바람 불어 춥고 외로워지는 날에는
한번 본 적 없는 타인처럼
냉정하게 도리질하듯 회오리치는
계절의 뒷모습을 바라보며
아름아름 가지를 흔들어보는 것이다

— 시 「겨울 나무」 전문

앞의 시작품 『늙어기는 나무』에서 화자는 한 그루의 '나무'를 신(神)과 동일한, 우주 만물과 인류를 창조하고 구원하는 존재, 초월적인 존재의 모습으로 창조해냈지만, 이 시작품에서는 자연의 일부인 자연물로서 인간과 함께 동일화(同一化)를 이루고 있는 물여일체(物我一體)의 존재(存在)로 하고 있다. 즉 '나무'라는 일체 대상과 그것을 마주한 화자 사이에 어떠한 구별도 없는, 주체와 객체의 분별심이 사라져 조화를 이룬 진실한 세계를 이루어놓고 있다. 흔히 시인은 자연과 교감하며 물아일체(物我一體)의 경지에 이르는 많은 시를 써 왔지만 화자는 '나무가 아니라고 하지 마라/ 어떤 말로도 나무라지 마라'고 외치면서 모든 것을 다 버리고 혈혈단신(孑孑單身)으로 서 있는 「겨울나무」를 어엿한 자연속의 나무로 보지 않고 외면해버리는 세태에 일침을 가하고 있다. 즉 마음과 형체가 구분됨이 없이 일치된 상태를 나타내고 있다. 즉 내면과 외면, 정신과 물질, 생각과 행동이 완전히 조화를 이루면서 하나가 된 경지를 나태내고 있거니와 이는 '나무'라는 자연과 인간과의 조화를 상징하여 놓은 작품이라고 할 수 있다.

먼저 화자는 완전히 가진 것이 없는 현실의 '겨울나무'를 바라보면서, '한때 하늘 쳐다볼 틈새 없이/ 빽빽하고 풍성했던 적 있었다'고 「겨울나무」의 지난날을 되돌아보고는 '지나는 바람도 귀 기울여 주었고/ 자리마다 햇살 다가서기도 했다/ 일출도 노을도 흐르는 물길까지도/ 조신하게 어깨를 기대오곤 했다'고 회고한다. 그리고는 곧 화자는 '가지는 하늘에 닿을 것처럼 뻗어/ 층층나무의 손을 잡기도 했다"면서 「겨울나무」와 동일화(同一化)의 모습을 그려놓는다. 그야말로 물아일체(物我一體)의 경지에 이른 것이다. '초록 속의 갈색 불안처럼/ 어떤 가지는 흔들리고 꺾여/ 낙엽 진 후 고요처럼 앙상해지기도 했다'면서, 화자 스스로 대립과 갈등 속에서 살아가는 현실적인 삶을 묵묵히 견디어내고 있는 「겨울나무」의 삶과 동병상련(同病相憐)을 그려놓는다. '바람 불어 춥고 외로워지는 날에는/ 한 번 본 적 없는 타인처럼/ 냉정하게 도리질하듯 회오리치는/ 계절의 뒷모습을 바라보며/ 아름아름 가지를 흔들어보는' 상련(相憐)의 마음을 헤아릴 수 있지 아니한가.

일찍이 T.S. 엘리엣은 『전통과 개인의 재능』이란 글에서 "시란 감정의 해방이 아니고 감정으로부터의 탈출이며 인격의 표현이 아니고 인격으로부터의 탈출이다"고 말하였으며, 또 『평론선집』에서는 "시의 세계로 돌아온 철학이론은 붕괴되는 법이 없다. 왜냐하면 어떤 의미에서 볼 때 그것이 진리이건 우리가 오류를 범했건 그런 것은 이미 문제가 되지 않으며, 의미 하에서는 그 진리가 연속성을 유지하기 때문이다"고 말한다. 그는 또 '시란 무엇은 사실이다'하고 단언하는 것이 아니라 그러한 사실을 우리로 하여금 좀 더 리얼하게 느끼도록 해주는 것'이라 말한다.

아파트 신축 현장
쓰임 없는 자재들 모아놓은 담장 벽
무릎 꿇고 두 손 들고 있는
손수레에게
뭘, 잘못했느냐 물었습니다

대답도 없이
자꾸 제 바퀴만 돌렸습니다

군대 제대하고 빈둥대던 시간
참다못한 아버지
뭘 하고 살 거냔 닦달 같은 성화에
머리만 긁적이던 때가

내게도 있었습니다

— 시 「손수레」 전문

위 시작품에서의 배경은 '아파트 신축 현장'이다. 그 현장은 이미 '아파트 신축'하는 데에 전혀 도움이 안 되는, 이미 쓰일 대로 쓰이고 난 다음에 버려진 폐자재들이 제멋대로 버려져 있는 '담장 벽'이다. 그 중에서 '손수레들이 벽에 기대인 채로 버려져 있다. 그 모습은 마치 인간들이 무엇인가를 잘못하여 '무릎 꿇고 두 손 들고 있는' 모습같이 보인다. 의인화된 '손수레'들이다. 어쩌면 제도권의 교육 현장에서 잘못하여 벌 받고 있는 모습을 화자는 발견하였는지 모른다. 화자는 벌 받는 모습의 '손수레'에게 '뭘 잘못했느냐고' 묻는다. 그러나 '손수레'는 '대답도 없이/ 자꾸 제 바퀴만 돌렸'다. 어쩌면 아무런 잘못을 하지 않았다는 듯이 묵묵부답(默默不答)이다. 아니 아무런 대답을 하지 않고 억울하게 버려졌다는 데에 대한 항의의 표시이기도 하다. 그러나 "일로서 조금도 단죄되지 않은 일이 훨씬 많이 있다. 이런 의미에서 신(神)은 실로 이상한 존재이며, 악(惡)과 반역과 함께 선(善)과 자비도 벌(罰)을 주는 것이므로, 나는 이 사람이 하는 악뿐만 아니라 선(善)도 동시에 벌(罰)을 받는다는 사실을 인정하지 않으면 안 되었다"(O.F.O.W. 와일드의 『옥중기(獄中記)』에서)고 한다. 이러한 의미에서 위 시작품 속의 '손수레'는 '악뿐만 아니라 선도 동시에 벌을 받는다는 사실을 인정하지 않으면 안 된다'고 할 수 있다.

이와 함께, 화자는 '손수레'를 보고 '군대 제대하고 빈둥대던 시간/ 참다못한 아버지/ 뭘 하고 살 거냔 닦달 같은 성화에/ 머리만 긁적이던 때가/ 내게도 있었습니다'는 사실을 떠올리게 된다. 이때의 화자는 그가 '손수레'처럼 버려진 벌을 받고 있었다는 사실을 다만 인정하지 않은 채로 아무런 대답을 하지 않고 있을 뿐이라는 것을 무언(無言)으로 인정하고 있다는 것을 보여준다. 특히 이 시작품에서 '대답도 없이/ 자꾸 제 바퀴만 돌'리고 있는 모습이 '군대 제대하고 빈둥대던 시간'으로, 그리고 '무릎 꿇고 두 손 들고 있는/ 손수레'가 '뭘 하고 살 거냔 닦달 같은 성화'로 환치되어 있는 모습과 더불어 '머리만 긁적이던 때'의 모습은 시는 반드시 생명이 있는 곳이라면 언제든지 충일하게 넘쳐나는 데에서 사람의 마음을 뒤흔들어주는 영혼을 이끌어가는 것임을 말해주고 있는 듯하다. 이와 같은 의미에서 「자화상」이라는 작품 또한 살펴볼 필요성을 느끼게 한다.

하찮은 일밖에 없었다
뜻밖의 일들이 가끔 다니러 왔다
섭섭했지만 반갑기도 했다
그러려니, 했지만
역시나, 하는 생각에 눈물이 났다
꾸역꾸역 하루가 지나가기도 했다
현실은 언제나 목이 메었고
희망은 꿈속의 상상 같았다
후회는 후회를 낳기도 했지만
늦게 만난 날은 생각보다 밝았다
진즉 만났으면 바랐지만 이미
만난 우리였다

세월이 약이란 말에 삶이 가벼워졌다

저물녘 노을이 새삼 붉다

— 시 「자화상」 전문

일상생활에서 흔히 '하찮은 일밖에 없었다/ 뜻밖의 일들이 가끔 다니러 왔다'는 것을 깨닫고는 하지만 곧잘 '섭섭했지만 반갑기도 했'고 또한 '그러려니, 했지만/ 역시나, 하는 생각에 눈물이 났다/ 꾸역꾸역 하루가 지나가기도 했다'는 것을 다 지나고 나서야 비로소 깨닫기도 한다. 홀연 '우물쭈물하다 내 이럴 줄 알았지'라는 그의 묘비명으로 오늘날 세계에서 가장 유명한 묘비명 중 하나를 남기기도 한 조지 버나드 쇼(George Bernard Shaw, 1856~1950)의 말이 떠오른다. 시인(시인뿐만이 아니라 글을 쓴다는 작가 모두)에게는 자신에게 주어진 유일한 시간은 언제가 살고 있는 '지금'이다. 지금은 언제나 시인에게 시를 만들어주고 있다. 그 속에서 화자는 '꾸역꾸역 하루가 지나가기도 했다'고 인식하게 되고, 인식함으로써 '현실은 언제나 목이 메었고/ 희망은 꿈속의 상상 같았다'를 깨닫는다. 그리하여 '후회는 후회를 낳기도 했지만/ 늦게 만난 날은 생각보다 밝았다'는 것을 깨닫게 된다.

화자는 결국 '진즉 만났으면 바랐지만 이미/ 만난 우리였다'는 것을 인식하기에 이른다. 여기에서 '우리'란 '지금' 속에 공동체를 형성하고 있는 사회적 동물임을 확인한다. "Man is by nature a social animal." 이 말은 아리스토텔레스는 인간의 본성에 대한 깊은 이해를 바탕으로 한 말이다. 인간은 혼자서는 살아갈 수 없는 존재로, 다른 사람들과 교류하며 공동체를 이루어야 한다는 것이다. 사회적 동물이라는 개념을 통해 인간의 사회성을 강조하며, 서로 도움을 주고받으며 함께 성장해 나가야 함을 일깨워주기도 한다. 그러면서도 '세월이 약이란 말에 삶이 가벼워졌다'는 것을 뒤늦게 깨닫는다. 그렇게 화자는 '지금'의 이 순간에 끊임없이 되풀이 되는 삶을 영위하면서, '저물녘 노을이 새삼 붉다'는 사실을 재확인하며 '지금' 살아가는 자신을 발견하고 있게 되는 것이다.

끝으로 시집의 표제가 되고 있는 「냉장고를 사야 하는 이유」라는 작품을 살펴보기로 한다.

> 당신은 변하지 않을 거죠, 묻고
> 한 걸음 다가서요
> 닿을 듯 말 듯 몸은
> 뜨거워졌다가 식어가요
>
> 당신은 또, 저만치 멀어지고
>
> 나는 당신 내면의 갈등을 상상하고
> 당신은 내 기분을 살피죠
>
> 무엇으로 무엇을 떠올리기는 싫어요
> 그때그때 다르고
> 어차피 피차일반
> 서로에게 향할 테니까요

당신이 강변을 걸을 때 나는
안개 숲으로 향해요 불안을 안고
같은 방향을 가는 레일처럼
변해가는 당신을 생각하죠

냉장고 문을 열었을 때
훅, 쳐들어오는 냉기

그래요 당신이나 우리
변하지 않고 숙성될
공간이 필요해요 지금 당장
냉장고를 사러 가요

— 시 「냉장고를 사야 하는 이유」 전문

냉장고의 주요 기능은 먼저 식품을 신선하게 보존하는 물리적인 의미를 먼저 떠올린다. 냉장고는 저온으로 유지되는 공간에서 음식을 저장하여 부패를 방지하고 신선도를 유지할 뿐만 아니라, 다양한 식재료의 보관에 적합한 온도 조절 기능을 가지고 있다. 과일과 채소는 적절한 습도와 온도에서 저장되어 신선함을 유지할 수 있으며 육류와 해산물은 낮은 온도에서 저장하여 부패를 방지하기도 한다. 뿐만 아니라 얼음과 물을 제공하는 얼음 제조기, 물 디스펜서(Dispenser) 등의 편의 기능도 제공하고 있다. 이와는 반대로 심리적인 의미를 생각할 수 있을까. 화자는 '냉장고'를 통하여 '내면의 갈등 · 기분 · 불안 · 숙성' 등 마음의 작용과 의식의 상태를 비견한다. 즉 의식의 내면적인 움직임이나 개별적 및 상대적 환경에 적응하는 상호 작용에 따른 의식의 작용 및 현상을 밝히면서 이를 '냉장고'라는 물리적 기능에 비견하고 있다. 화자는 먼저 '당신은 변하지 않을 거죠, 묻고/ 한 걸음 다가서요/ 닿을 듯 말 듯 몸은/ 뜨거워졌다가 식어가요'라 말한다. 이미 화자는 '냉장고'에서처럼 변할 줄 모르는 '보존'의 심리를 갈구하면서 말이다. 즉 '나는 당신 내면의 갈등을 상상하고/ 당신은 내 기분을 살피'고 있다. 그리고는 '상상'을 하고 있는 '내면의 갈등에 따라' '무엇으로 무엇을 떠올리기는 싫'다고 토로한다. '냉장고'처럼 보존되어 변하지 않는 것이 아니라 '그때그때 다르고', 그리 다르다는 사실이 '어차피 피차일반/ 서로에게 향할' 것이라는 것을 예측하고 있기 때문이다.

이와 같은 '상상'은 화자로 하여금 '당신이 강변을 걸을 때 나는/ 안개 숲으로 향해요 불안을 안고/ 같은 방향을 가는 레일처럼/ 변해가는 당신을 생각하'게 되면서 '냉장고 문을 열었을 때/ 훅, 쳐들어오는 냉기'를 떠올린다. 그 순간 화자는 '그래요 당신이나 우리/ 변하지 않고 숙성될/ 공간이 필요'하다는 것을 깨닫고는 '지금 당장/ 냉장고를 사러 가'자고 '당신'에게 행동을 함께 할 것을 요청한다. 냉장고가 가지는 물리적인 기능으로 하여금 화자는 심리적인 무변(無變)의 기능을 희구하고 있으며, 그것이야말로 영원히 변하지 않는 사랑에의 추구, 즉 「냉장고를 사야 하는 이유」가 된다. 냉장고의 이점 중 하나는 음식의 재활용과 적절한 식사 계획을 도와준다는 것인만큼 안존한 사랑을 강화하는 역할을 함은 물론 냉장고가 올바른 온도와 조건에서 '변해가는' 위험을 없애고 식품 안전을 유지해주듯 영원한 사랑을 빛낼 수 있다는 확신을 가진다. 따라서 화자는 오늘날의 냉장고처럼 자동으로 특정 물질이나 액체를 정해진 양으로 분배하는 기능까지 다해주기를 바라고 있는지도 모른다.

이와 같은 화자의 소망은 여느 시작품을 살펴보아도 전체의 시작품이 함의하고 있다고 할 수 있겠으나, 특히 시작품「이가 빠졌다」는 한 작품을 통해서도 알아볼 수 있다. '음식물이 새어 나오고/ 걱정하는 아내의 말과/ 괜찮다는 내 말이/ 대나무숲 바람 지나듯/ 숭숭 지나쳐가고/ 지나온 시간들이 주마등처럼 스쳐'가는 한 모습이요, 이는 '환갑진갑 다 지나고/ 지금껏 버티고 살아온/ 대견한 삶의 흔적들'이라는 것을 꿰뚫어 본 혜안(慧眼)의 결과로서 나타나 있음을 보여준다. 그것은 곧 '든 자리는 몰라도 난 자리는 안다고/ 새삼 대견스럽기도 하고/ 허전하기 이를 데 없다'는 삶의 관조(觀照)에서 비롯하고 있다.

이러한 관조의 자세는 화자를 둘러싼 자연과의 교감을 통하여 이루어지고 있다. 다음의 시작품을 살펴보자

무심히 강물을 향해
돌멩이를 던진다

물수제비 원을 그리며
넓게 퍼져간다

청둥오리 떼 놀라
날아올랐다 내려앉는다

파문 위로

파문이 엎어진다

당신과 내가
끊어질 듯 이어져 있다

— 시 「파문」 전문

'무심히 강물을 향해/ 돌멩이를 던진다'는 행위는 곧 화자와 자연과의 교감을 나누는 모습이다. 이러한 교감을 통하여 자연은 '물수제비 원을 그리며/ 넓게 퍼져간다'. 화자의 행위에 대한 자연의 반응이다. 그러자 또 다른 자연이 이에 반응한다. 청둥오리 떼이다. '청둥오리 떼 놀라/ 날아올랐다 내려 앉는다'. 이러한 반응에 따라 자연과 화자가 나눈 교감은 계속 중첩된다. '파문 위로/ 파문이 엎어진다'는 것이다.

인간은 자연 속에서 근심이나 걱정이 없이 평안하고 즐겁도록 스스로 만족하게 살고 싶어한다. 그것은 인간이 자연을 향해 끊임없이 접근하려 하는 동일화의 추구에서 비롯된다. 자연이 인간의 안락과 무위(無爲)의 만족에 빠져들지 않게 하고, 인간으로 하여금 그들의 생활에 필요한 재화(財貨)를 얻기 위하여 손, 발, 두뇌 등의 활동으로 이루는 일체의 목적을 가진 의식적인 행위를 할 수 있도록 촉매적인 작용을 계속한다. 곧 자연의 경계 안에서 이루어지게 하는 노동이다. 이러한 노동은 인간 존재 본연의 것이며, 인간이 자연에서 생명을 유지하기 위한 필연적 활동이 된다. 또한 넓은 의미에서 보면 인간의 모든 활동이 노동이며, 노동은 인간의 본질이고 노동 없는 인간은 상상할 수 없다. 곧 자연이 제공하는 인간에의 혜택이 바로 그것이다. 그러므로 인간과 자연은 필연적으로 '파문 위로/ 파문이 엎어진다'는 것이며 '당신(=자연)과 내(=인간)가/ 끊어질 듯 이어져 있다'는 것을 확인할 수 있게 한다.

이와 같이 자연과 하나 되어 교감이 이루어져가는 가운데 화자는 '어떻게 살아갈까?'라는 문제에 대하여 생각해본다. 그러면서 화자는 '파란색이 유난히 춤을 추는 날이면/ 사람들도 들떠 강물처럼 출렁'이며 살아가고 있는 자신을 떠올린다.

세상을 한 가지 색으로 칠해야 한다면
어떤 색이 좋을까요

붉은색의 어떤 날은 진보적으로 흔들릴 테고
회색빛이 유언비어처럼 떠도는 날엔
괜스레 쓸쓸해지고 우울해질 테죠
파란색이 유난히 춤을 추는 날이면
사람들도 들떠 강물처럼 출렁일 겁니다

도시 창밖은 온갖 색깔로 뒤섞여
방향도 없이 바쁘게 뛰어갈 테고

대체 어떤 색이 세상과 어울릴까요?

언제 한 번 날 잡아
때 빼고 광도 내가면서
용서하고 안아주고 덮어주고

끌어주고 밀어줄 수 있는
색은 색이되 색깔이 없는
무채색으로 칠해보면 어떨까 합니다

— 시 「무채색이 어떨까」 전문

화자는 자신에게 '세상을 한 가지 색으로 칠해야 한다면/ 어떤 색이 좋을까요'라고 스스로에게 자문한다. 그리고 갖가지의 색으로 살아가고 있음을 보여준다. '붉은색의 어떤 날은 진보적으로 흔들릴 테고/ 회색빛이 유언비어처럼 떠도는 날엔/ 괜스레 쓸쓸해지고 우울해질 테죠/ 파란색이 유난히 춤을 추는 날이면/ 사람들도 들떠 강물처럼 출렁일 겁니다'라고 한다. 삶의 색깔은 실로 상황에 따라 달라지고 있다. 그것은 하나같이 다양한 삶의 빛깔이기도 하다. 그러한 빛깔 속에서 화자는 자못 방황하는 모습을 보인다. '도시 창밖은 온갖 색깔로 뒤섞여/ 방향도 없이 바쁘게 뛰어갈' 것이기 때문이다. 이에 따라 '대체 어떤 색이 세상과 어울릴까요?' 항상 불완전하기만 하다. 그러다가 문득 삶의 미적 상태에 있어서 도덕적 상태로의 진화를 도모해본다. '언제 한 번 날 잡아/ 때 빼고 광도 내가면서/ 용서하고 안아주고 덮어주고/ 끌어주고 밀어줄 수 있는/ 색은 색이되 색깔이 없는' 상태에 이른다. 그리하여 마침내 견고하고 사방 어느 쪽을 바라보아도 만족하지 못하면서도 무한한 가능성을 제시함으로서 새로운 길을 찾게 할 수 있는 '무채색'을 발견하면서 스스로에게 묻고 결론하기에 이르게 된다. '무채색으로 칠해보면 어떨까 합니다' 라고. 무채색은 곧 어느 누구나 자신의 색깔을 결정하여 칠할 수 있으며, 언제 어디서든 모든 인간에게 삶의 길을 제공할 수 있는 빛이기 때문이다.

시집 『냉장고를 사야 하는 이유』에는 삶을 성찰하는 시로 18편, 가족사에 관한 시 18편을, 그리고 자연 교감에 관한 시 16편과 현실 성찰에 관한 시 13편 등 전체 65편을 함께 모아놓고 있다. 그러나 이러한 구분에도 불구하고 각 편에 자리 잡은 시작품들이 함의하고 있는 삶의 귀착점은 견고한 삶의 자세에 따른 최선을 보여줌에서 만날 수 있다. 시인 자신이 인식할 수 있는, 또는 일상생활의 간극에서 만나는 추상적인 이상보다는 대상으로부터 느끼는 감성을 정신 능력에 서로 종속시키면서 일정한 삶의 양상을 보여주고 있다는 것이다. 비록 시인이 일상생활에서 만나는 특수한 여러 경우에서 비롯한 다양한 정서, 즉 개인적인 경향이 비록 단조롭다 하더라도 복잡하고 별난 감정과는 전혀 다른 새로운 것을 찾아 나섬으로써 홀연 어떤 사물이나 현상 따위를 온통 휩싸서 이룬 효과를 맛보게 하고 있다.

끝으로 정중화의 시 한 편의 작품 속에 함의된 시적 척도를 가늠해 보기로 한다.

아이가 눈에 밟힙니다
시작과 끝이 어디인지 모릅니다
아슬한 경계를 타고 넘으며
아직, 이라는 말에 힘을 주기도 합니다
자주 깨지거나 금이 갑니다
뒹굴기도 하지만 넘어져 있기도 합니다

흉터로 남을지도 모를 오늘이라는 말에
별일 아니라는 듯 웃어넘깁니다
내일이라는 말엔 정색합니다
아프다는 말은 하지 않습니다
누군가의 손길이 그리워지는
청춘 탓이라 부인하진 않을 겁니다
철들 날 따위는 별것 아니라며
따지기도 하지만 제풀에 지치기도 합니다
어떤 땐 뿌듯하고 대견하기도 합니다
아무 일 없이 하루가 지나가기를
기도하며 지켜봅니다

— 시 「사춘기」 전문